토슬 국어능력 인증시험

어휘·어법
한번에 잡아라!

Always with you

사람이 길에서 우연하게 만나거나 함께 살아가는 것만이 인연은 아니라고 생각합니다.
책을 펴내는 출판사와 그 책을 읽는 독자의 만남도 소중한 인연입니다.
㈜시대고시기획은 항상 독자의 마음을 헤아리기 위해 노력하고 있습니다.
늘 독자와 함께하겠습니다.

어려운 어휘 · 어법 한 권으로 정복하기

어휘력과 문법 능력은 언어의 말하기, 듣기, 읽기, 쓰기 능력의 기초가 됩니다. 일상생활에서 절대로 빼놓을 수 없는 부분이죠. 그렇기 때문에 국어 관련 시험에서는 어휘력과 문법 능력을 평가하는 문제들이 출제되고 있습니다. 국어능력인증시험의 경우, 총 90문항 중 25문항이 어휘 · 어법으로, 그 비중이 결코 적지 않습니다. 고득점을 바라는 수험생이라면 게을리할 수 없는 영역이겠죠?

이에 본서는 광범위한 어휘 · 어법의 내용 중 꼭 필요한 부분을 엄선하여 수록하였습니다. 생소한 어휘나 어려운 문법은 친근한 예문과 간단한 TIP으로 쉽게 익힐 수 있도록 하였습니다. 또한 워크북 사이즈로 자투리 시간에 어디서든 편하게 공부할 수 있게 하였습니다.

본서로 국어 시험을 준비하는 모든 수험생이 좋은 결과를 거두기를 바랍니다.

편저자 씀

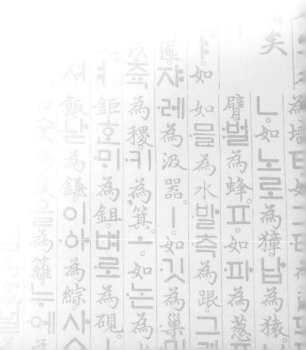

국어능력 인증시험 소개

한국어를 모국어로 하는 학생 및 일반인

평가 영역 및 문항구성

❶ 평가 영역: 언어 기초 영역, 언어 기능 영역

평가 영역	평가 내용
언어 기초 영역	수행기반 능력(어휘), 언어규범 능력(어법 · 어문 규정)
언어 기능 영역	청해 능력(듣기), 독해 능력(읽기), 작문 능력(쓰기)
사고력 영역	사실적 이해, 추론적 이해, 비판적 이해, 창의적 이해

❷ 문항 구성

영역	총 문항수 (주관식)	설명
어휘	15(2)	객관식 80문항, 주관식 10문항으로 구성되어 있으며, 전체 문항수는 90문항입니다. 문항 배점은 총점 200점에 객관식의 경우 동일 배점(2점)으로 하며, 주관식은 수준에 따라 차등배점(4점)을 부여합니다.
어법	5	
어문 규정	5	
듣기	15(2)	
읽기	40(1)	
쓰기	10(5)	

사고력	주요 내용
이해	독해 또는 청해 과정에서 중심 내용을 확인하고 글 또는 말의 구조를 파악하는 능력
추론	글의 구조 및 주어진 내용을 활용하여 필요한 정보를 추출하는 능력
비판	정보를 종합하여 비교 · 분석하고, 글 전체 내용과 표현을 평가하는 능력
창의	정보를 재창출함은 물론 글쓴이의 의도를 파악하여 능동적으로 반응하고, 적절한 대안을 찾는 능력

성적 · 급수 체계

❶ 국어능력인증시험의 성적은 절대평가 방식으로 산출합니다.
❷ 총점은 200점이며, 121점 미만은 급수를 부여하지 않습니다.
❸ 급수는 1급에서 5급까지 부여하며, 각 급수에 따른 인증서를 발부하며, 인증서 유효기간은 발행일로부터 2년입니다.

급 수	1급	2급	3급	4급	5급
총 점	200점 ~ 185점	185점 미만 ~ 169점	169점 미만 ~ 153점	153점 미만 ~ 137점	137점 미만 ~ 121점

시험 시간

1교시 60분, 2교시 70분(총 130분, 듣기평가 30분)

시험 시간	진행 내용
09:00 ~ 09:30	수험자 입실
09:30 ~ 09:45	감독관 입실 / 수험자 주의사항 안내
09:45 ~ 10:00	1교시 답안지 작성 / 1교시 문제지 배부 및 파본 검사
10:00 ~ 11:00	1교시 평가 / 읽기, 어문 규정, 어휘(객관식 57문항)
11:00 ~ 11:10	2교시 답안지 작성 / 2교시 문제지 배부 및 파본 검사
11:10 ~ 12:20	2교시 평가 / 듣기, 어법, 쓰기 등(객관식 23문항, 주관식 10문항)
12:20 ~ 12:30	시험 종료 / 수험자 퇴실

※ 본 가이드의 내용은 시행처 홈페이지(www.tokl.or.kr)에서 발췌한 것입니다.
※ 시험 관련 내용은 변경될 수 있으니 시행처 홈페이지에서 확인하시기 바랍니다.
※ 국가공인자격과 관련된 사항은 시행처 홈페이지에서 확인하시기 바랍니다.

이 책의
구성과 특징

만화로 친해지기

▲ 재미있는 만화를 읽다보면 저절로 어휘·어법 지식이 쏙쏙! 생소한 어휘·어법과도 쉽게 친해질 수 있답니다.

이론으로 다잡기

▲ 효율적 구성과 다양한 예문으로 혼자서도 쉽게 학습할 수 있어요. 공부가 끝나면 확인문제로 바로바로 점검해 보세요!

연습문제로 정리하기

▲ 그동안 열심히 공부하셨나요? 그럼 이제 실제 시험과 유사한 연습문제로 정리해 보세요.

어휘·어법 필수 용어

▲ 어휘·어법 공부에 꼭 필요한 용어를 함께 공부하면, 학습이 어렵지 않을 거예요. 최신 개정 문장 부호와 새로 추가된 표준어도 놓치지 말고 공부해 두세요!

목 차

국어능력인증시험
어휘 · 어법 한번에 잡아라!

I wish you the best of luck!

㈜시대고시기획
㈜시대교육

www.**sidaegosi**.com

시험정보 · 자료실 · 이벤트
합격을 위한 최고의 선택

시대에듀

www.**sdedu**.co.kr

자격증 · 공무원 · 취업까지
BEST 온라인 강의 제공

어휘

01 고유어

▶ 여러분은 '골갱이' 라는 단어를 알고 있나요? 식물이나 동물의 고기 따위의 속에 있는 단단하거나 질긴 부분, 또는 말이나 일의 중심이 되는 줄거리를 뜻하는 순 우리말입니다.

1장에서는 이처럼 유용하고 아름다운 고유어를 학습합니다.

가납사니 ☐ ① 쓸데없는 말을 잘하는 사람

② 말다툼을 잘하는 사람

예 그는 가납사니 같아서 사람들과 자주 싸운다.

가년스럽다 ☐ 보기에 가난하고 어려운 데가 있다.

예 가난한 여학생의 옷차림은 늘 가년스러웠다.

가늠하다 ☐ ① 목표나 기준에 맞고 안 맞음을 헤아려보다.

② 사물을 어림잡아 헤아리다.

예 그녀의 나이는 가늠하기가 어렵다.

가래다 ☐ 맞서서 옳고 그름을 따지다.

예 그는 남의 일을 사사건건 가래는 것을 좋아한다.

가루다 ☐ ① 나란히 함께하다.

② 맞서서 견주다.

예 두 선수가 오늘 승부를 가루다.

가멸다 ☐ 재산이나 자원 따위가 넉넉하고 많다.

예 어릴 적부터 저축을 하던 그는 무척 가멸게 산다.

가분하다 ☐ ① 들기 알맞게 가볍다.

② 말과 행동이 가볍다.

③ 몸과 마음의 상태가 가볍고 상쾌하다.

예 시험을 치르고 나니 마음이 한결 가분해서 좋다.

확인문제

다음 괄호 안에 들어갈 알맞은 단어의 기호를 쓰세요.

㉠ 가년스러운   ㉡ 가늠할   ㉢ 가멸다   ㉣ 가분하다

① 그는 어릴 땐 가난했지만 지금은 무척 ( ).
② 오랜만에 고향에 내려와 맑은 공기를 마시니 마음이 한결 ( ).
③ 그는 늘 ( ) 차림을 하고 있어서 사람들의 동정을 샀다.
④ 도대체 나는 그의 속마음을 ( ) 수가 없다.

정답 ① ㉢, ② ㉣, ③ ㉠, ④ ㉡

가재걸음 ☐ ① 뒷걸음질하는 걸음
② 일이 매우 더디고 앞으로 나아가지 못함을 이르는 말
예 그가 하는 일은 진척이 없이 늘 가재걸음이다.

가탈 ☐ ① 억지 트집을 잡아 까다롭게 구는 일
② 일이 순단하게 진행되지 못하세 방해하는 일
예 시어머니의 가탈이 심해서 결혼생활이 쉽지 않다.

각다분하다 ☐ 일을 해 나가기가 몹시 힘들고 고되다.
예 지금은 각다분하겠지만 참고 견디면 성공할 수 있을 것이다.

갈무리 ☐ ① 물건을 잘 정돈하여 간수하다.
② 일을 끝맺다.
예 동생에게 일의 갈무리를 부탁했다.

갈음하다 ☐ 다른 것으로 바꾸어 대신하다.
예 사장은 직원들과 대화의 시간을 갖는 것으로 퇴임식을 갈음
했다.

강다리 ☐ 쪼갠 장작의 100개비를 이르는 말
예 장작 두 강다리로 겨울을 보냈다.

강샘 ☐ 샘이 나서 심술을 부리다.
예 여자 친구는 강샘이 많아 사사건건 꼬치꼬치 캐묻는다.

강파르다 ☐ ① 몸이 야위고 파리하다.
② 성질이 깔깔하고 괴팍하다.
예 그 친구는 성미가 강팔라서 상대하기가 싫다.

개어귀 ☐ 강물이나 냇물이 바다나 호수로 들어가는 어귀
예 장마철이면 곡류를 개어귀로 곧장 빠지게 하는 공사가 진행
된다.

개차반　□　개가 먹는 음식인 똥이라는 뜻으로, 언행이 몹시 더러운 사람을
　　　　　　　속되게 이르는 말
　　　　　　예 그는 술만 먹으면 개차반이라 사람들이 가까이하기를 꺼려
　　　　　　　한다.

개평　　□　남의 몫에서 조금씩 얻어 가지는 공것
　　　　　　예 그는 노름판에서 개평을 떼어먹고 산다.

객쩍다　□　언행이 쓸데없이 실없고 싱겁다.
　　　　　　예 실없는 소리를 할 때가 아니니 객쩍은 말은 그만두어라.

거리　　□　오이나 가지 오십 개를 이르는 말
　　　　　　예 시장에서 오이 세 거리를 샀다.

거슴츠레하다　□　눈이 정기가 풀리고 흐리멍덩하다.
　　　　　　예 나는 졸려서 거슴츠레한 눈을 비비고 있었다.

겨끔내기　□　서로 번갈아 하기
　　　　　　예 두 사람이 겨끔내기로 내게 문제를 냈다.

겯고틀다　□　서로 지지 않으려고 버티어 겨루다.
　　　　　　예 사돈과 겯고틀며 실랑이를 한 것은 개운치 않은 일이다.

확인문제

다음 괄호 안에 들어갈 알맞은 단어의 기호를 쓰세요.

ㄱ 가탈　ㄴ 갈음했다　ㄷ 개평　ㄹ 겨끔내기

① 그들은 노름판에서 (　)을/를 뜯었다.
② 동생은 어릴 적부터 음식에 (　)이/가 많아서 엄마를 고생시켰다.
③ 그녀는 말없이 웃는 것으로 인사를 (　).
④ 그녀는 왼손 오른손으로 (　)(으)로 치마를 여몄다.

정답　① ㄷ, ② ㄱ, ③ ㄴ, ④ ㄹ

결딴　☐ 아주 망그러져 도무지 손을 쓸 수 없게 된 상태

　　　　예 이젠 집안을 결딴을 내려고 한다.

곁두리　☐ 농부나 일꾼이 끼니 외에 참참이 먹는 음식 = 사이참

　　　　예 며느리가 곁두리로 국수를 삶아 왔다.

고빗사위　☐ 가장 중요한 기회의 아슬아슬한 순간

　　　　예 한국 자동차 리콜 사태가 한 치 앞을 내다볼 수 없는 고빗사
　　　　위로 치닫고 있다.

고뿔　☐ 감기

　　　　예 고뿔에 들어 주말 내내 집에 있었다.

고샅　☐ 시골 마을의 좁은 골목길. 골목 사이

　　　　예 마을 고샅으로 접어드는 길이 매우 깜깜했다.

곧추뜨다　☐ 눈을 부릅뜨다.

　　　　예 그녀는 눈을 곧추뜨고 나를 쳐다봤다.

골갱이　☐ ① 물질 속에 있는 단단한 부분

　　　　② 일의 중심이 되는 줄거리

　　　　예 이말 저말 길게 얘기하지 말고 골갱이만 말해라.

곰비임비　☐ 물건이 거듭 쌓이거나 일이 겹치는 모양

　　　　예 우리 집에 경사스러운 일이 곰비임비 일어난다.

곰살궂다　☐ 성질이 부드럽고 다정하다.

　　　　예 그녀는 부모님께 곰살궂게 굴었다.

곰상스럽다　☐ 성질이나 하는 짓이 잘고 꼼꼼하다.

　　　　예 이런 일에 곰상스럽게 마음을 쓰다가는 큰일은 못한다.

구나방　☐ 말이나 행동이 모질고 거칠고 사나운 사람을 이르는 말

　　　　예 그는 구나방이어서 아이들이 가까이 하지 않았다.

구쁘다 ☐ 먹고 싶어 입맛이 당기다.
　　　　　예 속이 몹시 구쁘다.

구순하다 ☐ 말썽 없이 의좋게 잘 지내다.
　　　　　예 성인이 된 후로는 동생과 구순하게 지내고 있다.

구성지다 ☐ 천연스럽고 구수하다.
　　　　　예 구성진 노랫소리에 고향이 생각났다.

국으로 ☐ 제 생긴 그대로. 잠자코
　　　　　예 국으로 굿이나 보고 떡이나 먹어라.

괴란쩍다 ☐ 얼굴이 붉어지도록 부끄러운 느낌이 있다.
　　　　　예 그가 사람들 앞에서 내 흉을 보는 것이 듣고 있기 괴란쩍어
　　　　　　자리를 피했다.

그루잠 ☐ 깨었다가 다시든 잠
　　　　　예 그는 그루잠에 막 든 참이어서 깨워도 일어나질 못했다.

그악하다 ☐ ① 장난이 지나치게 심하다.
　　　　　② 사납고 모질다.
　　　　　③ 몹시 부지런하다.
　　　　　예 집주인이 몹시 그악하여 이사를 하기로 했다.

확인문제

다음 괄호 안에 들어갈 알맞은 단어의 기호를 쓰세요.

　　　　㉠ 결딴　　㉡ 고살　　㉢ 곰비임비　　㉣ 국으로

① 왜적의 손에 나라 땅이 (　) 났다.
② 밤이 늦어 (　)에 사람들의 그림자는 보이지 않았다.
③ 그는 (　) 술을 들이켰다.
④ 욕심 부리지 말고 그냥 (　) 있어라.

　　　　　　　　정답　①㉠, ②㉡, ③㉢, ④㉣

길라잡이 ☐ 길을 인도하는 사람, 사물
예 이 책은 어휘를 공부하는 데 필요한 길라잡이이다.

길미 ☐ 빚돈에 대하여 덧붙여 주는 돈
예 길미는 매달 15일에 갚기로 했다.

길섶 ☐ 길의 가장자리
예 길섶에 핀 코스모스가 제법 아름답다.

깜냥 ☐ 어림 가늠 보아 해낼 만한 능력
예 그녀는 자기의 깜냥을 잘 알고 있었다.

꺼병이 ☐ ① 꿩의 어린 새끼
② 외양이 거칠게 생긴 사람
예 꺼병이 세 마리가 어미도 없이 걸어가고 있었다.

꽃샘 ☐ 봄철 꽃이 필 무렵의 추위
예 쌀쌀한 꽃샘이 목덜미로 스며들었다.

꾸러미 ☐ ① 꾸리어 산 물건
② 달걀 10개를 묶어 세는 단위
예 달걀 한 꾸러미를 샀다.

끄나풀 ☐ ① 끈의 길지 않은 토막
② 남의 앞잡이 노릇을 하는 사람
예 그는 한평생 경찰의 끄나풀 노릇을 했다.

나부대다 ☐ 얌전히 있지 못하고 철없이 촐랑거리다.
예 식당에서 나부대는 아이를 보느라 엄마들은 식사도 제대로
하지 못했다.

남우세 ☐ 남에게서 받는 비웃음이나 조롱
예 그렇게 허술하게 차리고 나갔다가는 남우세를 받기 딱 좋다.

내남없이	☐ 나나 다른 사람이나 다 마찬가지로
	예 이번 홍수로 내남없이 서로 도우며 위로했다.
내숭	☐ 겉으로는 부드러워 보이나 속은 엉큼하다.
	예 그녀는 내심 좋아하면서 관심 없는 척 내숭이다.
너스레	☐ 수다스럽게 떠벌려 늘어놓는 말이나 짓
	예 어색한 분위기를 풀기 위하여 그는 너스레를 떨었다.
넌더리	☐ 소름이 끼치도록 싫은 생각
	예 그는 돈이라는 말만 꺼내도 넌더리를 쳤다.
노닥이다	☐ 잔재미가 있고 수다스럽게 말을 늘어놓다.
	예 친구들과 카페에 앉아 노닥이고 있었다.
노량으로	☐ 어정어정 놀아가면서 천천히
	예 친구와 대화를 하면서 노량으로 길을 걸었다.
노루잠	☐ 깊이 들지 못하고 자주 깨는 잠
	예 해가 뜰 무렵에야 노루잠으로 눈을 붙인 둥 만 둥 하였다.
노상	☐ 언제나 변함없이 한 모양으로 줄곧
	예 그녀는 노상 웃고 다닌다.

확인문제

다음 괄호 안에 들어갈 알맞은 단어의 기호를 쓰세요.

> ㉠ 길미 ㉡ 깜냥 ㉢ 노량으로 ㉣ 노상

① 그들은 각기 (   )대로 노력하며 살고 있다.
② 시킨 일은 하지도 않고 주저앉아 (   ) 땅만 파고 있다.
③ 그는 (   )을/를 갚을 능력도 없으면서 계속 돈을 빌렸다.
④ 그는 하는 말이 (   ) 똑같다.

정답 ① ㉡, ② ㉢, ③ ㉠, ④ ㉣

노적가리 ☐ 한데에 쌓아 둔 곡식 더미
예 추수를 끝내고 창고에 쌓인 노적가리를 보니 마음이 뿌듯했다.

높새 ☐ 뱃사람들이 북동풍(北東風)을 이르는 말
예 어젯밤부터 높새가 불었다.

눈비음 ☐ 남의 눈에 들기 위하여 겉으로만 꾸미는 일
예 엄마가 보는 앞에서만 눈비음으로 공부를 했다.

눈썰미 ☐ 한두 번 보고도 곧 그것을 해낼 수 있는 재주
예 그녀는 눈썰미가 남달라서 무엇이든 금세 배운다.

눈엣가시 ☐ 몹시 미워 항상 눈에 거슬리는 사람
예 그는 나에게 눈엣가시 같은 존재다.

는개 ☐ 안개처럼 부옇게 내리는 가는 비
예 우리 동네에는 이슬비는 고사하고 는개조차 내리지 않았다.

다따가 ☐ 갑자기. 별안간
예 다따가 먼 곳에서 찾아온 친구가 무척 반가웠다.

달구치다 ☐ 꼼짝 못하게 마구 몰아치다.
예 아무리 달구쳐도 소용없다.

달포 ☐ 한 달 남짓 = 달소수
예 한국에 온 지 달포가량 지났다.

답치기 ☐ 되는 대로 함부로 덤벼드는 짓. 생각 없이 덮어놓고 하는 짓
예 답치기로 행동하지 말고 신중하게 처리해야 한다.

당조짐 ☐ 정신을 차리도록 단단히 단속하고 조임
예 덤벙대는 동생이 걱정돼 당조짐을 하였다.

대갚음	◻ 남에게 받은 은혜나 원한을 그대로 갚는 일
	〔예〕 어머니가 받았던 원한을 대갚음하고도 분이 풀리지 않았다.
대근하다	◻ 견디기가 어지간히 힘들고 만만하지 않다.
	〔예〕 입사 후 한 달간은 몹시 대근했다.
댓바람	◻ ① 단번에
	② 지체하지 않고 곧
	③ 아주 이른 시간
	〔예〕 전화를 받고 댓바람으로 달려 나갔다.
덤터기	◻ ① 남에게 넘겨씌우거나 남에게서 넘겨받은 걱정거리
	② 억울한 누명이나 오명
	〔예〕 그는 억울한 사람에게 덤터기를 씌우고 도망갔다.
덧두리	◻ ① 정해 놓은 액수 외에 더 보태는 돈(웃돈)
	② 헐값으로 사서 비싼 금액으로 팔 때의 그 차액
	〔예〕 이 시장은 덧두리 치는 일이 없어서 물건 값이 싸다.
도파니	◻ 죄다 몰아서. 통틀어
	〔예〕 모든 직원이 도파니 출근을 했다.

확인문제

다음 괄호 안에 들어갈 알맞은 단어의 기호를 쓰세요.

| ㉠ 다따가 ㉡ 달구치기 ㉢ 대근해서 ㉣ 덤터기 |

① 그들은 아무 죄도 없는 생사람을 ( ) 시작했다.
② 산길이 험해 대화를 하기도 ( ) 한동안 말없이 걷기만 했다.
③ 남의 빚보증을 잘못 서는 바람에 ( )을/를 썼다.
④ 공부를 하려고 책상 앞에 앉았는데 ( ) 동생이 방문을 벌컥 열었다.

정답 ① ㉡, ② ㉢, ③ ㉣, ④ ㉠

동	① 굵게 묶어서 한 덩이로 만든 묶음
	② 물건을 묶어 세는 단위(한 동 = 먹 10정, 붓 10자루, 피륙 50필, 생강 10접, 백지 100권, 볏짚 100단, 곶감 100접, 조기 1,000마리, 비웃 2,000마리)
	예 먹을 두 동 사니 20정이 들어 있었다.
동뜨다	① 시간적 · 공간적 간격이 생기다.
	② 다른 것보다 훨씬 뛰어나다.
	예 그녀는 동뜨게 아름답다.
동티	① 땅, 돌, 나무를 잘못 건드려 지신(地神)을 화나게 하여 재앙을 받는 일
	② 공연히 건드려서 스스로 걱정이나 해를 입음
	예 더러운 몸과 마음으로 제사를 지내면 동티가 난다.
되알지다	① 힘주는 맛이나 억짓손이 몹시 세다.
	② 힘에 겨워 벅차다.
	③ 몹시 올차고 야무지다.
	예 되알지게 닦달을 하다.
되통스럽다	찬찬하지 못하거나 미련하여 일을 잘 저지를 듯하다.
	예 그녀는 얌전하지 못하고 되통스럽다.
된바람	① 뱃사람들의 말로, 북풍(北風)을 이르는 말
	② 매섭게 부는 바람
	예 갑자기 된바람이 불어와 지붕이 날아갔다.
될성부르다	잘될 가망이 있다.
	예 말과 행동을 보아하니 될성부른 아이가 틀림없다.
두름	① 조기 따위의 물고기를 짚으로 한 줄에 열 마리씩 두 줄로 엮은 것
	② 고사리 따위의 산나물을 열 모숨 정도로 엮은 것
	예 고사리를 두름으로 엮어서 팔았다.

뒤넘스럽다　□　주제넘게 행동하여 건방진 데가 있다.
　　　　　　　예　그는 뒤넘스러워서 마음에 들지 않는다.

뒤란　□　집 뒤의 울타리 안
　　　　예　집 뒤란에 꽃이 활짝 피었다.

뒷갈망　□　일이 벌어진 뒤에 그 뒤끝을 처리하는 일 = 뒷감당
　　　　　예　뒷갈망을 못하면 일을 벌이면 안 된다.

드레　□　사람의 됨됨이로서의 점잖음과 무게
　　　　예　그는 드레가 있어 어른들이 좋아한다.

드림흥정　□　값을 여러 차례에 나눠 주기로 하고 하는 흥정
　　　　　예　아버지는 장사꾼과 드림흥정을 하고 있었다.

드티다　□　① 밀리거나 비켜나거나 하여 약간 틈이 생기다.
　　　　　② 예정하였거나 약속하였던 것이 어그러져 연기되다.
　　　　　예　기일이 드티면 손해를 보게 된다.

들입다　□　마구 무리하게
　　　　예　약속 시간에 늦어 들입다 뛰었다.

듬쑥하다　□　사람됨이 가볍지 아니하고 속이 깊다.
　　　　　예　그는 듬쑥한 편이어서 친구들이 고민을 털어놓았다.

확인문제

다음 괄호 안에 들어갈 알맞은 단어의 기호를 쓰세요.

　　　⊙ 될성부른　　ⓛ 뒤넘스러운　　ⓒ 드티면　　ⓔ 듬쑥한

① 나는 (　) 그에게 나의 비밀을 털어놓았다.
② 조금만 자리를 (　) 몇 사람 더 앉겠네.
③ 형제들 중 제일 (　) 막내는 항상 어른들의 관심을 받았다.
④ 거만하고 (　) 그는 많은 친구들의 미움을 샀다.

정답　① ⓔ, ② ⓒ, ③ ⊙, ④ ⓛ

땀	☐ 실을 꿴 바늘로 한 번 뜬 자국을 세는 단위
	예 몇 땀만 더 뜨면 저고리가 완성된다.
등걸잠	☐ 옷을 입은 채 아무것도 덮지 아니하고 아무 데나 쓰러져 자는 잠
	예 형은 피곤했는지 거실에서 등걸잠을 자고 있었다.
떠세	☐ 재물이나 힘 따위를 내세워 젠체하고 억지를 씀
	예 그는 잘사는 집 아들인데도 떠세를 부리지 않았다.
뜨개질	☐ 남의 마음속을 떠보는 일
	예 그의 생각을 통 모르겠어서 넌지시 뜨개질을 해봤다.
뜨악하다	☐ 마음이 선뜻 내키지 않아 꺼림칙하고 싫다.
	예 그녀는 뜨악한 표정으로 나를 훑어보았다.
마뜩하다	☐ 제법 마음에 들다.
	예 아버지는 그의 행동이 마뜩하지 않아 결혼을 반대하셨다.
마름질	☐ 옷감이나 재목(材木) 등을 치수에 맞추어 자르는 일
	예 옷감을 마름질하다.
마수걸이	☐ ① 맨 처음으로 물건을 파는 일이나 거기서 얻은 소득
	② 맨 처음으로 부딪는 일
	예 가게 주인은 아직 마수걸이를 하지 못해 속상해 했다.
마파람	☐ 뱃사람들의 은어로, 남풍(南風)을 이르는 말
	예 마파람에 게 눈 감추듯 저녁밥을 먹었다.
만무방	☐ ① 염치가 없이 막된 사람
	② 아무렇게나 생긴 사람
	예 떡집 아들이 배운 것 없는 만무방이라는 것을 마을 사람들은 알고 있었다.

매캐하다	☐ 연기나 곰팡내가 나서 목이 조금 칼칼하다. [예] 방 안이 매캐한 연기로 가득 찼다.
머줍다	☐ 몸놀림이 느리고 굼뜨다. [예] 초보자라서 운전하는 것이 머줍다.
멧부리	☐ 산등성이나 산봉우리의 가장 높은 꼭대기 [예] 뾰족한 멧부리가 하늘을 찌를 듯하다.
멱차다	☐ ① 더 이상 할 수 없는 한도에 이르다. ② 일이 끝나다. [예] 그 사람은 일을 너무 멱차게 맡아 힘들어했다.
모래톱	☐ 강가나 바닷가에 있는 모래벌판. 모래사장 [예] 강가의 모래톱에 서서 강물 위로 물수제비를 떴다.
모르쇠	☐ 덮어놓고 모른다고 잡아떼는 일 [예] 몇 가지를 더 물어보았으나 그 정치인은 모두 모르쇠로 방패 막이 하였다.
모주망태	☐ 술을 늘 대중없이 많이 먹는 사람을 놀림조로 이르는 말 [예] 그는 모주망태가 되어 별의별 추태를 다 벌였다.

확인문제

다음 괄호 안에 들어갈 알맞은 단어의 기호를 쓰세요.

> ⊙ 뜨악하게   ⓛ 마뜩하지   ⓒ 머줍다   ⓔ 멱차게

① 너무 ( ) 공부하지 말고 쉬면서 해라.
② 그 신입사원은 경험이 없어서 일하는 것이 좀 ( ).
③ 나는 그의 뻔뻔한 태도가 ( ) 않았다.
④ 그녀는 동생에게 소리치며 ( ) 바라보았다.

정답 ① ⓔ, ② ⓒ, ③ ⓛ, ④ ⊙

몰강스럽다 　인정이 없이 억세며 성질이 악착같고 모질다.
　　　　　　예 그는 가난한 백성들의 재산을 몰강스럽게 **빼앗았다**.

몽니 　심술궂게 욕심부리는 성질
　　　　　예 저 사람은 몽니가 궂어서 상대하기가 싫다.

몽따다 　알고 있으면서 일부러 모르는 체하다.
　　　　　예 그는 내 가방이 어디에 있는지 알면서 몽따고 있었다.

무녀리 　① 한 태에 낳은 여러 마리 새끼 가운데 가장 먼저 나온 새끼
　　　　　② 언행이 좀 모자란 듯이 보이는 사람
　　　　　예 강아지 중 무녀리를 친구에게 맡겼다.

무람없다 　예의를 지키지 않으며 삼가고 조심하는 것이 없다.
　　　　　　예 선생님은 무람없는 짓을 한 아이를 꾸짖었다.

물꼬 　① 논에 물이 넘나들도록 만든 어귀
　　　　② 어떤 일의 시작을 이르는 말
　　　　예 남북 교류의 물꼬를 트다.

미리내 　은하수
　　　　　예 미리내가 참 아름답다.

미립 　경험을 통하여 얻은 묘한 이치나 요령
　　　　예 사회생활에 어느 정도 미립이 트였다.

미쁘다 　① 믿음성이 있다.
　　　　　② 진실하다.
　　　　　예 거짓말을 일삼는 그의 행동이 미쁘게 보이지 않는다.

민낯 　화장을 하지 않은 얼굴
　　　　예 민낯이 고운 여자가 이상형이다.

바리	☐	① 마소의 등에 잔뜩 실은 짐
		② 마소의 등에 잔뜩 실은 짐을 세는 단위
		예 부모님 댁에서 장작 수십 바리를 보내어 겨울을 날 수 있다.
바투	☐	① 두 물체의 사이가 썩 가깝게
		② 시간이 매우 짧게
		예 그녀는 내 옆으로 바투 다가왔다.
반색	☐	매우 반가워함
		예 할머니는 놀러 온 외손자를 반색을 하며 안았다.
반지빠르다	☐	① 교만스러워 얄밉다.
		② 민첩하고 약삭빠르다.
		③ 어중간하여 알맞지 아니하다.
		예 그는 말이 떨어지기 무섭게 반지빠르게 행동했다.
버겁다	☐	물건이나 세력 따위가 다루기에 힘에 겹거나 거북하다.
		예 짐이 무거워 혼자 들기에 버겁다.
버금	☐	서열 등의 차례에서 '으뜸' 또는 '첫째'의 다음
		예 그녀는 시험을 봤다 하면 늘 버금이었다.

확인문제

다음 괄호 안에 들어갈 알맞은 단어의 기호를 쓰세요.

ㄱ 몽따고   ㄴ 물꼬   ㄷ 미쁘게   ㄹ 미립

① 그는 다 알면서도 ( ) 다시 물었다.
② 여기저기 눈치를 살피는 모습이 도무지 ( ) 보이지 않는다.
③ 그는 입을 열어 대화의 ( )을/를 텄다.
④ 처음에는 일이 어색하더니 이젠 제법 일에 ( )이/가 터서 손쉽다.

정답 ① ㄱ, ② ㄷ, ③ ㄴ, ④ ㄹ

버성기다   □ ① 벌어져서 틈이 있다.
② 두 사람의 사이가 탐탁하지 아니하다.
③ 분위기 따위가 어색하거나 거북하다.
예 그는 버성긴 분위기를 바꾸려고 화제를 돌렸다.

벋대다   □ 순종하지 않고 힘껏 버티다.
예 그는 모든 일에 자기주장만 내세우며 벋대는 사람이다.

벌충   □ 손실이나 모자라는 것을 보태어 채움
예 지난밤에 못 잔 잠을 버스에서 벌충하였다.

베돌다   □ ① 한데 어울리지 않고 따로 떨어져 밖으로만 돌다.
② 가까이 가지 아니하고 피하여 딴 데로 돌다.
③ 탐탁지 않아 가까이하기를 꺼려하다.
예 그는 어제 싸운 후로 내 주위를 베돌기만 할 뿐이었다.

벼리   □ ① 그물의 위쪽 코를 꿰어 놓은 줄
② 일이나 글의 뼈대가 되는 줄거리
예 벼리를 당겨 물고기를 거둔다.

변죽   □ 그릇·세간 등의 가장자리
예 화살이 과녁의 변죽을 꿰뚫다.
관용구 변죽(을) 울리다.

볏가리   □ 차곡차곡 쌓은 볏단
예 벼 베기가 끝난 논에는 볏가리가 수북이 쌓였다.

볼멘소리   □ 성이 나서 퉁명스럽게 하는 말
예 아이는 입을 내밀며 볼멘소리로 대답했다.

볼모   □ 약속을 이행하겠다는 담보로 상대편에 잡혀 두는 물건이나 사람
예 대출금을 제때 갚지 못해 집이 볼모로 잡혔다.

부대끼다	무엇에 시달려 괴로움을 당하다.
	예 아버지는 온종일 빚쟁이에게 부대껴야 했다.

북새	많은 사람이 아주 야단스럽게 부산을 떨며 법석이는 일
	예 친구들이 놀러 와 북새를 노는 바람에 한숨도 못 잤다.

비나리	남의 환심을 사려고 아첨함
	예 비나리를 치다.

비설거지	비가 오려고 할 때, 비에 맞으면 안 되는 물건을 치우거나 덮는 일
	예 밤에 빗발이 뿌려서 잠을 설치며 비설거지를 했지만 비는 곧바로 그쳤다.

빌미	재앙이나 병 등 불행이 생기는 원인
	예 그를 이 사건의 빌미로 삼다.

사금파리	사기그릇의 깨어진 작은 조각
	예 그녀는 사금파리를 밟아 발바닥에 상처를 입었다.

사리	① 국수, 새끼, 실 따위를 동그랗게 포개어 감은 뭉치
	② 국수, 새끼, 실 따위의 뭉치를 세는 단위
	예 점심에 냉면 한 사리를 먹었다.

확인문제

다음 괄호 안에 들어갈 알맞은 단어의 기호를 쓰세요.

⊙ 벼리	ⓒ 변죽	ⓒ 비나리	ⓔ 비설거지

① 널어놓았던 빨래를 걷는 것 외에는 달리 ( )을/를 할 만한 게 없었다.
② 그들은 상사와의 갈등을 피하기 위해 늘 ( )을/를 하지 않을 수 없었다.
③ 제대로 말을 하지 않고 까들까들 ( )만 울리는 동생이 얄미웠다.
④ 그물을 쳐 두었으니 이제 ( )을/를 당기는 일만 남았다.

정답 ① ⓔ, ② ⓒ, ③ ⓒ, ④ ⊙

사위스럽다　□ 마음에 불길한 느낌이 들고 꺼림칙하다.
　　　　　　　예 나의 사위스러운 예감이 결국 엄청난 현실로 나타나던 경험을
　　　　　　　　　돌이켜 보면 소름이 끼친다.

사재기　　□ 필요 이상으로 사서 쟁여두다.
　　　　　　　예 상인들이 쌀 사재기에 열을 올려 품귀 현상이 일어났다.

산망스럽다　□ 말이나 행동이 경망하고 좀스러운 데가 있다.
　　　　　　　예 그는 매사에 산망스러워서 믿음이 가지 않는다.

삭신　　　□ 몸의 근육과 뼈마디
　　　　　　　예 삭신이 쑤시다.

살갑다　　□ ① 집이나 세간 따위가 겉으로 보기보다 속이 너르다.
　　　　　　　② 마음씨가 부드럽고 상냥하다.
　　　　　　　③ 닿는 느낌이 가볍고 부드럽다.
　　　　　　　④ 물건 따위에 정이 들다.
　　　　　　　예 신혼살림으로 장만한 것들은 살가운 것들이 많다.

살붙이　　□ 혈육으로 볼 때 가까운 사람
　　　　　　　예 살붙이라고는 동생 하나뿐이다.

새경　　　□ 머슴이 주인에게서 한 해 동안 일한 대가로 받는 돈이나 물건
　　　　　　　예 주인에게 받은 새경으로는 한 해에 쌀 한 가마니뿐이다.

샛바람　　□ 뱃사람들의 은어로, 동풍(東風)을 이르는 말
　　　　　　　예 샛바람에 게 눈 감기듯 하다.

생때같다　□ ① 아무 탈 없이 멀쩡하다.
　　　　　　　② 공을 많이 들여 매우 소중하다.
　　　　　　　예 그녀는 생때같은 자식을 잃고 슬픔에 잠겼다.

| 생무지 | ☐ 어떤 일에 익숙하지 못하고 서투른 사람 |
| | 예 노래는 잘하지만 춤에는 생무지이다. |

| 생채기 | ☐ 손톱 따위로 할퀴어 생긴 작은 상처 |
| | 예 얼굴에 생채기를 냈다. |

| 선웃음 | ☐ 우습지도 않은데 꾸며서 웃는 웃음 |
| | 예 선웃음을 지어 가며 그의 이야기를 들어줬다. |

설면하다	☐ ① 자주 만나지 못하여 낯이 좀 설다.
	② 사이가 정답지 아니하다.
	예 그와 오랫동안 헤어져 있었더니 좀 설면하다.

성기다	☐ ① 물건의 사이가 뜨다.
	② 반복되는 횟수나 도수(度數)가 뜨다.
	③ 관계가 깊지 않고 서먹하다.
	예 그녀와 요즘 들어서는 만남이 성기다.

| 성마르다 | ☐ 참을성이 없고 성질이 조급하다. |
| | 예 그는 성마른 성격 때문인지 실수가 잦다. |

소담하다	☐ ① 음식이 넉넉하여 먹음직하다.
	② 생김새가 탐스럽다.
	예 바구니에 과일이 소담하게 담겨 있다.

확인문제

다음 괄호 안에 들어갈 알맞은 단어의 기호를 쓰세요.

㉠ 사위스러운   ㉡ 새경   ㉢ 생때같은   ㉣ 생무지

① 주인집에서 먹고 자며 (   )으로 한 해에 쌀 세 가마니를 받았다.
② 그는 괜히 (   ) 소리를 해서 나를 불안하게 만들었다.
③ (   ) 내 돈을 다 날렸다.
④ 일은 잘 알지만 글은 (   )올시다.

정답   ① ㉡, ② ㉠, ③ ㉢, ④ ㉣

소소리바람 ☐ 이른 봄에 살 속으로 스며드는 듯한 차고 매서운 바람
　　　　　　예 눈이 내리고 소소리바람이 불어 소풍을 취소했다.

속종 ☐ 마음속에 품은 소견
　　　예 아버지가 입을 열기 전에 나는 이미 그 속종을 눈치 채고 있
　　　　 었다.

손 ☐ 한 손에 잡을 만한 분량을 세는 단위
　　예 장날에 고등어 한 손을 샀다.

손방 ☐ 아주 할 줄 모르는 솜씨
　　　예 그는 공부는 잘했지만 미술은 손방이었다.

손사래 ☐ 남의 말을 부인할 때 손을 펴서 내젓는 짓
　　　　예 괜찮다고 손사래를 치다가 선물을 받아 들었다.

스스럼 ☐ 조심하거나 어려워하는 마음이나 태도
　　　예 그와 스스럼없이 이야기했다.

시나브로 ☐ 모르는 사이에 조금씩
　　　　예 낙엽이 시나브로 날려 발밑에 쌓였다.

시름없다 ☐ ① 근심·걱정으로 맥이 없다.
　　　　　② 아무 생각이 없다.
　　　　　예 그녀는 시름없는 목소리로 대답했다.

실랑이 ☐ ① 남을 못 견디게 굴어 시달리게 하는 짓
　　　　② 서로 옥신각신하는 짓
　　　　예 손님과 한참 동안 실랑이했다.

실팍하다 ☐ 사람이나 물건 따위가 보기에 매우 실하다.
　　　　　예 어머니는 아들의 실팍한 어깨를 어루만지며 다정히 물었다.

심드렁하다	① 마음에 탐탁하지 아니하여 관심이 거의 없다.
	② 병이 더 중해지지도 않고 오래 끌다.
	예 그녀가 달갑지 않은 어머니는 심드렁하게 물었다.

심드렁하다
① 마음에 탐탁하지 아니하여 관심이 거의 없다.
② 병이 더 중해지지도 않고 오래 끌다.
예 그녀가 달갑지 않은 어머니는 심드렁하게 물었다.

쌈
① 바늘을 묶어 세는 단위(한 쌈 = 바늘 24개)
② 옷감, 피혁 등을 알맞은 분량으로 싸 놓은 덩이를 세는 단위
예 빨랫감 두 쌈만 빨면 끝난다.

쌩이질
한창 바쁠 때에 쓸데없는 일로 남을 귀찮게 구는 짓
예 밀린 숙제를 하는데 동생이 툭툭 치며 쌩이질을 했다.

아람치
개인이 사사로이 차지하는 몫
예 백구는 동생이 아람치로 기른 강아지 이름이다.

아름드리
한 아름이 넘는 큰 나무나 물건
예 마을 어귀에는 아름드리 느티나무가 서 있다.

알짬
여럿 중 가장 중요한 내용
예 예상문제 가운데 알짬만 뽑아서 시험을 준비했다.

암팡지다
몸은 작아도 힘차고 다부지다.
예 꼬마는 어른이 묻는 말에 암팡지게 대꾸를 했다.

확인문제

다음 괄호 안에 들어갈 알맞은 단어의 기호를 쓰세요.

ⓐ 손방   ⓑ 시나브로   ⓒ 쌩이질   ⓓ 아름드리

① 그는 책으로 공부는 많이 했지만 실전에 있어서는 아주 (   )이다.
② 그는 술에 취해서 일하는 사람들에게 공연히 (   )을/를 했다.
③ (   ) 소나무 숲 속에 대낮에도 하늘이 보이지 않게 가지가 덮고 있다.
④ 낮부터 켜놓은 등잔의 기름이 다해 불이 (   ) 꺼졌다.

정답   ① ⓐ, ② ⓒ, ③ ⓓ, ④ ⓑ

앙금　☐　① 액체의 바닥에 가라앉은 가루 모양의 물질
　　　　　② 마음속에 남아 있는 개운치 아니한 감정을 이르는 말
　　　　　예　그녀는 아직도 앙금이 가시지 않았는지 대꾸가 없다.

애면글면　☐　몹시 힘에 겨운 일을 이루느라 온갖 힘을 다하는 모양
　　　　　예　몸이 아프면 애면글면 모은 재산도 다 소용없다.

애물　☐　몹시 속을 태우는 물건이나 사람
　　　　　예　수십억을 들여 지은 세트장이 애물로 전락했다.

애오라지　☐　① 겨우
　　　　　② 오로지
　　　　　예　애오라지 자식을 위하는 부모의 마음을 알아야 한다.

어깃장　☐　짐짓 어기대는 행동
　　　　　예　동생의 반응을 보기 위해 일부러 말꼬리를 물며 어깃장을 놓
　　　　　았다.

어줍다　☐　① 말이나 동작이 부자연하고 시원스럽지 않다.
　　　　　② 손에 익지 않아 서투르다.
　　　　　예　일을 안 한 지가 오래되어서 그런지 어줍기만 하다.

엉겁　☐　끈끈한 물건이 범벅이 되어 달라붙은 상태
　　　　　예　운동회가 끝나자 신발이 껌으로 엉겁이 되었다.

여남은　☐　열 가량으로부터 열 좀 더 되는 수
　　　　　예　오늘 회의에는 직원이 여남은밖에 모이지 않았다.

여우비　☐　볕이 나 있는데 잠깐 오다가 그치는 비
　　　　　예　아침에 여우비가 내리더니 곧바로 그쳤다.

열없다　☐　① 조금 부끄럽다.
　　　　　② 겁이 많다.
　　　　　예　그의 질문에 열없어서 얼굴이 붉어졌다.

| 오금 | □ | 무릎의 구부러지는 쪽의 관절 부분 |
| | | 예 오금이 저리다. |

| 오롯하다 | □ | 모자람이 없이 온전하다. |
| | | 예 부모님의 오롯한 사랑을 미처 알지 못했다. |

올되다	□	① 열매나 곡식 따위가 제철보다 일찍 익다.
		② 나이에 비하여 발육이 빠르거나 철이 빨리 들다.
		예 요즈음 아이들은 예전 아이들보다 훨씬 올되는 것 같다.

| 옹골지다 | □ | 실속 있게 속이 꽉 차다. |
| | | 예 돈 버는 재미가 옹골지다. |

| 옹알이 | □ | 생후 백 일쯤 되는 아기가 사람을 알아보고 옹알거리는 짓 |
| | | 예 조카가 옹알이를 시작했다. |

| 욕지기 | □ | 토할 것 같은 메슥메슥한 느낌 |
| | | 예 속에서 욕지기가 나서 밖으로 나갔다. |

| 우두망찰하다 | □ | 정신이 얼떨떨하여 어찌할 바를 모르다. |
| | | 예 일이 어렵다고 이렇게 우두망찰하고만 있을 게 아니라 정신을 좀 더 바짝 차려서 해결책을 찾아봅시다. |

확인문제

다음 괄호 안에 들어갈 알맞은 단어의 기호를 쓰세요.

ㄱ 애면글면   ㄴ 애오라지   ㄷ 올된   ㄹ 우두망찰한

① 그녀는 ( ) 기른 자식도 다 소용없다며 울었다.
② 우리가 쓸 수 있는 물자가 ( ) 이것밖에 남지 않았단 말이냐?
③ 그는 사건이 발생하자 ( ) 표정만 짓고 있었다.
④ 혼자 동생을 돌보며 자라 ( ) 아이를 보니 마음이 아팠다.

정답   ① ㄱ, ② ㄴ, ③ ㄹ, ④ ㄷ

우렁잇속 □ 내용이 복잡하여 헤아리기 어려운 일을 비유하는 말
　　　　　예 그녀의 속마음은 우렁잇속 같아서 뭐가 뭔지 알 수가 없다.

울력 □ 여러 사람이 힘을 합하여 일함. 또는 그 힘
　　　　예 동네 사람들이 울력하여 모내기를 끝냈다.

웃비 □ 한창 내리다가 잠시 그친 비
　　　　예 웃비가 걷히니 하늘이 한층 더 맑아졌다.

웅숭깊다 □ ① 생각이나 뜻이 크고 넓다.
　　　　　② 사물이 되바라지지 아니하고 깊숙하다.
　　　　　예 설악산의 계곡은 아주 웅숭깊다.

입찬말 □ 자기의 지위와 능력을 믿고 장담하는 말
　　　　　예 사람 일이란 어떻게 될지 모르니 입찬말만 해서는 안 된다.

자맥질 □ 물속에 들어가서 떴다 잠겼다 하며 팔다리를 놀리는 짓
　　　　　예 내 고향은 바닷가지만 수영은 할 줄 모르고 자맥질도 서툴다.

자발없다 □ 행동이 가볍고 참을성이 없다.
　　　　　예 자발없는 귀신은 무랍도 못 얻어먹는다.

자투리 □ 팔거나 쓰다가 남은 천 조각
　　　　예 자투리 천을 모아 이불을 만들었다.

잡도리 □ ① 단단히 준비하거나 세우는 대책
　　　　　② 잘못되지 않도록 엄중하게 단속함
　　　　　예 이번 기회에 잡도리를 못하면 더 버릇없는 사람이 되고 말
　　　　　　것이다.

저어하다 □ 염려하거나 두려워하다.
　　　　　예 그는 남의 귀를 저어하기는커녕 오히려 다들 들으란 듯이 큰
　　　　　　목소리로 말했다.

접	☐ 채소나 과일 따위를 묶어 세는 단위(한 접 = 채소나 과일 100개) 예 사과 한 접이면 우리 직원 모두가 먹을 수 있다.
주전부리	☐ 때를 가리지 않고 군음식을 자주 먹는 입버릇 예 주전부리를 많이 해 밥맛이 없다.
주접	☐ ① 생물체가 제대로 자라지 못하고 쇠하여지는 일 ② 옷차림이나 몸치레가 초라하고 너절한 것 예 주접이 든 닭을 골라 상인에게 넘겼다.
죽	☐ 옷, 그릇 등의 열 벌을 묶어 세는 단위 예 접시는 죽을 채워 정리했다.
쥐락펴락	☐ 자기 손아귀에 넣고 마음대로 휘두르는 모양 예 그는 이 무리의 권리를 손안에 쥐고 쥐락펴락하였다.
지청구	☐ ① 꾸지람 ② 까닭 없이 남을 탓하고 원망함 예 그녀는 편식하는 딸에게 지청구를 퍼부었다.
짐짓	☐ 마음은 그렇지 않으나 일부러 그렇게 예 그녀는 다 알면서도 짐짓 놀라는 표정을 지었다.

확인문제

다음 괄호 안에 들어갈 알맞은 단어의 기호를 쓰세요.

> ㉠ 자맥질   ㉡ 자투리   ㉢ 잡도리   ㉣ 지청구

① 근무 전후의 (   ) 시간을 효과적으로 이용하다.
② 주인집 아이가 잘못한 줄을 알면서도 내 자식을 (   )했다.
③ 오랜 (   ) 끝에 물을 벗어난 잠수부처럼 나는 길게 숨을 내쉰다.
④ 그는 일을 시작하기 전에 철저히 (   )하였다.

정답   ① ㉡, ② ㉣, ③ ㉠, ④ ㉢

짜장 ☐ 과연 정말로
예 그녀는 짜장 사실인 것처럼 말했다.

짝짜꿍이 ☐ ① 끼리끼리만 내통하거나 어울려서 세우는 일이나 계획
② 서로 다투는 일
예 그들은 뒷구멍으로 무슨 짝짜꿍이 수작을 했다.

쭉정이 ☐ ① 껍질만 있고 알맹이가 들지 않은 곡식이나 과실의 열매
② 사람 구실을 제대로 하지 못하는 사람을 이르는 말
예 김 사장은 실상 빈 쭉정이에 불과했다.

차반 ☐ ① 맛있게 잘 차린 음식
② 예물로 가져가는 맛있는 음식
예 어머니가 준비해주신 차반 보따리를 들고 사돈집으로 향했다.

채신없다 ☐ 몸가짐이 경망스러워 위신이 없다.
예 어른들 앞에서 채신없게 굴지 않도록 조심해라.

책상물림 ☐ 책상 앞에 앉아 글공부만 하여 세상일을 잘 모르는 사람을 낮잡아 이르는 말
예 처음에 앳되고 비쩍 마른 그는 책상물림으로만 여겨졌다.

천둥벌거숭이 ☐ 두려운 줄 모르고 함부로 날뛰기만 하는 사람
예 천둥벌거숭이 같은 자식을 생각하니 걱정이 많다.

추레하다 ☐ ① 겉모양이 허술하여 보잘것없다.
② 생생한 기운이 없다.
예 그는 옷차림이 추레하여 부잣집 아들처럼 보이지 않는다.

치사랑 ☐ 손윗사람에 대한 사랑
예 내리사랑은 있어도 치사랑은 없다.

켕기다	□	① 팽팽하게 되다.
		② 불안하고 두려워지다.
		예 그가 자꾸 나를 피하는 것이 뭔가 켕기는 것이 있는 것 같다.

켤레	□	신, 양말, 버선, 방망이 등 짝이 되는 두 개를 한 벌로 세는 단위
		예 현관에 여러 켤레의 신발이 놓여 있다.

콩켸팥켸	□	사물이 마구 뒤섞여 뒤죽박죽된 것을 가리키는 말
		예 일이 콩켸팥켸 되다.

콩팔칠팔	□	① 갈피를 잡을 수 없도록 마구 지껄이는 모양
		② 하찮은 일을 가지고 시비조로 캐묻고 따지는 모양
		예 그는 술을 마시면 콩팔칠팔 뇌까렸다.

쾌	□	북어, 엽전을 묶어 세는 단위(한 쾌 = 북어 20마리, 엽전 10냥)
		예 북어 한 쾌를 싼 값에 샀다.

타래	□	① 사리어 뭉쳐 놓은 실이나 노끈 따위의 뭉치
		② 사리어 뭉쳐 놓은 실이나 노끈 따위의 뭉치를 세는 단위
		예 올가을에 쓸 가마니를 짜려면 새끼 열 타래가 필요하다.

타래버선	□	돌 전후의 어린아이들이 신는 누비버선의 한 가지
		예 타래버선을 신은 아이가 발걸음을 옮겼다.

확인문제

다음 괄호 안에 들어갈 알맞은 단어의 기호를 쓰세요.

㉠ 차반   ㉡ 책상물림   ㉢ 콩켸팥켸   ㉣ 콩팔칠팔

① 청소를 하지 않아 방이 (   ) 되었다.
② 저런 소심하고 세상 물정 어두운 (   )하고 상종을 하지 않을 참이다.
③ 화가 난 그는 동생을 보자마자 (   ) 뛰었다.
④ 그녀는 이웃과 나누어 먹을 (   )을/를 머리에 이고 다녔다.

정답 ① ㉢, ② ㉡, ③ ㉣, ④ ㉠

탐탁하다	모양, 태도, 어떤 일이 마음에 들어 만족하다.
	예 나는 새로 사귄 친구가 별로 탐탁지 않다.
투미하다	어리석고 둔하다.
	예 그는 남들이 말을 붙여 보아도 돌미륵같이 투미해서 답답하기
	짝이 없다.
트레바리	이유 없이 남의 말에 반대하기를 좋아함. 또는 그런 성격을 지닌
	사람
	예 그는 좋은 일까지도 덮어놓고 반대하는 트레바리이다.
푼푼하다	① 모자람이 없이 넉넉하다.
	② 옹졸하지 아니하고 시원스러우며 너그럽다.
	예 그는 푼푼한 성품을 가졌다.
피천	아주 적은 액수의 돈
	예 피천 한 푼 없다.
하늬	농가나 어촌에서 서풍(西風)을 이르는 말
	예 하늬바람에 곡식이 모질어진다.
하릴없다	① 어찌 할 도리가 없다.
	② 조금도 틀림이 없다.
	예 허겁지겁 밥을 먹는 그의 모습은 하릴없는 거지였다.
한풀	기운, 끈기, 의기, 투지 등이 눈에 띄게 줄어드는 것
	예 더위가 한풀 꺾였다.
함초롬하다	젖거나 서려 있는 모습이 가지런하고 곱다.
	예 비에 젖은 그녀의 모습이 함초롬하다.
함함하다	① 털이 부드럽고 윤기가 있다.
	② 소담하고 탐스럽다.
	예 털이 함함한 강아지를 선물 받았다.

| 해거름 | ㅁ | 해가 거의 넘어갈 무렵 |
| | | 예 해거름이 되니 추워진다. |

| 해껏 | ㅁ | 해가 넘어갈 때까지 |
| | | 예 그녀는 날마다 해껏 일한다. |

| 해소수 | ㅁ | 한 해가 좀 지나는 동안 |
| | | 예 해소수가 지나도록 소식 하나 없더니 그녀에게서 전화가 왔다. |

| 해찰하다 | ㅁ | 일에는 정신을 두지 않고 쓸데없는 짓만 하다. |
| | | 예 수업시간에 한눈팔고 해찰하였다고 선생님께 혼났다. |

| 허드레 | ㅁ | 함부로 쓸 수 있는 허름한 것 |
| | | 예 허드레로 입는 옷까지 모두 챙겼다. |

허방	ㅁ	땅바닥이 움푹 패어 빠지기 쉬운 구덩이
		예 그렇게 행동했다가는 모든 일을 허방 치고 말 것이다.
		관용구 허방(을) 치다

| 허섭스레기 | ㅁ | 좋은 것을 고르고 난 뒤 남은 허름한 물건 |
| | | 예 이삿짐을 싸고 남은 허섭스레기가 널려있다. |

확인문제

다음 괄호 안에 들어갈 알맞은 단어의 기호를 쓰세요.

ㄱ 투미한   ㄴ 푼푼한   ㄷ 하릴없는   ㄹ 함함한

① 그는 성질이 아주 (   ) 데다가 행동마저 아둔했다.
② 중요한 물건을 잃어버렸으니 꾸중을 들어도 (   ) 일이다.
③ 그는 (   ) 성품 덕에 어딜 가도 눈치 먹은 적이 없었다.
④ 고슴도치도 제 새끼는 (   ) 법이다.

정답   ① ㄱ, ② ㄷ, ③ ㄴ, ④ ㄹ

허수하다 ☐ ① 마음이 허전하고 서운하다.
② 짜임새나 단정함이 없이 느슨하다.
예 그는 허수한 데가 없이 똑똑해 보인다.

허출하다 ☐ 허기가 지고 출출하다.
예 저녁을 먹었는데도 허출하다.

헛물켜다 ☐ 애쓴 보람 없이 헛일로 되다.
예 그는 여러 군데에 입사 원서를 내고 면접을 보러 다녔지만
번번이 헛물켰다.

헤살 ☐ 짓궂게 훼방하는 짓
예 헤살을 부리다.

화수분 ☐ 재물이 자꾸 생겨서 아무리 써도 줄지 않음을 이르는 말
예 부동산을 사놓으면 해마다 돈을 낳을 테니 그야말로 화수분
이다.

흐드러지다 ☐ ① 썩 탐스럽다.
② 아주 잘 익어서 무르녹다.
예 벚꽃이 흐드러지게 피었다.

희나리 ☐ 덜 마른 장작
예 희나리에 불을 붙여봤자 소용없다.

희떱다 ☐ ① 실속은 없어도 마음이 넓고 손이 크다.
② 말이나 행동이 분에 넘치며 버릇이 없다.
예 그녀는 없는 사람들에게 희떱게 굴었다.

희아리	□ 약간 상한 채로 말라서 희끗희끗하게 얼룩이 진 고추 예 어머니는 희아리를 고르며 한 해 고추농사가 잘되지 않았다 며 한숨을 쉬셨다.
흰소리	□ 터무니없이 자랑으로 떠벌리거나 거드럭거리며 허풍을 떠는 말 예 그는 아무것도 하지 않으면서 흰소리만 늘어놓았다.

확인문제

다음 괄호 안에 들어갈 알맞은 단어의 기호를 쓰세요.

㉠ 허수하게　㉡ 허출한　㉢ 흐드러진　㉣ 희떱게

① 그녀가 떠난 뒤 나는 마음 한 구석이 ( ) 비어 오는 것을 어쩔 수 없었다.
② 그녀는 제 살림은 짜게 하다가도 없는 사람에게는 ( ) 굴었다.
③ 꽃이 피고 나비가 넘노는 ( ) 봄날이었다.
④ 밥을 먹었는데 배가 이렇게 ( ) 것이 이상하다.

정답　① ㉠, ② ㉣, ③ ㉢, ④ ㉡

TIP

〈의성어 · 의태어 알아두기〉

가랑가랑 액체가 많이 담기거나 괴어서 가장자리까지 찰 듯한 모양 예 소나기가
지나가자 마당에 널린 화분마다 빗물이 가랑가랑 고였다.

감실감실 사람이나 물체, 빛 따위가 먼 곳에서 자꾸 아렴풋이 움직이는 모양 예
줄 끊긴 방패연은 바람에 날려 저 멀리 감실감실 사라져 갔다.

겅둥겅둥 긴 다리로 계속해서 채신없이 거볍게 뛰는 모양. 침착하지 못하고 채신
없이 거볍게 행동하는 모양 예 겅둥겅둥 뛰어가다.

너붓너붓 엷은 천이나 종이 따위가 나부끼어 자꾸 흔들리는 모양 예 바람에 커다
란 나뭇잎이 너붓너붓 춤을 춘다.

느럭느럭 말이나 행동이 퍽 느린 모양 예 그는 동생이 놀랄까 봐 느럭느럭 말하
였다.

담상담상 드물고 성긴 모양 예 턱에 담상담상 수염이 돋았다.

두런두런 여럿이 나지막한 목소리로 서로 조용히 이야기하는 소리. 또는 그 모양
예 안방에서 아버지가 어머니와 두런두런하는 소리가 들린다.

딸깍딸깍 작고 단단한 물건이 자꾸 맞부딪치는 소리 예 굽 높은 구두를 신은 여자
가 딸깍딸깍 계단을 내려왔다.

모짝모짝 한쪽에서부터 차례로 모조리. 차차 조금씩 개먹어 들어가는 모양 예 농
부는 모내기를 하려고 못자리에서 모를 모짝모짝 뽑았다.

바작바작 물기가 적은 물건을 잇따라 씹거나 빻는 소리. 또는 그 모양. 물기가 적
은 물건이 타들어 가는 소리. 또는 그 모양. 마음이 매우 안타깝게 죄어
드는 모양. 열이 심하거나 몹시 초조하여 입 안이나 입술이 자꾸 마르는
모양. 진땀이 나는 모양 예 바작바작 마음을 졸이며 합격 통지를 기다리
고 있다.

발맘발맘 한 발씩 또는 한 걸음씩 길이나 거리를 가늠하며 걷는 모양. 자국을 살펴
가며 천천히 따라가는 모양 예 우리는 목탁 소리를 따라 발맘발맘 걸었
다.

부전부전 남의 사정은 돌보지 아니하고 자기가 하고 싶은 일에만 서두르는 모양
예 아기 어머니가 내키지 않아 하는데도 그는 아기를 보겠다며 부전부
전 집 안으로 들어갔다.

상글상글 눈과 입을 귀엽게 움직이며 소리 없이 정답게 자꾸 웃는 모양 예 그녀의
상글상글하는 미소가 사무실 분위기를 밝게 만든다.

섬벅섬벅 크고 연한 물건이 잘 드는 칼에 쉽게 자꾸 베어지는 소리. 또는 그 모양
예 무를 섬벅섬벅 썬다.

씨억씨억 성질이 굳세고 활발한 모양 예 그는 서슬이 퍼레져서는 씨억씨억 저수
지를 향해 발길을 돌렸다.

씨엉씨엉 걸음걸이나 행동 따위가 기운차고 활기 있는 모양 예 서로 약속이나 한 듯이 조손간에 답삭 끌어안는 걸 보고 그는 씨엉씨엉 집을 나와 버렸다.

아귀아귀 음식을 욕심껏 입 안에 넣고 마구 씹어 먹는 모양 예 그는 밥을 아귀아귀 먹어 대며 내심 화를 삭이고 있었다.

알근알근 매워서 입 안이 매우 알알한 느낌. 술에 취하여 정신이 매우 아렴풋한 느낌 예 매운탕의 맛이 알근알근한 게 시원하다.

어룽어룽 뚜렷하지 아니하고 흐리게 어른거리는 모양 예 그녀의 까만 슈트 위로 어룽어룽 갈비뼈가 비친다.

어정버정 하는 일 없이 이리저리 천천히 걷는 모양. 어색하고 부자연스럽게 행동 하는 모양 예 담배나 피우면서 거리를 어정버정 돌아다니면 누가 밥 주 니?

얼키설키 가는 것이 이리저리 뒤섞이어 얽힌 모양. 엉성하고 조잡한 모양. 관계나 일, 감정 따위가 복잡하게 얽힌 모양 예 얼키설키 얽힌 밧줄

엉기정기 질서 없이 여기저기 벌여 놓은 모양 예 그는 책상 위에 책들을 엉기정기 벌여 놓고 나가 버렸다.

옴니암니 자질구레한 일에 대하여까지 좀스럽게 셈하거나 따지는 모양 예 옴니암 니 생각해 봐도 땅문서보다는 종 문서를 받아야겠다.

우럭우럭 불기운이 세차게 일어나는 모양. 술기운이 얼굴에 나타나는 모양. 병세 가 점점 더하여 가는 모양. 심술이나 화가 점점 치밀어 오르는 모양 예 모닥불이 우럭우럭 피어오르다.

을밋을밋 기한이나 일 따위를 우물쩍거리며 잇따라 미루는 모양. 자기의 책임이나 잘못을 우물우물하며 넘기려고 하는 모양 예 그 사람은 남의 발을 밟고 도 사과는 하지 않고 그저 을밋을밋하고 있었다.

즈런즈런 살림살이가 넉넉하여 풍족한 모양 예 부부가 열심히 일하더니, 생활이 즈런즈런 윤택해졌다.

티적티적 남의 흠이나 트집을 잡으면서 자꾸 비위를 거스르는 모양 예 그는 괜히 와서 티적티적거렸다.

할금할금 곁눈으로 살그머니 계속 할겨 보는 모양 예 강아지가 할금할금 내 눈치 를 살핀다.

헤실헤실 싱겁고 어설프게 웃는 모양 예 그녀는 웃음을 헤실헤실 흘렸다.

휘적휘적 걸을 때에 두 팔을 몹시 자꾸 휘젓는 모양 예 그는 옷을 여미며 일어서 더니 다른 데로 휘적휘적 가 버렸다.

흐슬부슬 차진 기가 없고 부스러져 헤어질 듯한 모양 예 흙벽에서 모래가 흐슬부 슬 흘러내리다.

TIP

<단위 명사 알아두기>

갓	굴비, 비웃 따위나 고비, 고사리 따위를 묶어 세는 단위. 한 갓은 굴비·비웃 따위 열 마리, 또는 고비·고사리 따위 열 모숨을 한 줄로 엮은 것을 이른다.
거리	오이나 가지 따위를 묶어 세는 단위. 한 거리는 오이나 가지 오십 개를 이른다.
담불	벼를 백 섬씩 묶어 세는 단위
두름	① 조기 따위의 물고기를 짚으로 한 줄에 열 마리씩 두 줄로 엮은 것 ② 고사리 따위의 산나물을 열 모숨 정도로 엮은 것
말	부피의 단위. 곡식, 액체, 가루 따위의 부피를 잴 때 쓴다. 한 말은 한 되의 열 배로 약 18리터에 해당한다.
모숨	(수량을 나타내는 말 뒤에 쓰여) 길고 가느다란 물건의, 한 줌 안에 들어올 만한 분량을 세는 단위
뭇	① 짚, 장작, 채소 따위의 작은 묶음을 세는 단위 ② 볏단을 세는 단위 ③ 생선을 묶어 세는 단위. 한 뭇은 생선 열 마리를 이른다. ④ 미역을 묶어 세는 단위. 한 뭇은 미역 열 장을 이른다.
섬	부피의 단위. 곡식, 가루, 액체 따위의 부피를 잴 때 쓴다. 한 섬은 한 말의 열 배로 약 180리터에 해당한다.
손	한 손에 잡을 만한 분량을 세는 단위. 조기, 고등어, 배추 따위 한 손은 큰 것 하나와 작은 것 하나를 합한 것을 이르고, 미나리나 파 따위 한 손은 한 줌 분량을 이른다.
아름	(수량을 나타내는 말 뒤에 쓰여) 두 팔을 둥글게 모아 만든 둘레 안에 들 만한 분량을 세는 단위
움큼	손으로 한 줌 움켜쥘 만한 분량을 세는 단위
접	채소나 과일 따위를 묶어 세는 단위. 한 접은 채소나 과일 백 개를 이른다.
제(劑)	한약의 분량을 나타내는 단위. 한 제는 탕약(湯藥) 스무 첩. 또는 그만한 분량으로 지은 환약(丸藥) 따위를 이른다.
축	오징어를 묶어 세는 단위. 한 축은 오징어 스무 마리를 이른다.
톳	김을 묶어 세는 단위. 한 톳은 김 100장을 이른다.

〈잠과 관련된 단어 알아두기〉

갈치잠 비좁은 방에서 여럿이 모로 자는 잠 예 좁은 방 한 칸에 열두 명이 자려니
　　　　어쩔 수 없이 모두 갈치잠을 잘 도리밖에 없었다.

걸잠　겉눈감고 자는 체하는 일. 깊이 들지 않은 잠. 선잠 예 TV를 보다가 잠깐
　　　　걸잠이 들었다. ≒ 여원잠

그루잠 깨었다가 다시 든 잠 예 그루잠에 막 들었는데 동생이 나를 깨웠다.

나비잠 갓난아이가 두 팔을 머리 위로 벌리고 자는 잠 예 팔을 어깨 위로 쳐들고
　　　　나비잠을 자던 갓난아기가 얼굴을 심하게 구기며 울기 시작했다.

노루잠 자꾸 깨어서 깊이 들지 못하는 잠 예 그는 잠을 자도 달게 자지 못하고 설
　　　　핏설핏 노루잠을 잤다.

등걸잠 옷을 입은 채로 덮개도 없이 아무 곳에서나 쓰러져 편하지 않게 자는 잠 예
　　　　오늘 아침은 배창자가 주린 것도 아닌데 나는 졸음에 겨워 등걸잠에 빠져
　　　　들고 있었다.

말뚝잠 앉은 채로 자는 잠 예 얼마나 피곤했는지 말뚝잠을 자는데도 코를 골았다.

멍석잠 너무 피곤하여 아무 데서나 쓰러져 자는 잠 예 며칠 밤을 샌 그는 멍석잠을
　　　　자려 했다.

발칫잠 남의 발치에서 자는 잠. 남의 신세를 지느라고 눈치를 보면서 자는 불편한
　　　　잠 예 어려서부터 길러 내듯이 보아 오던 아이니 발칫잠쯤 재우는 것이 싫
　　　　을 것은 없었다.

벼룩잠 깊이 잠들지 못하고 자꾸 자다가 깨는 잠 예 경비병들은 총을 옆에 끼고 웅
　　　　크린 채로 벼룩잠을 잤다.

새우잠 새우처럼 등을 구부리고 자는 잠. 주로 모로 누워 불편하게 자는 잠을 의미
　　　　함 예 방바닥이 차서 웅크리고 새우잠을 잤다.

속잠　깊이 든 잠 예 피곤한 것을 참다가 침대에 누웠더니 바로 속잠이 들었다.

시위잠 활시위 모양으로 웅크리고 자는 잠 예 그는 가게 마룻바닥에서 밤마다 시
　　　　위잠을 자면서 어려움을 견뎠다.

토끼잠 깊이 들지 못하고 자주 깨는 잠 예 문 여는 소리에 토끼잠에서 깬 아이가
　　　　눈을 비비며 나왔다.

풋잠　잠든 지 얼마 안 되어 깊이 들지 못한 잠 예 한밤중까지 뒤척거리던 누이는
　　　　새벽에 겨우 풋잠이 들었다.

헛잠　잔 둥 만 둥한 잠. 선잠과 비슷하지만 거짓으로 자는 체하는 잠. 일은 하지
　　　　않고 쓸데없이 자꾸 자는 잠 예 그는 헛잠을 자며, 친구들이 나누는 이야기
　　　　를 들었다.

연습문제

01 밑줄 친 단위어의 풀이가 잘못된 것은?

① 청어 두 뭇을 사서 옆집에 나누어 주었다. → 열 마리
② 지난달에 사 놓은 마늘 한 접을 벌써 다 먹었다. → 스무 개
③ 상점에 가서 김 세 톳을 사 오너라. → 백 장
④ 고향집에 가면서 조기 한 두름을 사갔다. → 스무 마리
⑤ 오이 한 거리는 혼자 먹기에 너무 많다. → 오십 개

02 밑줄 친 단어의 사전적 뜻풀이로 잘못된 것은?

① 그는 집 밖으로 나서기를 저어하는 것 같았다. → 염려하거나 두려워하다.
② 마을 고샅으로 접어드는 길이 매우 깜깜했다. → 시골 마을의 좁은 골목길. 또는 골목 사이
③ 수업시간에 한눈팔고 해찰하였다고 선생님께 혼났다. → 몹시 떠들어 소란스럽다.
④ 그녀는 부모님께 곰살궂게 굴었다. → 태도나 성질이 부드럽고 친절하다.
⑤ 친구와 대화를 하면서 노량으로 길을 걸었다. → 어정어정 놀면서 느릿느릿

03 밑줄 친 말의 쓰임이 적절하지 않은 것은?

① 그는 옷을 여미며 일어서더니 다른 데로 할금할금 가 버렸다.
② 그 사람은 남의 발을 밟고도 사과는 하지 않고 그저 을밋을밋하고 있었다.
③ 그는 서슬이 퍼레져서는 씨억씨억 저수지를 향해 발길을 돌렸다.
④ 부부가 열심히 일하더니, 생활이 스런즈런 윤택해졌다.
⑤ 그는 밥을 아귀아귀 먹어 대며 내심 화를 삭이고 있었다.

04 〈보기〉의 뜻풀이와 예문의 ( )에 가장 알맞은 단어는?

보기	말이나 행동이 모질고 거칠고 사나운 사람을 이르는 말 에 그는 ( )이어서 아이들이 가까이하지 않았다.

① 만무방   ② 구나방   ③ 무녀리   ④ 고빗사위   ⑤ 모주망태

1	2	3	4
②	③	①	②

01

② 채소나 과일 따위를 묶어 세는 단위. 한 접은 채소나 과일 백 개를 이른다.
① 생선을 묶어 세는 단위. 한 뭇은 생선 열 마리를 이른다.
③ 김을 묶어 세는 단위. 한 톳은 김 100장을 이른다.
④ 조기 따위의 물고기를 짚으로 한 줄에 열 마리씩 두 줄로 엮은 것
⑤ 오이나 가지 따위를 묶어 세는 단위. 한 거리는 오이나 가지 오십 개를 이른다.

02

③ 해찰하다 : 일에는 마음을 두지 아니하고 쓸데없이 다른 짓을 하다.

03

① 그는 옷을 여미며 일어서더니 다른 데로 휘적휘적 가 버렸다.
 • 할금할금 : 곁눈으로 살그머니 계속 할겨 보는 모양
 • 휘적휘적 : 걸을 때에 두 팔을 몹시 자꾸 휘젓는 모양
② 을밋을밋 : 자기의 책임이나 잘못을 우물우물하며 넘기려고 하는 모양
③ 씨억씨억 : 성질이 굳세고 활발한 모양
④ 즈런즈런 : 살림살이가 넉넉하여 풍족한 모양
⑤ 아귀아귀 : 음식을 욕심껏 입 안에 넣고 마구 씹어 먹는 모양

04

② 구나방 : 말이나 행동이 모질고 거칠고 사나운 사람을 이르는 말
① 만무방 : 염치가 없이 막된 사람
③ 무녀리 : 말이나 행동이 좀 모자란 듯이 보이는 사람을 비유적으로 이르는 말
④ 고빗사위 : 매우 중요한 단계나 대목 가운데서도 가장 아슬아슬한 순간
⑤ 모주망태 : 술을 늘 대중없이 많이 마시는 사람을 놀림조로 이르는 말

02 순화어

▶ 길거리를 지나가다 보면 우리말로 된 가게들을 종종 볼 수 있습니다. 우리말, 우리글을 바로 쓰자는 활동이 일어나고 있는 것이죠. 어느 대학교 국어문화원이 도심 간판이 외래어와 한자어 등으로 오염됐다는 문제의식에서 출발해 '아름다운 우리말 가게'를 선정한 것을 좋은 예로 들 수 있습니다.

2장에서는 일상생활에서 많이 쓰이는 외래어, 한자어들을 우리말로 바꾼 순화어를 학습합니다.

외래어/한자어 (x)	순화어 (o)
가건물(假建物)	임시건물
가께우동(掛饂飩, かけうどん)	가락국수
가꾸목(角木)	각목, 목재
가드레일(guard rail)	보호 난간
가라(空, から)	가짜
가라오케(カラオケ)	녹음 반주, 노래방
가봉(假縫)	시침질
가십(gossip)	소문, 뒷공론
가이드북(guide book)	안내서, 안내 책자
갤러리(gallery)	그림방, 화랑
견본(見本)	본(보기)
고수부지(高水敷地)	둔치(마당), 강턱
곤로(こんろ)	풍로, 화로
곤색(紺色, こんいろ)	감색, 검남색, 진남색
과년도(過年度)	지난해
권두언(券頭言)	머리말
그린벨트(greenbelt)	개발제한구역, 녹지대
글로벌(global)	세계화, 국제화
기스(傷)	흠(집)

확인문제

다음 단어를 순화어로 고쳐 쓰세요.

① 가께우동 :
② 가드레일 :
③ 가십 :
④ 견본 :
⑤ 고수부지 :

정답   ① 가락국수, ② 보호 난간, ③ 소문, ④ 본(보기), ⑤ 둔치

외래어/한자어 (x)	순화어 (o)
나시(そでなし)	민소매
내비게이션(navigation)	길 도우미
노가다(土方, どかた)	(공사판) 노동자
닉네임(nickname)	별명, 애칭
다대기(たたき)	다진양념
다마(玉たま)	구슬, 알, 전구, 당구
다시(出汁)	맛국물
다운타운(downtown)	중심(지)
닭도리탕(tori湯)	닭볶음탕
대하(大蝦)	큰새우, 왕새우
더그아웃(dugout)	선수대기석
데코레이션(decoration)	장식(품)
도어맨(doorman)	(현관) 안내인
독거노인(獨居老人)	홀로 사는 노인
디스카운트(discount)	에누리, 할인
땡깡	생떼
땡땡이	물방울 (무늬)
라이프스타일(life style)	생활양식
랭크(rank)	순번
러닝타임(running time)	상영 시간
러브샷(love shot)	사랑건배
러시(rush)	붐빔
레드 존(red zone)	청소년 금지 구역
레임덕(lame duck)	권력 누수 (현상)
로펌(law firm)	법률 회사, 법률 사무소
리더십(leadership)	통솔력, 지도력
리플(reply)	댓글

외래어/한자어 (x)	순화어 (o)
만땅(滿タン, tank)	가득(채움, 참)
매뉴얼(manual)	설명서, 안내서
맨션(mansion apartment)	아파트
모니터링(monitoring)	감시, 관찰
모바일 뱅킹(mobile banking)	이동 통신 거래, 이동 통신 은행
몸빼	일바지, 왜바지
미팅(meeting)	모꼬지, 모임
바겐세일(bargain sale)	싸게팔기, 할인 판매
바로미터(barometer)	잣대, 척도, 지표
바우처(voucher)	증빙서류, 영수증
바자회(bazar會)	자선장
발코니(balcony)	옥외난간, (바깥) 난간
백그라운드(back ground)	배경
백미라(back mirror, バックミラ)	뒷거울
베일(veil)	장막
벤치마킹(bench-marking)	견주기, (컴퓨터) 성능시험
벨보이(bellboy)	객실안내(원)
보이콧(boycott)	거절, 거부, 배척
부킹(booking)	예약

확인문제

다음 단어를 순화어로 고쳐 쓰세요.

① 내비게이션 :
② 다운타운 :
③ 러닝타임 :
④ 매뉴얼 :
⑤ 벤치마킹 :

정답 ① 길 도우미, ② 중심(지), ③ 상영 시간, ④ 설명서, 안내서, ⑤ 견주기

외래어/한자어 (x)	순화어 (o)
브랜드(brand)	상표
브레인스토밍(brainstorming)	발상
블랙리스트(blacklist)	감시대상명단
블루 오션(blue ocean)	대안(代案) 시장
뽀록나다(ぼろ)	드러나다, 들통나다
사이버머니(cyber money)	전자 화폐
서포터스(supporters)	응원단, 후원자
셔틀버스(shuttlebus)	순환 버스
쇼부(勝負)	흥정, 결판
쇼윈도(show window)	진열장
스시(すし)	초밥
스킨십(skin ship)	살갗 닿기, 피부 접촉
스킨케어(skin care)	피부 관리, 치료
스포트라이트(spotlight)	각광, 주시
스프레이(spray)	분무(기)
시너지(synergy)	효과, 상승효과
시말서(始末書)	경위서
시뮬레이션(simulation)	모의실험
십팔번(十八番)	단골 장기, 단골 노래
아웃사이더(outsider)	문외한, 국외자
아웃소싱(outsourcing)	외부용역, 외주(外注)
아티스트(artist)	예술가
앙꼬(餡子)	팥소
업그레이드(upgrade)	상승, 개선, 승급
업데이트(update)	수정자료, 갱신
엠티(MT)	수련모임
오뎅(おでん)	어묵

외래어/한자어 (x)	순화어 (o)
오리엔테이션(orientation)	예비교육, 안내 (교육)
오찬(午餐)	점심(모임)
올킬(all kill)	싹쓸이
와리바시(割箸)	나무젓가락
와사비(山葵)	고추냉이
요지(楊枝)	이쑤시개
워밍업(warming-up)	준비(운동), 몸 풀기
윈윈 전략(win-win 戰略)	상생(相生) 전략, 상승(相勝) 전략
이니셜(initial)	머리글자
이미테이션(imitation)	모조, 흉내, 모방
익일(翌日)	다음날, 이튿날
인센티브(incentive)	성과급, 유인책
인테리어(interior)	실내장식
인프라(infra)	기간시설, 기반 시설
재테크(財tech)	(금융)자산운용 기법
제로섬 게임(zero-sum game)	죽기살기게임
찌라시(ちらし)	선전지, 낱장 광고
체인(chain)	배급망, 사슬, 연쇄
체크포인트(check point)	점검 사항

확인문제

다음 단어를 순화어로 고쳐 쓰세요.

① 브레인스토밍 :
② 서포터스 :
③ 아웃소싱 :
④ 오리엔테이션 :
⑤ 인센티브 :

정답 ① 발상, ② 후원자, ③ 외부용역, ④ 예비교육, ⑤ 성과급

외래어/한자어 (x)	순화어 (o)
취조(取調)	문초
카드깡(card−)	카드 할인
카운터(counter)	계산기, 계산대
카탈로그(catalogue)	목록, 알림표, 상품안내서
카풀(car pool)	(승용차) 함께 타기
카피라이터(copywriter)	광고 문안가
캐시백(cash back)	적립금 (환급)
커리큘럼(curriculum)	교과 과정
커버스토리(cover story)	표지 기사
커트라인(cut line)	한계선, 합격선
컬렉션(collection)	수집
코멘트(comment)	의견말, 논평, 해설
콘서트(concert)	연주회
클레임(claim)	손해 배상 청구
텔레뱅킹(telebanking)	전화(은행)업무, 전화거래
토털 서비스(total service)	종합 서비스
투기(投棄)하다	(내)버리다
트로이카(troika)	삼두마차
파트타임(part time)	시간제 근무
패닉(panic)	공황(恐慌)
패러다임(paradigm)	틀
패밀리 레스토랑(family restaurant)	가족식당
패스워드(password)	비밀번호, 암호
팬시점(fancy店)	선물가게
펀드(fund)	기금
페스티벌(festival)	축전, (큰)잔치
포털 사이트(portal site)	들머리 사이트

외래어/한자어 (x)	순화어 (o)
포트폴리오(portfolio)	분산투자
푸드 코트(food court)	먹을거리 장터
프러포즈(propose)	제안, 청혼
프랜차이즈(franchise)	연쇄점, 지역할당
프로필(profile)	인물소개, 인물평
프리미엄(premium)	웃돈, 할증금
하이웨이(highway)	고속도로
하이테크(high technology)	첨단 기술
하이틴(high teen)	십대, 청소년
할증료(割增料)	웃돈, 추가금
핫라인(hot line)	직통 전화
헤게모니(Hegemonie)	주도권
홈뱅킹(home banking)	안방 거래
홈시어터(home theater)	안방극장
화이트칼라(whitecollar)	사무직 근로자
히든카드(hidden card)	숨긴 패, 비책

확인문제

다음 단어를 순화어로 고쳐 쓰세요.

① 커리큘럼 :

② 파트타임 :

③ 펀드 :

④ 하이테크 :

⑤ 화이트칼라 :

정답　① 교과 과정, ② 시간제 근무, ③ 기금, ④ 첨단 기술, ⑤ 사무직 근로자

연습문제

[1~2] 밑줄 친 단어를 순화한 표현으로 적절하지 <u>않은</u> 것은?

O1
① 기업에서는 특정 생산자원을 다면적으로 활용하여 <u>시너지효과</u>(→ 벌충효과)를 추구한다.
② 그녀는 길을 가다 <u>쇼윈도</u>(→ 진열장)에 비친 자기 모습을 한참 동안이나 바라보았다.
③ 그녀의 직업은 <u>카피라이터</u>(→ 광고 문안가)이다.
④ 그는 뮤지컬 시리즈로 일약 <u>하이틴</u>(→ 십대) 스타로 발돋움했다.
⑤ <u>핀트</u>(→ 초점)에 어긋나는 이야기만 늘어놓다.

O2
① 한강 <u>고수부지</u>(→ 둔치)에 체육공원을 만들다.
② 승용차가 <u>가드레일</u>(→ 보호 난간)을 넘어 2m 아래로 추락한 사고가 발생했다.
③ 초밥과 생선회에 빼놓을 수 없는 것이 <u>와사비</u>(→ 다진양념)다.
④ 외출 전 <u>시건장치</u>(→ 잠금장치) 점검하는 것을 잊지 마세요.
⑤ 식사 전 식탁에 <u>와리바시</u>(→ 나무젓가락)를 놓았다.

[3~13] 다음 단어를 순화한 표현으로 맞으면 O, 틀리면 X를 하세요.

O3 레임덕(lame duck) → 절름발이 ( )

O4 아웃소싱(outsourcing) → 외부용역 ( )

O5 미팅(meeting) → 모꼬지 ( )

O6 베일(veil) → 장막 ( )

O7 백미라(back mirror, バックミラ) → 뒷거울 ( )

O8 하시(何時) → 언제 ( )

O9 할증료(割增料) → 웃돈 ( )

10   앙꼬(餡子) → 앙금   (   )

11   갈라쇼(gala show) → 축하행사   (   )

12   다크서클(dark circle) → 눈우물   (   )

13   모기지론(mortgate loan) → 미국형 주택담보대출   (   )

정답 및 해설

1	2	3	4	5	6	7	8	9	10	11	12	13
①	③	X	O	O	O	O	O	O	X	X	X	O

01   ① 시너지효과(→ 상승효과)

02   ③ 와사비(→ 고추냉이)

03   레임덕(lame duck) → 권력 누수 (현상)

10   앙꼬(餡子) → 팥소

11   갈라쇼(gala show) → 뒤풀이공연

12   다크서클(dark circle) → 눈그늘

03 한자어

▶ 지양과 지향의 차이를 알고 있나요? 지양(止揚)은 '더 높은 단계로 오르기 위하여 어떠한 것을 하지 아니한다'는 뜻을 가진 한자어이고, 지향(志向)은 '어떤 목표로 뜻이 쏠리어 향함. 또는 그 방향이나 그쪽으로 쏠리는 의지'의 뜻을 가진 한자어입니다. 우리가 사용하는 말 중 한자어의 비중이 상당함에도, 한자어를 의미에 맞게 사용하는 것은 쉽지 않습니다.

3장에서는 자주 접할 수 있는 한자어를 예문과 함께 학습합니다.

간과(看過) □ 看過 볼 간 · 지날 과
깊이 유의하지 않고 예사로 보아 넘김
예 간과할 수 없는 문제이다.

간주(看做) □ 看做 볼 간 · 지을 주
그와 같다고 봄. 그렇다고 여김
예 훌륭한 인물로 간주하다.

간파(看破) □ 看破 볼 간 · 깨뜨릴 파
보아서 속내를 알아차림
예 남의 속셈을 간파하다.

개선(改善) □ 改善 고칠 개 · 착할 선
잘못된 것을 고쳐 좋게 만듦
예 생활을 개선하다.

개악(改惡) □ 改惡 고칠 개 · 악할 악
고쳐서 도리어 나빠지게 함 ↔ 개선(改善)
예 상황을 개악한 조치

갹출(醵出) □ 醵出 추렴할 갹 · 날 출
한 목적에 대하여 여러 사람이 각기 금품을 냄
예 성금을 갹출하다.

확인문제

다음 괄호 안에 들어갈 알맞은 단어의 기호를 쓰세요.

ⓐ 간과(看過) ⓑ 간주(看做) ⓒ 간파(看破) ⓓ 개선(改善)

① 이 사건에는 또 다른 배후가 있다는 것을 (　)해서는 안 된다.
② 그의 정체가 쉽게 (　)되지는 않았다.
③ 그를 위험한 인물로 (　)하여 격리시켰다.
④ 나는 그녀와의 관계 (　)을/를 위하여 노력했다.

정답 ① ⓐ, ② ⓒ, ③ ⓑ, ④ ⓓ

격양(激揚) ☐ 激揚 격할 **격** · 날릴 **양**
감정이나 기분이 세차게 일어나 들날림
예 격양된 목소리로 말했다.

견지(見地) ☐ 見地 볼 **견** · 땅 **지**
사물을 관찰하는 입장. 관점
예 교육적 견지

견지(堅持) ☐ 堅持 굳을 **견** · 가질 **지**
견해나 입장을 굳게 지님
예 전통을 견지하다.

결연(決然) ☐ 決然 결단할 **결** · 그럴 **연**
태도가 매우 굳세고 확고함
예 결연한 태도

결함(缺陷) ☐ 缺陷 이지러질 **결** · 빠질 **함**
흠이 있어 완전하지 못함
예 이번 사고는 기계적 결함으로 인한 것이었다.

계발(啓發) ☐ 啓發 열 **계** · 필 **발**
슬기와 재능을 널리 열어 깨우쳐 줌
예 소질을 계발해야 한다.

고무(鼓舞) ☐ 鼓舞 북 **고** · 춤 출 **무**
격려하여 기세를 돋움
예 고무적인 사실

고수(固守) ☐ 固守 굳을 **고** · 지킬 **수**
굳게 지킴
예 생각을 고수하다.

고조(高調)　□　高調 높을 고·고를 조
어떤 분위기나 감정 같은 것이 한창 높아진 상태
㉮ 사기를 고조시키다.

공생(共生)　□　共生 한가지 공·날 생
서로 도우며 함께 삶
㉮ 공생하는 집단

관조(觀照)　□　觀照 볼 관·비칠 조
고요한 마음으로 사물이나 현상을 관찰하거나 비추어 봄
㉮ 인생을 관조하다.

괴리(乖離)　□　乖離 어그러질 괴·떠날 리
서로 등져 떨어짐
㉮ 인심의 괴리

구연(口演)　□　口演 입 구·펼 연
말로 진술함
㉮ 구연동화

구현　□　具現 갖출 구·나타날 현
(具現·具顯)　구체적으로 나타냄
㉮ 민주주의의 구현

확인문제

다음 괄호 안에 들어갈 알맞은 단어의 기호를 쓰세요.

ㄱ 격양(激揚)　ㄴ 결함(缺陷)　ㄷ 고수(固守)　ㄹ 관조(觀照)

① 그는 성격상의 (　) 때문에 친구가 없었다.
② 올해 우리 팀은 선두권 (　)을/를 목표로 삼고 있다.
③ 그는 (　)적으로 작품을 감상했다.
④ 그는 다소 자제력을 잃은 (　)된 목소리로 말했다.

정답　①ㄴ, ②ㄷ, ③ㄹ, ④ㄱ

귀감(龜鑑)   ☐   龜鑑 거북 귀 · 거울 감
거울로 삼아 본받을 만한 모범
예 그의 효심은 사람들에게 귀감이 되었다.

규명(糾明)   ☐   糾明 얽힐 규 · 밝을 명
자세히 캐고 따져 사실을 밝힘
예 책임을 규명하다.

기여(寄與)   ☐   寄與 부칠 기 · 줄 여
이바지하여 줌
예 국가에 기여하다.

낙관(樂觀)   ☐   樂觀 즐길 낙 · 볼 관
일이 잘 될 것으로 생각됨
예 일의 성공 여부를 낙관하다.

난관(難關)   ☐   難關 어려울 난 · 관계할 관
일을 하여 나가면서 부딪치는 어려운 고비
예 난관에 부딪치다.

날조(捏造)   ☐   捏造 꾸밀 날 · 지을 조
사실이 아닌 것을 사실인 것처럼 거짓으로 꾸밈
예 그 기자는 인터뷰 내용을 날조해서 기사를 작성하였다.

남발(濫發)   ☐   濫發 넘칠 남 · 필 발
① 법령이나 지폐, 증서 따위를 공포하거나 발행함
② 어떤 말이나 행동 따위를 자꾸 함부로 함
예 사장은 각종 징계를 남발했다.

누설(漏泄)   ☐   漏泄 샐 누 · 샐 설
기체, 액체, 비밀이 새어 나감
예 회사의 기밀이 누설되었다.

눌변(訥辯)　　□　訥辯 말 더듬거릴 눌 · 말씀 변
　　　　　　　　더듬거리는 말씨
　　　　　　　　예 그는 여자 친구 앞에서는 눌변이었다.

당착(撞着)　　□　撞着 칠 당 · 붙을 착
　　　　　　　　앞뒤가 서로 맞지 아니함
　　　　　　　　예 자가당착에 빠지다.

대두(擡頭)　　□　擡頭 들 대 · 머리 두
　　　　　　　　세력, 현상이 새롭게 나타남
　　　　　　　　예 재개발 사업이 사회 문제로 대두되다.

도래(到來)　　□　到來 이를 도 · 올 래
　　　　　　　　시기나 기회가 닥쳐옴
　　　　　　　　예 새 정부의 도래

도모(圖謀)　　□　圖謀 그림 도 · 꾀 모
　　　　　　　　어떤 일을 이루려고 수단과 방법을 꾀함
　　　　　　　　예 친목을 도모하다.

도야(陶冶)　　□　陶冶 질그릇 도 · 풀무 야
　　　　　　　　심신을 닦아 기름
　　　　　　　　예 인격 도야

확인문제

다음 괄호 안에 들어갈 알맞은 단어의 기호를 쓰세요.

　　　㉠ 귀감(龜鑑)　　㉡ 규명(糾明)　　㉢ 남발(濫發)　　㉣ 대두(擡頭)

① 주민들은 사건의 진상 ( )을/를 촉구하였다.
② 선거철을 맞아 지역 간의 분열이 큰 문제로 ( )되고 있다.
③ 신사임당은 한국 여성의 ( )이다.
④ 후보들은 각종 공약을 ( )하였다.

정답　① ㉡, ② ㉣, ③ ㉠, ④ ㉢

도외시(度外視) ☐ 度外視 법도 도 · 바깥 외 · 볼 시
가외의 것으로 봄. 안중에 두지 않고 무시함
예 도외시하여 문제로 삼지 않다.

도출(導出) ☐ 導出 인도할 도 · 날 출
어떤 생각이나 판단, 결론을 이끌어냄
예 주제를 도출하기가 어렵다.

도취(陶醉) ☐ 陶醉 질그릇 도 · 취할 취
어떠한 것에 마음이 쏠림
예 아름다운 경치에 도취되다.

마각(馬脚) ☐ 馬脚 말 마 · 다리 각
말의 다리. 간사하게 숨기고 있던 일을 부지중에 드러냄
예 마각을 드러내다.

만연(蔓延) ☐ 蔓延 덩굴 만 · 늘일 연
전염병이나 나쁜 현상이 널리 퍼짐
예 외모 지상주의의 만연

매진(邁進) ☐ 邁進 갈 매 · 나아갈 진
어떤 일을 전심전력을 다하여 해 나감
예 목표달성을 위해 매진하다.

모색(摸索) ☐ 摸索 본뜰 모 · 찾을 색
더듬어 찾음
예 해결 방법을 모색하다.

모호(模糊) ☐ 模糊 모호할 모 · 풀칠할 호
흐리어 분명하지 못함
예 모호한 대답

몰각(沒却) □ 沒却 빠질 **몰**·물리칠 **각**
없애 버리거나 무시해 버림
예 당초의 목적을 몰각하다.

몽매(蒙昧) □ 蒙昧 어두울 **몽**·어두울 **매**
어리석고 어두움
예 무지몽매하다.

묵과(默過) □ 默過 잠잠할 **묵**·지날 **과**
말없이 지나쳐 버림
예 부정행위를 보고 묵과할 수는 없다.

문외한(門外漢) □ 門外漢 문 **문**·바깥 **외**·한수 **한**
그 일에 전문가가 아닌 사람. 직접 관계가 없는 사람
예 나는 법에 있어서 문외한이다.

미답(未踏) □ 未踏 아닐 **미**·밟을 **답**
아직 아무도 밟지 않음
예 전인(前人) 미답의 땅

미흡(未洽) □ 未洽 아닐 **미**·흡족할 **흡**
아직 넉넉하지 못함
예 그 가수는 노래실력이 미흡하다.

확인문제

다음 괄호 안에 들어갈 알맞은 단어의 기호를 쓰세요.

㉠ 도외시(度外視) ㉡ 도출(導出) ㉢ 매진(邁進) ㉣ 몰각(沒却)

① 봉건 시대의 결혼에는 남녀 간의 애정이 (   )되었다.
② 옛날 생활의 흔적들이 모두 (   )되고 말았다.
③ 선생님은 오로지 학생들을 가르치는 일에만 (   )해 왔습니다.
④ 결론은 여러 번의 회의 끝에 (   )되었다.

정답 ① ㉠, ② ㉣, ③ ㉢, ④ ㉡

박탈(剝奪) ☐ 剝奪 벗길 **박** · 빼앗을 **탈**
남의 재물이나 권리, 자격 따위를 빼앗음
예 그는 건물에 대한 소유권을 박탈당했다.

반영(反映) ☐ 反映 돌이킬 **반** · 비칠 **영**
어떤 일에 반사적으로 일어나는 영향을 드러냄
예 민의를 반영시키다.

반의(反意) ☐ 反意 돌이킬 **반** · 뜻 **의**
반대하거나 어김
예 이 의견에 반의하다.

반향(反響) ☐ 反響 돌이킬 **반** · 울릴 **향**
어떤 일의 영향을 받아 일어나는 움직임
예 대단한 반향을 불러일으키다.

방관(傍觀) ☐ 傍觀 곁 **방** · 볼 **관**
어떤 일에 관계하지 않고 변하는 경향을 보고만 있음
예 수수방관하다.

방만(放漫) ☐ 放漫 놓을 **방** · 흩어질 **만**
맺고 끊는 데가 없이 제멋대로임
예 방만한 경영으로 회사가 위기에 처했다.

배격(排擊) ☐ 排擊 밀칠 **배** · 칠 **격**
남의 의견, 사상, 물건 따위를 물리침
예 기회주의를 배격하다.

배치(背馳) ☐ 背馳 등 **배** · 달릴 **치**
서로 반대가 되어 어긋남
예 이론과 실제가 배치되다.

백안시(白眼視) ☐ 白眼視 흰 **백** · 눈 **안** · 볼 **시**

나쁘게 여기거나 냉대하여 봄. 푸대접함

예 사람을 백안시하다.

변경(變更) ☐ 變更 변할 **변** · 고칠 **경**

바꾸어 고침

예 휴대전화의 명의 변경을 신청하다.

변색(變色) ☐ 變色 변할 **변** · 빛 **색**

빛깔이 변함. 성이 나서 얼굴빛이 달라짐

예 채소가 오래돼서 변색됐다.

변환(變換) ☐ 變換 변할 **변** · 바꿀 **환**

달라져서 바뀜

예 운동에너지를 전기로 변환하다.

봉착(逢着) ☐ 逢着 만날 **봉** · 붙을 **착**

서로 맞닥뜨려 만남

예 새로운 국면에 봉착하다.

부각(浮刻) ☐ 浮刻 뜰 **부** · 새길 **각**

사물의 특징을 두드러지게 나타냄

예 현대문명의 위기를 부각시키다.

확인문제

다음 괄호 안에 들어갈 알맞은 단어의 기호를 쓰세요.

ㄱ 반영(反映)　ㄴ 방만(放漫)　ㄷ 백안시(白眼視)　ㄹ 봉착(逢着)

① 조직이 지나치게 (　)하다.
② 대학 입시에서 내신의 (　) 비율이 높아졌다.
③ 그 말에 사람들도 지금껏 그 남자를 (　)하던 눈에 웃음을 띠게 되었다.
④ 뜻하지 않은 문제에 (　)되어 계획이 수포로 돌아갔다.

정답 ① ㄴ, ② ㄱ, ③ ㄷ, ④ ㄹ

부합(符合) ☐ 符合 부호 **부** · 합할 **합**
서로 꼭 들어맞음
예 민주주의에 부합하는 정치를 하다.

분란(紛亂) ☐ 紛亂 어지러울 **분** · 어지러울 **란**
어수선하고 떠들썩함
예 조직 내부에서 분란이 생기다.

비견(比肩) ☐ 比肩 견줄 **비** · 어깨 **견**
(어깨를 나란히 하다) 낫고 못함이 없이 서로 비슷함
예 그와 비견할 만한 사람이 없다.

비옥(肥沃) ☐ 肥沃 살찔 **비** · 기름질 **옥**
땅이 걸고 기름짐
예 토지가 비옥하다.

빙자(憑藉) ☐ 憑藉 기댈 **빙** · 깔 **자**
① 남의 힘을 빌려서 의지함
② 말막음을 위하여 핑계로 내세움
예 그들은 친목회를 빙자해 학교에서 비밀을 공유했다.

사장(死藏) ☐ 死藏 죽을 **사** · 감출 **장**
활용하지 않고 썩혀 둠
예 능력을 사장시키다.

사주(使嗾) ☐ 使嗾 하여금 **사** · 부추길 **주**
남을 부추기어 좋지 않은 일을 시킴
예 살해하라는 사주를 받았다.

상쇄(相殺) ☐ 相殺 서로 **상** · 빠를 **쇄**
상반되는 것이 서로 영향을 주어 효과가 없어지는 일
예 그는 선행으로 자신이 저지른 잘못을 상쇄시켰다.

상충(相衝)　　□　相衝 서로 **상** · 찌를 **충**
　　　　　　　　맞지 않고 서로 어긋남
　　　　　　　　예 의견이 서로 상충되다.

선포(宣布)　　□　宣布 베풀 **선** · 베 **포**
　　　　　　　　세상에 널리 알림
　　　　　　　　예 전쟁을 선포하다.

섭렵(涉獵)　　□　涉獵 건널 **섭** · 사냥 **렵**
　　　　　　　　많은 책을 널리 읽거나 여기저기 찾아다니며 경험함
　　　　　　　　예 고대사 문헌을 섭렵하다.

소급(遡及)　　□　遡及 거스를 **소** · 미칠 **급**
　　　　　　　　지나간 일에까지 거슬러 올라가서 미침
　　　　　　　　예 법률의 소급 적용

소요(騷擾)　　□　騷擾 떠들 **소** · 시끄러울 **요**
　　　　　　　　여러 사람이 떠들썩하게 들고 일어남
　　　　　　　　예 소요의 틈을 타 강도가 창궐하다.

쇄도(殺到)　　□　殺到 빠를 **쇄** · 이를 **도**
　　　　　　　　세차게 몰려듦
　　　　　　　　예 문의 전화 쇄도로 업무가 마비될 지경이다.

확인문제

다음 괄호 안에 들어갈 알맞은 단어의 기호를 쓰세요.

　　　㉠ 분란(紛亂)　　㉡ 빙자(憑藉)　　㉢ 상쇄(相殺)　　㉣ 선포(宣布)

① 경선을 할 것인가를 놓고 당 내부에서 적잖은 (　)이/가 일어났다.
② 범인은 사기 및 혼인 (　) 간음 혐의로 구속됐다.
③ 공로를 세워 과거 불미스러웠던 일을 (　)했다.
④ 전국에 계엄령이 (　)되었다.

　　　　　　　　　　　　　정답　① ㉠, ② ㉡, ③ ㉢, ④ ㉣

쇄신(刷新)　☐　刷新 인쇄할 **쇄** · 새 **신**
　　　　　　　　묵은 나쁜 폐단을 없애고 새롭게 함
　　　　　　　　예 국민의 의식을 쇄신하다.

숙성(熟成)　☐　熟成 익을 **숙** · 이룰 **성**
　　　　　　　　익어서 충분하게 이루어짐
　　　　　　　　예 그것은 모르는 사이에 숙성하였다.

시사(示唆)　☐　示唆 보일 **시** · 부추길 **사**
　　　　　　　　미리 암시하여 알려 줌
　　　　　　　　예 그 사건이 시사하는 바가 크다.

신랄(辛辣)　☐　辛辣 매울 **신** · 매울 **랄**
　　　　　　　　사물의 분석이나 비평 따위가 매우 날카롭고 예리함
　　　　　　　　예 그에 대한 신랄한 비판이 이어졌다.

아집(我執)　☐　我執 나 **아** · 잡을 **집**
　　　　　　　　자기중심의 좁은 생각이나 소견 또는 그것에 사로잡힌 고집
　　　　　　　　예 그는 쓸데없는 아집을 부리고 있는 듯했다.

아성(牙城)　☐　牙城 어금니 **아** · 재 **성**
　　　　　　　　아주 중요한 근거지를 비유적으로 이르는 말
　　　　　　　　예 아성이 무너지다.

알력(軋轢)　☐　軋轢 삐걱거릴 **알** · 칠 **력**
　　　　　　　　수레바퀴가 삐걱거린다는 뜻으로, 서로 의견이 맞지 아니하여
　　　　　　　　사이가 안 좋거나 충돌하는 것을 이르는 말
　　　　　　　　예 파벌 간의 알력이 끊일 날이 없다.

알선(斡旋)　☐　斡旋 돌 **알** · 돌 **선**
　　　　　　　　남의 일을 잘 되도록 마련하여 줌
　　　　　　　　예 취업 알선을 부탁하다.

야기(惹起)　　　　☐　惹起 이끌 **야** · 일어날 **기**
　　　　　　　　　　끌어 일으킴
　　　　　　　　　　예 중대사건을 야기하다.

양상(樣相)　　　　☐　樣相 모양 **양** · 서로 **상**
　　　　　　　　　　사물이나 현상의 모양이나 상태
　　　　　　　　　　예 소설의 시대별 양상

양양(揚揚)　　　　☐　揚揚 날릴 **양** · 날릴 **양**
　　　　　　　　　　만족하는 빛이 얼굴과 행동에 나타남
　　　　　　　　　　예 의기가 양양하다.

언급(言及)　　　　☐　言及 말씀 **언** · 미칠 **급**
　　　　　　　　　　어떤 문제에 대해 말함
　　　　　　　　　　예 이번 회의에서 임금 문제를 언급하다.

여담(餘談)　　　　☐　餘談 남을 **여** · 말씀 **담**
　　　　　　　　　　흥미로 하는 딴 이야기
　　　　　　　　　　예 여담을 그만두고 용건을 말하다.

여론(輿論)　　　　☐　輿論 수레 **여** · 논할 **론**
　　　　　　　　　　사회 대중의 공통된 의견
　　　　　　　　　　예 이번 조치에 찬성하는 여론이 지배적이다.

확인문제

다음 괄호 안에 들어갈 알맞은 단어의 기호를 쓰세요.

　　　㉠ 신랄(辛辣)　　㉡ 야기(惹起)　　㉢ 양상(樣相)　　㉣ 여론(輿論)

① 사태가 새로운 (　)(으)로 전개되다.
② 이 소설은 정치권의 부정부패를 (　)하게 풍자하고 있다.
③ 고위층의 비리를 밝히라는 (　)이/가 일고 있다.
④ 그는 오해를 (　)하는 행동을 했다.

　　　　　　　　　　　　　　　　정답　① ㉢, ② ㉠, ③ ㉣, ④ ㉡

예기(豫期) ☐ 豫期 미리 **예** · 기약할 **기**
앞으로 닥칠 일을 미리 기대하거나 예상함
예 예기하지 못한 사건

오류(誤謬) ☐ 誤謬 그르칠 **오** · 그르칠 **류**
그릇되어 이치에 맞지 않는 일
예 이 보고서에는 맞춤법 오류가 많다.

오만(傲慢) ☐ 傲慢 거만할 **오** · 거만할 **만**
잘난 체하여 방자함
예 태도가 오만하다.

오열(嗚咽) ☐ 嗚咽 슬플 **오** · 목멜 **열**
목메어 욺. 또는 그런 울음
예 그는 비행기 안에서 모친의 부고를 접하고 오열했다.

와전(訛傳) ☐ 訛傳 그릇될 **와** · 전할 **전**
그릇되게 전함 = 오전(謬傳)
예 소문이 와전되다.

왜곡(歪曲) ☐ 歪曲 기울 **왜** · 굽을 **곡**
사실과 다르게 해석하거나 그릇되게 함
예 역사 왜곡

외경(畏敬) ☐ 畏敬 두려워할 **외** · 공경 **경**
공경하고 두려워함 = 경외(敬畏)
예 자연을 외경하는 마음

요원(遙遠) ☐ 遙遠 멀 **요** · 멀 **원**
아득히 멂
예 성공이 요원하다.

용이(容易) ☐ 容易 얼굴 용·쉬울 이
아주 쉬움
예 그의 도움으로 목표지점으로의 접근이 용이해졌다.

우회(迂廻) ☐ 迂廻 에돌 우·돌 회
곧바로 가지 않고 멀리 돌아서 감
예 그것은 나를 만나고 싶지 않다는 뜻의 우회적 표현일 뿐이었다.

유리(遊離) ☐ 遊離 놀 유·떠날 리
다른 것과 떨어져 존재함
예 대중으로부터 유리되었다.

유린(蹂躪) ☐ 蹂躪 밟을 유·짓밟을 린
남의 권리나 인격을 짓밟음
예 인권을 유린하다.

유수(有數) ☐ 有數 있을 유·셈 수
손꼽을 만큼 두드러지거나 훌륭함
예 그는 세계 유수의 갑부로 자수성가하였다.

유예(猶豫) ☐ 猶豫 오히려 유·미리 예
일을 결행하는 데 날짜나 시간을 미룸. 또는 그런 기간
예 서너 시간의 유예를 얻었다.

확인문제

다음 괄호 안에 들어갈 알맞은 단어의 기호를 쓰세요.

| ㉠ 예기(豫期) | ㉡ 오열(嗚咽) | ㉢ 왜곡(歪曲) | ㉣ 요원(遙遠) |

① 미처 ( )치 못한 일이 발생하였다.
② 아직 그곳에 도착하기란 ( )한 일이다.
③ 딸의 시신을 확인한 어머니는 ( ) 끝에 실신하고 말았다.
④ 그는 항상 남의 말을 ( )하여 들었다.

정답 ① ㉠, ② ㉣, ③ ㉡, ④ ㉢

유추(類推) ☐ 類推 무리 유 · 밀 추
다른 사물을 미루어 추측함
예 사건의 단서를 유추하다.

은닉(隱匿) ☐ 隱匿 숨을 은 · 숨길 닉
남의 물건이나 범죄인을 감춤
예 그는 지난밤 훔친 장물을 지하 창고에 은닉하였다.

은둔(隱遁) ☐ 隱遁 숨을 은 · 숨을 둔
세상일을 피하여 숨음
예 사람들에게 실망한 그는 산으로 들어가 은둔했다.

인멸(湮滅) ☐ 湮滅 묻힐 인 · 꺼질 멸
자취도 없이 죄다 없어짐
예 그들은 증거를 인멸하기 위해 창고에 불을 질렀다.

인습(因襲) ☐ 因襲 인할 인 · 익힐 습
이전부터 전하여 내려오는 습관
예 사회의 인습에 맞설 수 있는 용기가 필요하다.

인지(認知) ☐ 認知 알 인 · 알 지
어떠한 사실을 인정하여 앎
예 실태를 인지하다.

일가견(一家見) ☐ 一家見 한 일 · 집 가 · 볼 견
어떤 문제에 대하여 개인이 가지는 일정한 체계의 전문적 견해
예 운동에 대해 일가견이 있다.

임대(賃貸) ☐ 賃貸 품삯 임 · 빌릴 대
돈을 받고 자기의 물건을 남에게 빌려 줌
예 국가에서 토지를 농가에 임대하다.

자초(自招) ☐ 自招 스스로 자 · 부를 초
어떤 결과를 자기가 생기게 함
㉘ 위험한 길을 따라 나섰으니 죽음을 자초한 꼴이다.

잔존(殘存) ☐ 殘存 남을 잔 · 있을 존
없어지지 않고 남아 있음
㉘ 잔존 세력을 파악하다.

저촉(抵觸) ☐ 抵觸 막을 저 · 닿을 촉
서로 부딪치거나 모순됨
㉘ 당국의 검열에 저촉이 되다.

전가(轉嫁) ☐ 轉嫁 구를 전 · 시집갈 가
자기의 허물이나 책임 따위를 남에게 덮어씌움
㉘ 그는 자신의 책임을 그녀에게 전가했다.

전도(顚倒) ☐ 顚倒 엎드러질 전 · 넘어질 도
위와 아래를 바꾸어서 거꾸로 함
㉘ 주객(主客)이 전도되다.

전도(前途) ☐ 前途 앞 전 · 길 도
앞으로 나아갈 길
㉘ 장래 전도가 유망한 청년

확인문제

다음 괄호 안에 들어갈 알맞은 단어의 기호를 쓰세요.

㉠ 유추(類推)   ㉡ 은닉(隱匿)   ㉢ 인지(認知)   ㉣ 임대(賃貸)

① 건물주는 건물 전체를 은행에 ( )하였다.
② 그 일은 모든 사람에게 사회적 문제로 ( )되었다.
③ 수배자의 ( )을/를 도와준 사람은 처벌 대상이 된다.
④ 이러한 추측은 침팬지의 행태 관찰에서 ( )된 것이다.

정답   ① ㉣, ② ㉢, ③ ㉡, ④ ㉠

전락(轉落) ☐ 轉落 구를 **전** · 떨어질 **락**
나쁜 상태나 처지에 빠짐
예 살해범으로 전락하다.

전철(前轍) ☐ 前轍 앞 **전** · 바퀴 자국 **철**
앞에 지나간 수레바퀴의 자국이라는 뜻으로, 이전 사람의 그릇
된 일이나 행동의 자취를 이르는 말
예 앞으로는 이와 같은 전철을 밟지 않도록 하자.

전횡(專橫) ☐ 專橫 오로지 **전** · 가로 **횡**
권세를 혼자 쥐고 제 마음대로 함
예 그는 부하직원들에게 전횡을 일삼았다.

절호(絶好) ☐ 絶好 끊을 **절** · 좋을 **호**
무엇을 하기에 기회나 시기 따위가 더할 수 없이 좋음
예 나는 취업할 수 있는 절호의 기회를 얻었다.

제시(提示) ☐ 提示 끌 **제** · 보일 **시**
어떠한 뜻을 글이나 말로 드러내어 보이거나 가리킴
예 그는 손을 들고 의견을 제시했다.

제재(制裁) ☐ 制裁 절제할 **제** · 마를 **재**
도덕, 관습, 규정에 어그러짐이 있을 때 제한하거나 금지함
예 여론(輿論)의 제재를 받다.

조소(嘲笑) ☐ 嘲笑 비웃을 **조** · 웃음 **소**
비웃음
예 조소의 대상이 되다.

조악(粗惡) ☐ 粗惡 거칠 **조** · 악할 **악**
(물건이) 거칠고 나쁨
예 그가 만든 작품은 조악하기 그지없다.

조예(造詣)　❑　造詣 지을 **조** · 이를 **예**

학문이나 기예에 대한 지식이나 경험이 깊은 경지에 이름

예 그는 문학에 조예가 깊다.

조응(照應)　❑　照應 비칠 **조** · 응할 **응**

서로 비추어 대응함. 원인에 따라 결과가 생김

예 현실과 이론의 조응

조장(助長)　❑　助長 도울 **조** · 길 **장**

바람직하지 않은 일을 더 심해지도록 부추김

예 경찰의 진압 방식은 폭행을 조장할 뿐이었다.

조짐(兆朕)　❑　兆朕 조 **조** · 나 **짐**

좋거나 나쁜 일이 생길 기미

예 심상찮은 조짐이 보인다.

종속(從屬)　❑　從屬 좇을 **종** · 무리 **속**

주되는 것에 딸려 붙음

예 생산은 상업 자본에 종속한다.

좌시(坐視)　❑　坐視 앉을 **좌** · 볼 **시**

옆에 앉아 보기만 하고 참견하지 않음

예 좌시할 수 없는 일

확인문제

다음 괄호 안에 들어갈 알맞은 단어의 기호를 쓰세요.

　　　　㉠ 절호(絕好)　　㉡ 제재(制裁)　　㉢ 조악(粗惡)　　㉣ 조짐(兆朕)

① 적측의 정비 기간이 아군에겐 (　)의 공격 찬스가 될 수 있다.
② 가뭄으로 야챗값이 오를 (　)이다.
③ 그가 만든 작품은 (　)하기 그지없다.
④ 군대의 명령이 개인의 사유까지 (　)할 수는 없다.

정답　① ㉠, ② ㉣, ③ ㉢, ④ ㉡

지양(止揚) ☐ 止揚 그칠 **지** · 날릴 **양**
더 높은 단계로 오르기 위하여 어떠한 것을 하지 아니함
예 이기적인 생각을 지양하자.

지엽(枝葉) ☐ 枝葉 가지 **지** · 잎 **엽**
중요하지 않은 부분
예 지엽적인 문제

지향(志向) ☐ 志向 뜻 **지** · 향할 **향**
어떤 목표로 뜻이 쏠리어 향함
예 평화 통일을 지향하다.

차치(且置) ☐ 且置 또 **차** · 둘 **치**
내버려 두고 문제 삼지 아니함
예 전후 사정은 차치하고 이유를 말하다.

참작(參酌) ☐ 參酌 참여할 **참** · 술 부을 **작**
이리저리 비추어 보아서 알맞게 고려함
예 인륜을 저버린 패륜아에겐 참작이 있을 수 없다.

참회(懺悔) ☐ 懺悔 뉘우칠 **참** · 뉘우칠 **회**
자기의 잘못에 대하여 깨닫고 깊이 뉘우침
예 그는 감옥에서 참회의 나날을 보내고 있다.

창궐(猖獗) ☐ 猖獗 미쳐 날뛸 **창** · 날뛸 **궐**
구체적으로 나타냄. 못된 세력이나 전염병 따위가 세차게 일어
나 걷잡을 수 없이 퍼짐
예 전염병이 창궐하다.

척결(剔抉) ☐ 剔抉 뼈 바를 **척** · 도려낼 **결**
나쁜 부분이나 요소들을 깨끗이 없애 버림
예 봉건적 잔재를 단호히 척결하다.

초석(礎石) ☐ 礎石 주춧돌 **초** · 돌 **석**

어떤 사물의 기초를 비유적으로 이르는 말

예 정권의 초석을 공고히 다지다.

초연(超然) ☐ 超然 뛰어넘을 **초** · 그럴 **연**

어떤 수준보다 뛰어남. 세속에서 벗어나 있어 속사에 구애되지

않음

예 돈 문제에 초연하다.

촉발(觸發) ☐ 觸發 닿을 **촉** · 필 **발**

어떤 일을 당하여 감정, 충동 따위가 일어남. 또는 그렇게 되게 함

예 사치스러운 생활은 금전적 위기를 촉발할 수 있다.

촉진(促進) ☐ 促進 재촉할 **촉** · 나아갈 **진**

재촉하여 빨리 나아가게 함

예 경제활동을 촉진하다.

추세(趨勢) ☐ 趨勢 달아날 **추** · 형세 **세**

일이나 형편의 전반적인 형세

예 시대의 추세에 따르다.

추이(推移) ☐ 推移 밀 **추** · 옮길 **이**

일이나 형편이 시간의 경과에 따라 변하여 나감

예 사건의 추이를 살피다.

확인문제

다음 괄호 안에 들어갈 알맞은 단어의 기호를 쓰세요.

㉠ 지양(止揚)　㉡ 참작(參酌)　㉢ 창궐(猖獗)　㉣ 촉진(促進)

① 우리 아이들을 하나의 틀에 고정시키는 교육은 (　)해야 한다.
② 정부는 수출을 (　)하기 위한 다양한 정책을 내놓았다.
③ 여러 가지 사정을 (　)하여서 행사 일정을 조정하였다.
④ 사이비 종교가 전염병처럼 (　)하고 있다.

정답 ① ㉠, ② ㉣, ③ ㉡, ④ ㉢

추출(抽出) ☐ 抽出 뽑을 **추** · 날 **출**
전체 속에서 어떤 물건, 생각, 요소 따위를 뽑아냄
예 나는 방대한 자료에서 핵심만 추출해 보고서를 썼다.

취지(趣旨) ☐ 趣旨 뜻 **취** · 뜻 **지**
근본이 되는 목적이나 긴요한 뜻 = 취의(趣意)
예 설립 취지를 밝히다.

타개(打開) ☐ 打開 칠 **타** · 열 **개**
어려운 일을 잘 처리하여 해결의 길을 엶
예 타개 방안을 마련하다.

타파(打破) ☐ 打破 칠 **타** · 깨뜨릴 **파**
규정이나 관습을 깨뜨려 버림
예 미신(迷信)과 악습(惡習)의 타파

탐닉(耽溺) ☐ 耽溺 즐길 **탐** · 빠질 **닉**
어떤 일을 몹시 즐겨 빠짐
예 재물을 탐닉하다.

토로(吐露) ☐ 吐露 토할 **토** · 이슬 **로**
속마음을 모두 드러내어 말함
예 심정을 토로하다.

파급(波及) ☐ 波及 물결 **파** · 미칠 **급**
어떤 일의 여파나 영향이 차차 다른 데로 미침
예 구조조정의 파급효과가 크다.

팽창(膨脹) ☐ 膨脹 부를 **팽** · 부을 **창**
부풀어 커짐
예 복부의 팽창이 이 병의 초기 증세다.

편파(偏頗) ☐ 偏頗 치우칠 **편** · 자못 **파**
치우쳐 공평하지 못함
예 국민들은 국제 심판의 편파 판정에 불만을 가졌다.

폄훼(貶毀) ☐ 貶毀 낮출 **폄** · 헐 **훼**
남을 깎아내려 헐뜯음
예 상대방을 폄훼하는 글을 쓰지 말자.

포상(褒賞) ☐ 褒賞 기릴 **포** · 상줄 **상**
포장하여 상을 줌
예 공이 인정되어 그는 포상 휴가를 받았다.

표명(表明) ☐ 表明 겉 **표** · 밝을 **명**
의견, 태도를 분명하게 드러냄
예 반대 의사를 표명하다.

풍미(風靡) ☐ 風靡 바람 **풍** · 쓰러질 **미**
바람에 초목이 쓰러진다는 뜻으로, 어떤 사회적 현상이나 사조 따위가 널리 사회에 퍼짐을 이르는 말
예 그는 한 시대를 풍미했던 기인이었다.

확인문제

다음 괄호 안에 들어갈 알맞은 단어의 기호를 쓰세요.

ㄱ 탐닉(耽溺)　ㄴ 팽창(膨脹)　ㄷ 편파(偏頗)　ㄹ 표명(表明)

① 저쪽에서 그렇게 (　)적으로 한쪽만 편드니 문제다.
② 고무풍선이 너무 (　)해서 터질 것만 같다.
③ 술과 노름에 대한 (　)(으)로 그는 패가망신하고 말았다.
④ 불미스러운 사태에 대해 유감을 (　)했다.

정답　① ㄷ, ② ㄴ, ③ ㄱ, ④ ㄹ

피력(披瀝) ☐ 披瀝 헤칠 피 · 스밀 력
심중의 생각을 털어내어 말함
例 견해를 피력하다.

할애(割愛) ☐ 割愛 벨 할 · 사랑 애
아쉬움을 무릅쓰고 나누어 줌
例 저에게 시간을 좀 할애해 주시겠습니까?

함양(涵養) ☐ 涵養 젖을 함 · 기를 양
능력이나 품성을 기르고 닦음
例 인격 함양

해학(諧謔) ☐ 諧謔 화할 해 · 희롱할 학
익살스럽고도 품위가 있는 말이나 행동
例 풍자와 해학이 뛰어난 작품

혼돈(混沌) ☐ 混沌 섞을 혼 · 엉길 돈
사물의 구별이 확실하지 않은 상태
例 가치관의 혼돈

회의(懷疑) ☐ 懷疑 품을 회 · 의심할 의
인식이나 지식에 결정적인 근거가 없이 그 확실성을 의심하는
정신상태
例 지금까지 해 온 일이 옳은 일인지 회의가 느껴진다.

회자(膾炙) ☐ 膾炙 회 회 · 구울 자
널리 사람의 입에 오르내림
例 사람들에게 회자되는 소설

훼손(毀損)   ☐   毀損 헐 훼 · 덜 손

           ① 체면이나 명예를 손상함

           ② 헐거나 깨뜨려 못 쓰게 만듦

           예 명예에 훼손을 입다.

힐책(詰責)   ☐   詰責 꾸짖을 힐 · 꾸짖을 책

           잘못을 따져서 꾸짖음

           예 그는 도둑질을 한 동생을 힐책했다.

확인문제

다음 괄호 안에 들어갈 알맞은 단어의 기호를 쓰세요.

    ㉠ 피력(披瀝)   ㉡ 할애(割愛)   ㉢ 훼손(毀損)   ㉣ 힐책(詰責)

① 발표회에서 우리에게 (   )된 시간은 단 30분이다.

② 대상을 탄 그녀는 무대 위에서 수상 소감을 (   )했다.

③ 그는 왜 그렇게 사나고 소심한 나를 (   )하고 있다.

④ 무분별한 개발로 자연이 많이 (   )되고 있다.

                         정답   ① ㉡, ② ㉠, ③ ㉣, ④ ㉢

연습문제

01 밑줄 친 말의 한자 병기가 잘못된 것은?

① 사건의 추이(推移)를 살피다.
② 정권의 초석(初石)을 공고히 다지다.
③ 평화 통일을 지향(志向)하다.
④ 나는 취업할 수 있는 절호(絕好)의 기회를 얻었다.
⑤ 그들은 증거를 인멸(湮滅)하기 위해 창고에 불을 질렀다.

02 〈보기〉의 ㉠, ㉡에 들어갈 단어를 바르게 짝지은 것은?

> 보기
> • 그는 지난밤 훔친 장물을 지하 창고에 (㉠)하였다.
> • 사람들에게 실망한 그는 산으로 들어가 (㉡)했다.

	㉠	㉡		㉠	㉡
①	은닉(隱匿)	은둔(隱遁)	②	칩거(蟄居)	은폐(隱蔽)
③	은둔(隱遁)	도피(逃避)	④	은둔(隱遁)	은닉(隱匿)
⑤	도피(逃避)	칩거(蟄居)			

03 〈보기〉의 밑줄 친 부분의 의미로 바른 것은?

> 보기
> 더 이상 좌시(坐視)할 수 없는 일이다.

① 더 높은 단계로 오르기 위하여 어떠한 것을 하지 아니함
② 이리저리 비추어 보아서 알맞게 고려함
③ 옆에 앉아 보기만 하고 참견하지 않음
④ 나쁜 부분이나 요소들을 깨끗이 없애 버림
⑤ 잘못을 따져서 꾸짖음

04 밑줄 친 단어의 쓰임이 바르지 않은 것은?

① 당초의 목적을 몰각(沒却)하다.
② 새로운 국면에 봉착(逢着)하다.
③ 민주주의에 부각(浮刻)하는 정치를 하다.
④ 남의 속셈을 간파(看破)하다.
⑤ 재개발 사업이 사회 문제로 대두(擡頭)되다.

정답 및 해설

1	2	3	4
②	①	③	③

O1
② 초석(礎石 주춧돌 초, 돌 석) : 어떤 사물의 기초를 비유적으로 이르는 말
① 추이(推移 밀 추, 옮길 이) : 일이나 형편이 시간의 경과에 따라 변하여 나감. 또는 그런 경향
③ 지향(志向 뜻 지, 향할 향) : 어떤 목표로 뜻이 쏠리어 향함
④ 절호(絕好 끊을 절, 좋을 호) : 무엇을 하기에 기회나 시기 따위가 더 할 수 없이 좋음
⑤ 인멸(湮滅 묻힐 인, 꺼질 멸) : 자취도 없이 모두 없어짐. 또는 그렇게 없앰

O2
그는 지난밤 훔친 장물을 지하 창고에 <u>은닉(隱匿)</u>하였다.
사람들에게 실망한 그는 산으로 들어가 <u>은둔(隱遁)</u>했다.
• 은닉(隱匿) : 남의 물건이나 범죄인을 감춤
• 은둔(隱遁) : 세상일을 피하여 숨음
• 칩거(蟄居) : 나가서 활동하지 아니하고 집 안에만 틀어박혀 있음
• 은폐(隱蔽) : 덮어 감추거나 가리어 숨김
• 도피(逃避) : 도망하여 몸을 피함

O3
좌시(坐視) : 옆에 앉아 보기만 하고 참견하지 않음

O4
③ 민주주의에 <u>부각(浮刻)</u>하는 정치를 하다. 부각(浮刻) → 부합(附合)
• 부각(浮刻) : 어떤 사물을 특징지어 두드러지게 함
• 부합(附合) : 사물이나 현상이 서로 꼭 들어맞음
① 몰각(沒却) : 아주 없애 버림. 무시해 버림
② 봉착(逢着) : 어떤 처지나 상태에 부닥침
④ 간파(看破) : 속내를 꿰뚫어 알아차림
⑤ 대두(擡頭) : 어떤 세력이나 현상이 새롭게 나타남을 이르는 말

04 동음이의어

▶ '준수하다'라고 하면 어떤 의미가 가장 먼저 떠오르나요? '준수하게 생긴 남자'에서 '준수하다'는 '재주와 슬기, 풍채가 빼어나다'의 의미로 사용되었습니다. 또 '안전수칙을 준수하다'에서 '준수하다'는 '전례나 규칙, 명령 따위를 그대로 좇아서 지키다'의 의미로 사용되었지요. 이처럼 발음은 같지만 뜻이 전혀 다른 단어를 '동음이의어'라고 합니다.

4장에서는 주요 동음이의어를 고유어와 한자어로 나누어 학습합니다.

1 고유어

갈다	1. ① 이미 있는 사물을 다른 것으로 바꾸다. 예 수영장 물은 수시로 갈아 깨끗하게 해야 한다. ② 어떤 직책에 있는 사람을 다른 사람으로 바꾸다. 예 팀장을 새 직원으로 갈다. 2. ① 날카롭게 날을 세우거나 표면을 매끄럽게 하기 위하여 다른 물건에 대고 문지르다. 예 칼을 갈았더니 채소가 잘 썰어진다. ② 잘게 부수기 위하여 단단한 물건에 대고 문지르거나 단단한 물건 사이에 넣어 으깨다. 예 맷돌에 콩을 갈아 국수를 해 먹었다. 3. ① 쟁기나 트랙터 따위의 농기구나 농기계로 땅을 파서 뒤집다. 예 경운기로 논도 갈고 밭도 갈았다. ② 주로 밭작물의 씨앗을 심어 가꾸다. 예 봄에 갈았던 보리를 수확했다.
걸다	1. ① 흙이나 거름 따위가 기름지고 양분이 많다. 예 퇴비로 논을 걸게 만들었더니 벼가 잘 자란다. ② 음식 따위가 가짓수가 많고 푸짐하다. 예 이 식당은 반찬이 걸게 나와서 자주 이용한다. 2. ① 벽이나 못 따위에 어떤 물체를 떨어지지 않도록 매달아 올려놓다. 예 김연아가 금메달을 목에 걸었다. ② 자물쇠, 문고리를 채우거나 빗장을 지르다. 예 자물쇠를 걸어 잠갔다. ③ 어느 단체에 속한다고 이름을 내세우다. 예 문단에 이름을 걸어 놓은 작가가 많다.

확인문제

다음 괄호 안에 공통으로 들어갈 단어의 기본형을 쓰세요.

> 잔칫집에 가서 (   ) 먹고 왔다.
> 범인을 잡는 데 현상금을 (   ).
> 소대원들에게 비상을 (   ).

정답 걸다

낳다	1. ① 배 속의 아이, 새끼, 알을 몸 밖으로 내놓다. 예 자식을 낳아 길러봐야 부모의 마음을 안다.
	② 어떤 결과를 이루거나 가져오다. 예 소문이 소문을 낳는다고, 입조심 해라.
	③ 어떤 환경이나 상황의 영향으로 어떤 인물이 나타나도록 하다. 예 그녀는 한국이 낳은 세계적인 피겨 선수이다.
	2. 삼 껍질, 솜, 털 따위로 실을 만들다. 예 명주실을 낳다.
눈	1. ① 빛의 자극을 받아 물체를 볼 수 있는 감각 기관 예 그녀의 눈은 맑고 초롱초롱하다.
	② 시력 예 눈이 나빠 안경을 써야 한다.
	③ 사물을 보고 판단하는 힘 예 그는 보는 눈이 정확해서 일을 믿고 맡길 수 있다.
	2. 대기 중의 수증기가 찬 기운을 만나 얼어서 땅 위로 떨어지는 얼음의 결정체 예 크리스마스에 눈이 내렸으면 좋겠다.
대다	1. ① 무엇을 어디에 닿게 하다. 예 그는 귀에 대고 속삭였다.
	② 차, 배 따위의 탈것을 멈추어 서게 하다. 예 남의 집의 문 앞에 차를 대는 경우가 어디 있소.
	③ 무엇을 덧대거나 뒤에 받치다. 예 책받침을 대고 쓰면 글씨가 예쁘다.
	④ 돈이나 물건 따위를 마련하여 주다. 예 집에서 돈을 대줘서 겨우 등록금을 낼 수 있었다.
되다	1. ① 새로운 신분이나 지위를 가지다. 예 훌륭한 국어 선생님이 되고 싶다.
	② 다른 것으로 바뀌거나 변하다. 예 피오나는 마법에 걸려 괴물이 되었다.
	③ 어떤 때나 시기, 상태에 이르다. 예 조카가 올해로 세 살이 되었다.
	2. 말, 되, 홉 따위로 가루, 곡식 액체 따위의 분량을 헤아리다. 예 쌀을 되로 되다.
	3. ① 반죽이나 밥 따위가 물기가 적어 **빡빡**하다. 예 밥이 너무 되어 맛이 없다.
	② 일이 힘에 벅차다. 예 일이 되어 힘들다.

들다	1. ① 밖에서 속이나 안으로 향해 가거나 오거나 하다. 예 안으로 들어서 몸 좀 녹이세요.
	② 빛, 볕, 물 따위가 안으로 들어오다. 예 공부방에 볕이 잘 들지 않아 이사를 가려 한다.
	③ 물감, 색깔, 물기, 소금기가 스미거나 배다. 예 지리산에 단풍이 들다.
	④ 어떤 범위나 기준, 또는 일정한 기간 안에 속하거나 포함되다. 예 동생은 전교에서 10등 안에 든다.
	2. 날이 날카로워 물건이 잘 베어지다. 예 칼이 잘 드니 조심해서 깎아라.
	3. ① 손에 가지다. 예 소지품을 들고 따라오너라.
	② 아래에 있는 것을 위로 올리다. 예 손을 들어 교수님께 질문을 했다.
	③ 설명하거나 증명하기 위하여 사실을 가져다 대다. 예 예를 들어 설명해 보시오.

확인문제

다음 괄호 안에 공통으로 들어갈 단어의 기본형을 쓰세요.

우리 집 소가 오늘 아침 송아지를 (   ).
그는 우리나라가 (   ) 천재적인 과학자이다.
명주실을 (   ).

정답   낳다

뜨다	1. ① 물속이나 지면 따위에서 가라앉거나 내려앉지 않고 물 위나 공중에 있거나 위쪽으로 솟아오르다. 예 해가 중천에 떴는데도 일어나지 않았니? ② 착 달라붙지 않아 틈이 생기다. 예 풀칠이 잘못되었는지 도배지가 떠서 다시 해야 한다. 2. ① 누룩이나 메주 따위가 발효하다. 예 할머니 집은 메주 뜨는 냄새로 가득 찼다. ② 병 따위로 얼굴빛이 누르고 살갗이 부은 것처럼 되다. 예 얼굴이 누렇게 떴는데, 어디 아프니? 3. 다른 곳으로 가기 위하여 있던 곳에서 다른 곳으로 떠나다. 예 서울에서 더 많은 것을 배우기 위해 고향을 떴다. 4. 어떤 곳에 담겨 있는 물건을 퍼내거나 덜어 내다. 예 시원한 물 한 모금 떠서 마셨으면 좋겠다. 5. 감았던 눈을 벌리다. 예 아침에 눈을 뜨기가 무섭게 그녀에게 전화했다. 6. 실 따위로 코를 얽어서 무엇을 만들다. 예 빨간색 털실로 스웨터를 떠서 여자 친구에게 선물했다. 7. 새겨진 글씨나 무늬 따위를 드러나게 하다. 예 수를 놓기 위해 본을 떠야 한다. 8. 어떤 말이나 행동을 넌지시 걸어 보다. 예 그의 진심이 무엇인지 슬쩍 떠 보았다.
말	1. 사람의 목구멍을 통하여 조직적으로 나타내는 소리 예 말을 잘하는 것도 장점이다. 2. 곡식, 액체, 가루 따위의 부피를 재는 단위 예 쌀 두 말이면 충분하다. 3. 말과의 포유류 예 제주도에 가서 말을 탔다.
미치다	1. ① 정신에 이상이 생겨 말과 행동이 보통 사람과 다르게 되다. 예 그녀는 세 살배기 자식을 잃고 미치고 말았다. ② 정신이 나갈 정도로 매우 괴로워하다. 예 그의 행동을 보면 답답해서 미칠 지경이다. ③ 어떤 일에 지나칠 정도로 열중하다. 예 주말마다 일본 드라마에 미쳐 살았다. 2. 공간적 거리나 수준 따위가 일정한 선에 닿다. 예 합격 점수에 못 미쳐 떨어졌다.

바람	1. ① 기압의 변화 또는 사람이나 기계에 의하여 일어나는 공기의 움직임 예 바람이 심하게 불어 우산이 날아갔다.
	② 몰래 다른 이성과 관계를 가짐 예 남자 친구의 친구와 바람이 났다.
	③ 사회적으로 일어나는 일시적인 유행이나 분위기 또는 사상적인 경향 예 민주화 바람이 불고 있다.
	2. 어떤 일이 이루어지기를 기다리는 간절한 마음 예 어머니 바람대로 이번 필기시험에는 꼭 합격했으면 좋겠다.
바르다	1. ① 풀칠한 종이나 헝겊 따위를 다른 물건의 표면에 고루 붙이다. 예 방을 새 벽지로 발랐더니 깨끗해졌다.
	② 물이나 풀, 약, 화장품 따위를 물체의 표면에 문질러 묻히다. 예 얼굴에 스킨, 로션을 바르니 한결 부드럽다.
	2. 뼈다귀에 붙은 살을 걷거나 가시 따위를 추려 내다. 예 어머니는 항상 생선 가시를 발라 주셨다.
	3. 겉으로 보기에 비뚤어지거나 굽은 데가 없다. 예 의자에 바르게 앉는 습관이 필요하다.
발	1. 사람이나 동물의 다리 맨 끝 부분 예 발에 맞는 신발이 없다.
	2. 가늘고 긴 대를 줄로 엮어 만들어 주로 무엇을 가리는 데 쓰는 물건 예 여름에는 문에 발을 늘어뜨려야 더위를 피할 수 있다.

확인문제

다음 괄호 안에 공통으로 들어갈 단어의 기본형을 쓰세요.

풀칠이 잘못되어 도배지가 (   ).
부엌방은 메주 (   ) 냄새로 쿰쿰했다.
그녀는 밤중에 몰래 이 마을을 (   ).

정답   뜨다

배	1. 사람이나 동물의 몸에서 위장, 창자, 콩팥 따위의 내장이 들어 있는 곳으로 가슴과 엉덩이 사이의 부위 예 점심을 너무 많이 먹어서 배가 나왔다. 2. 사람이나 짐 따위를 싣고 물 위로 떠다니도록 나무나 쇠로 만든 물건 예 태풍 때문에 아침 배가 뜨지 못했다. 3. 배나무의 열매 예 배를 먹고 나서 이를 닦을 필요는 없다. 4. 운동 경기에서 우승한 팀이나 사람에게 주는 트로피 예 지난 토요일에 대통령 배 축구가 열렸다. 5. 어떤 수나 양을 두 번 합한 만큼 예 배추 가격이 일주일 만에 배로 올랐다.
배다	1. ① 스며들거나 스며 나오다. 예 옷에 땀이 배어 냄새가 심하다. 　② 버릇이 되어 익숙해지다. 예 힘들다는 말이 입에 배어 고쳐지지 않는다. 2. ① 배 속에 아이나 새끼를 가지다. 예 우리 집 개가 새끼를 배서 곧 강아지가 나온다. 　② 사람의 근육에 뭉친 것과 같은 것이 생기다. 예 체육대회가 끝나고 다리에 알이 뱄다. 3. 물건의 사이가 비좁거나 촘촘하다. 예 선물을 방 안에 배게 들어차도록 받았으면 좋겠다.
베다	1. 누울 때, 베개 따위를 머리 아래에 받치다. 예 베개를 베고 잔다. 2. ① 날이 있는 연장 따위로 무엇을 끊거나 자르거나 가르다. 예 낫으로 벼를 베다. 　② 날이 있는 물건으로 상처를 내다. 예 면도하다가 턱을 베어서 피가 났다.
세다	1. 머리카락이나 수염 따위의 털이 희어지다. 예 엄마의 머리가 하얗게 셌다. 2. 사물의 수효를 헤아리거나 꼽다. 예 돈을 세어 보니 두 장이 모자라다. 3. 힘이 많다. 예 나는 우리 학교에서 기운이 가장 세다.

이르다	1. 어떤 장소나 시간에 닿다. 예 버스 정류장에 이르러서야 지갑이 없다는 것을 알았다. 2. ① 무엇이라고 말하다. 예 동생에게 실수하지 말라고 일렀다. ② 어떤 사람의 잘못을 윗사람에게 말하여 알게 하다. 예 그가 선생님에게 내가 유리창을 깼다고 일렀다. ③ 어떤 대상을 무엇이라고 이름 붙이거나 가리켜 말하다. 예 이를 VIP라고 이른다. 3. 대중이나 기준을 잡은 때보다 앞서거나 빠르다. 예 그는 여느 때보다 이르게 약속 장소에 도착했다.
재다	1. 잘난 척하며 으스대거나 뽐내다. 예 돈 좀 있다고 너무 재고 다니니 상대하기가 싫다. 2. ① 길이, 너비, 높이, 깊이, 무게, 온도, 속도 따위의 정도를 알아보다. 예 자로 키를 재다. ② 여러모로 따져 보고 헤아리다. 예 그녀는 그 남자가 어떤 사람인지를 너무 잰다. 3. ① 물건을 차곡차곡 포개어 쌓아 두다. 예 곳간에 쌀을 재어 두고는 없다고 거짓말을 했다. ② 고기 따위의 음식을 양념하여 그릇에 차곡차곡 담아 두다. 예 양념에 잰 돼지고기를 구워 먹었다. 4. 총, 포 따위에 화약이나 탄환을 넣어 끼우다. 예 포에 포탄을 재어 놓았다. 5. 동작이 재빠르다. 예 그는 잰 걸음으로 금세 사라졌다.

확인문제

다음 괄호 안에 공통으로 들어갈 단어의 기본형을 쓰세요.

그는 좀 잘했다 싶으면 주위 사람들에게 너무 (   ) 탈이다.
어떤 사람인지를 잘 (   ) 보고 결혼을 결정하게.
쇠고기를 양념에 (   ) 놓았다.

정답 재다

지다	1. ① 해나 달이 서쪽으로 넘어가다. 예 곧 있으면 해가 지니 집으로 돌아가라.
	② 꽃이나 잎 따위가 시들어 떨어지다. 예 낙엽이 지니 헤어진 남자가 생각난다.
	③ 묻었거나 붙어 있던 것이 닦이거나 씻겨 없어지다. 예 블라우스에 묻은 얼룩이 잘 안 진다.
	④ 목숨이 끊어지다. 예 사고 현장에 도착했지만 환자는 이미 숨이 져 있었다.
	2. 내기나 시합, 싸움 따위에서 재주나 힘을 겨루어 상대에게 꺾이다. 예 이번 경기에서 한 점 차이로 졌다.
	3. ① 어떤 현상이나 상태가 이루어지다. 예 올봄은 치마에 주름이 진 것이 유행이다.
	② 어떤 좋지 아니한 관계가 되다. 예 전생에 무슨 원수가 졌다고 너와 부부 사이가 됐을까.
	4. ① 물건을 짊어서 등에 얹다. 예 유럽은 배낭을 등에 지고 돌아다녀야 제맛이다.
	② 무엇을 뒤쪽에 두다. 예 바람을 지고 걸으면 덜 춥다.
짜다	1. ① 사개를 맞추어 가구나 상자 따위를 만들다. 예 가족사진이 들어갈 액자를 짰다.
	② 실이나 끈 따위를 씨와 날로 결어서 천 따위를 만들다. 예 털실로 모자를 짜서 할머니께 선물했다.
	③ 계획이나 일정 따위를 세우다. 예 겨울방학 생활 계획표를 짰다.
	2. ① 누르거나 비틀어서 물기나 기름 따위를 빼내다. 예 손으로 여드름을 짜면 흉이 나니 건들지 마라.
	② 어떤 새로운 것을 생각해 내기 위하여 온 힘이나 정신을 기울이다. 예 머리를 아무리 짜 보아도 대책이 없다.
	3. ① 소금과 같은 맛이 있다. 예 짜고 매운 음식을 피해라.
	② 인색하다. 예 그 교수님은 학점을 짜게 줘서 학생들이 싫어한다.

차다	1. ① 일정한 공간에 사람, 사물, 냄새 따위가 더 들어갈 수 없이 가득하게 되다. 예 담배 냄새가 방에 가득 차다.
	② 감정이나 기운 따위가 가득하게 되다. 예 그는 기쁨에 찬 눈물을 흘렸다.
	③ 어떤 대상이 흡족하게 마음에 들다. 예 소개팅했던 남자가 마음에 차다.
	2. ① 발로 내어 지르거나 받아 올리다. 예 발로 공을 찼더니 골대에 들어갔다.
	② 혀끝을 입천장 앞쪽에 붙였다가 떼어 소리를 내다. 예 어머니는 어른에게 대드는 학생을 보고 혀를 끌끌 찼다.
	3. 물건을 몸의 한 부분에 달아매거나 끼워서 지니다. 예 손목에 찬 시계가 유독 반짝인다.
	4. ① 몸에 닿은 물체나 대기의 온도가 낮다. 예 바람이 차니 따뜻하게 입어라.
	② 인정이 없고 쌀쌀하다. 예 내 기억에 아버지는 성격이 차고 매서운 분이셨다.

확인문제

다음 괄호 안에 공통으로 들어갈 단어의 기본형을 쓰세요.

옷에 묻은 얼룩이 잘 안 (   ).
선생님께 하해와 같은 은혜를 (   ).
싸움에서 나이 어린 아이에게 (   ).

정답   지다

치다	1. ① 바람이 세차게 불거나 비, 눈 따위가 세차게 뿌리다. 예 폭풍우가 치는 바람에 배가 출항하지 못하고 있다. ② 천둥이나 번개 따위가 큰 소리나 빛을 내면서 일어나다. 예 천둥과 번개가 치니 무서워서 못 자겠다. 2. ① 손이나 손에 든 물건이 세게 닿거나 부딪게 하다. 예 그는 방망이로 공을 힘껏 쳤다. ② 손이나 물건 따위를 부딪쳐 소리 나게 하다. 예 그의 개그는 손뼉 치면서 웃을 정도로 재밌다. ③ 손이나 손에 든 물건으로 물체를 부딪게 하는 놀이나 운동을 하다. 예 아이들이 모여 딱지를 치며 놀고 있다. ④ 날개나 꼬리 따위를 세차게 흔들다. 예 집에 들어서니 강아지가 꼬리를 치며 반겼다. ⑤ 시험을 보다. 예 올해 수능은 작년보다 어려웠다고 하는데, 잘 쳤니? 3. 붓이나 연필 따위로 점을 찍거나 선이나 그림을 그리다. 예 할머니는 난을 치며 오후 시간을 보내신다. 4. 적은 분량의 액체를 따르거나 가루 따위를 뿌려서 넣다. 예 국이 싱거우면 소금을 쳐서 먹어라. 5. 막이나 그물, 발 따위를 펴서 벌이거나 늘어뜨리다. 예 어제 쳐놓은 그물에 고기가 잡혔는지 확인하러 간다. 6. 돗자리, 멍석, 가마니 따위를 틀로 짜다. 예 마을 사람들이 모여 돗자리를 친다. 7. ① 가축이나 가금 따위를 기르다. 예 양을 치면 밥벌이는 할 수 있을 것이다. ② 식물이 가지나 뿌리를 밖으로 돋아 나오게 하다. 예 가지를 잘 치면 나무가 잘 자란다. 8. 차나 수레 따위가 사람을 강한 힘으로 부딪고 지나가다. 예 그녀는 음주 후 사람을 치고 도망가서 불구속 입건됐다.
켜다	1. ① 등잔이나 양초 따위에 불을 붙이거나 성냥이나 라이터 따위에 불을 일으키다. 예 라이터를 켜서 떨어진 동전을 찾았다. ② 전기나 동력이 통하게 하여, 전기 제품 따위를 작동하게 만들다. 예 라디오 좀 켜 봐라. 2. 현악기의 줄을 활 따위로 문질러 소리를 내다. 예 동생은 바이올린을 켜고 나는 피아노를 친다. 3. 팔다리나 네 다리를 쭉 뻗으며 몸을 펴다. 예 아침에 일어나면 기지개를 켠다.

타다	1. ① 불씨나 높은 열로 불이 붙어 번지거나 불꽃이 일어나다. 예 시장에 불이 나 모든 것을 태우고 두 시간 만에 꺼졌다. ② 피부가 햇볕을 오래 쬐어 검은색으로 변하다. 예 휴가 때 바닷가에서 놀았더니 얼굴이 새까맣게 탔다. ③ 마음이 몹시 달다. 예 내가 너 때문에 애가 탄다. 2. ① 탈것이나 짐승의 등 따위에 몸을 얹다. 예 비행기를 타고 제주도에 갔다. ② 도로, 줄, 산, 나무, 바위 따위를 밟고 오르거나 그것을 따라 지나가다. 예 산을 타는 솜씨가 전혀 아이 같지 않다. ③ 바람이나 물결, 전파 따위에 실려 퍼지다. 예 연예인을 닮았다는 이유로 방송을 타게 됐다. ④ 바닥이 미끄러운 곳에서 어떤 기구를 이용하여 달리다. 예 스케이트를 탈 때는 장갑이 꼭 필요하다. 3. 다량의 액체에 소량의 액체나 가루 따위를 넣어 섞다. 예 적당한 온도에 분유를 타는 것은 쉽지 않다. 4. ① 몫으로 주는 돈이나 물건 따위를 받다. 예 드디어 첫 월급을 탔다. ② 복이나 재주, 운명 따위를 선천적으로 지니다. 예 그는 음악적 재능은 타고 났지만 가수가 되지 못했다. 5. ① 먼지나 때 따위가 쉽게 달라붙는 성질을 가지다. 예 하얀색 옷은 때가 잘 타서 빨래하기 힘들다. ② 부끄럼이나 노여움 따위의 감정이나 간지럼 따위의 육체적 느낌을 쉽게 느끼다. 예 부끄러움을 잘 타서 사회생활 하는 데 어려움이 많다. ③ 계절이나 기후의 영향을 쉽게 받다. 예 가을을 타는지 이따금 우울해진다.

확인문제

다음 괄호 안에 공통으로 들어갈 단어의 기본형을 쓰세요.

된서리가 ( ) 바람에 농작물이 다 얼어 버렸다.
설을 맞아 집집마다 떡 ( ) 소리가 한창이다.
중요한 부분에 동그라미를 ( ).

정답 치다

2 한자어

가공	1. 加功(더할 가, 공 공) : 재료를 인공적으로 처리하여 새로운 제품을 만들거나 제품의 질을 높임 예 가공 식품을 자주 먹는 것은 좋지 않다. 2. 可恐(옳을 가, 두려울 공) : 두려워하거나 놀랄 만함 예 김 국회의원의 위력은 가공할 만하다. 3. 架空(시렁 가, 빌 공) : 사실이 아니고 거짓이나 상상으로 꾸며 냄 예 요즘 드라마에는 가공의 인물이 많이 등장한다.
감사	1. 感謝(느낄 감, 사례할 사) : 고마움을 나타내는 인사 예 부모님께 감사 편지를 드렸다. 2. 監査(볼 감, 조사할 사) : 감독하고 조사함 예 사무 운영에 관한 감사가 있다.
감상	1. 感傷(느낄 감, 다칠 상) : 하찮은 일에도 쓸쓸하고 슬퍼져서 마음이 상함 예 그는 감상에 젖어 술을 마셨다. 2. 感想(느낄 감, 생각 상) : 마음속에서 일어나는 느낌이나 생각 예 그 책을 읽은 감상은 한마디로 '대단하다' 였다. 3. 鑑賞(거울 감, 상줄 상) : 주로 예술 작품을 이해하여 즐기고 평가함 예 내 취미는 영화 감상이다.
감정	1. 感情(느낄 감, 뜻 정) : 어떤 현상이나 일에 대하여 일어나는 마음이나 느끼는 기분 예 주체할 수 없는 감정에 말을 이을 수 없었다. 2. 鑑定(거울 감, 정할 정) : 사물의 특성이나 참과 거짓, 좋고 나쁨을 분별하여 판정함 예 전문가에게 그림의 감정을 의뢰했다.
교정	1. 矯正(바로잡을 교, 바를 정) : 틀어지거나 잘못된 것을 바로잡음 예 척추 교정이 시급하다. 2. 校庭(학교 교, 뜰 정) : 학교의 마당이나 운동장 예 수업 시작을 알리는 종소리가 교정에 울려 퍼졌다.
부정	1. 不正(아닐 부, 바를 정) : 올바르지 아니하거나 옳지 못함 예 입시 부정을 방지해야 한다. 2. 否定(아닐 부, 정할 정) : 그렇지 않다고 단정하거나 옳지 않다고 반대함 예 긍정이든 부정이든 너의 생각을 밝혀라. 3. 父情(아버지 부, 뜻 정) : 자식에 대한 아버지의 정 예 그의 부정은 모든 사람에게 감동을 준다.

사고	1. 事故(일 사, 연고 고) : 뜻밖에 일어난 불행한 일 예 지하철 사고가 발생해서 출근길이 복잡하다.
	2. 思考(생각 사, 생각할 고) : 생각하고 궁리함 예 사고 능력을 측정하는 문제가 출제된다.
사상	1. 思想(생각 사, 생각 상) : 어떤 사물에 대해 가지고 있는 구체적인 사고나 생각 예 이 영화는 직장인의 생활과 사상을 잘 담아내고 있다.
	2. 史上(역사 사, 위 상) : 역사에 나타나 있는 바 예 사상 최고의 매출을 기록하다.
	3. 死傷(죽을 사, 다칠 상) : 죽거나 다침 예 이번 열차 사고로 백여 명의 사상자가 발생했다.
사전	1. 辭典(말씀 사, 법 전) : 어떤 범위 안에서 쓰이는 낱말을 모아서 일정한 순서로 배열하여 싣고 그 각각의 발음, 의미, 어원, 용법 따위를 해설한 책 예 국어사전을 찾아 가면서 공부를 하다.
	2. 事前(일 사, 앞 전) : 일이 일어나기 전 예 사고를 사전에 예방하는 것이 중요하다.
양식	1. 樣式(모양 양, 법 식) : 일정한 모양이나 형식 예 양식에 맞게 보고서를 제출해라.
	2. 洋食(큰 바다 양, 밥 식) : 서양식 음식이나 식사 예 양식을 먹을지 한식을 먹을지 고민이다.
	3. 養殖(기를 양, 불릴 식) : 인공적으로 길러서 번식하게 함 예 양식 전복의 가격이 매우 비싸다.
	4. 糧食(양식 양, 밥 식) : 생존을 위하여 필요한 사람의 먹을거리 예 먹을 양식이 떨어져서 걱정이다.

확인문제

다음 뜻에 알맞은 한자를 고르세요.

마음속에서 일어나는 느낌이나 생각
예 그 책을 읽은 감상은 한마디로 '대단하다' 였다.

① 感傷   ② 感想   ③ 鑑賞   ④ 甘相   ⑤ 監床

정답 ②

연기	1. 煙氣(연기 연, 기운 기) : 무엇이 불에 탈 때에 생겨나는 흐릿한 기체나 기운 예 방 안이 담배 연기로 가득 찼다.
	2. 延期(늘일 연, 기약할 기) : 정해진 기한을 뒤로 물려서 늘림 예 영화 개봉이 무기한 연기되었다.
	3. 演技(펼 연, 재주 기) : 배우가 배역의 인물, 성격, 행동 등을 표현하는 일 예 저 배우는 연기를 참 잘한다.
이상	1. 理想(다스릴 이, 생각 상) : 생각할 수 있는 범위 안에서 가장 완전하다고 여겨지는 상태 예 이상을 실현하다.
	2. 以上(써 이, 위 상) : 수량이나 정도가 일정한 기준보다 더 많거나 나음 예 만 19세 이상만이 영화를 관람할 수 있다.
	3. 異狀(다를 이, 형상 상) : 정상적인 상태와 다름 예 몸에 이상을 느끼고 병원을 찾았다.
조화	1. 調和(고를 조, 화할 화) : 서로 잘 어울림 예 무대와 등장인물이 조화를 이루다.
	2. 弔花(조상할 조, 꽃 화) : 조의를 표하는 데 쓰는 꽃 예 장례식장에 조화를 보냈다.
현상	1. 現象(나타날 현, 코끼리 상) : 인간이 지각할 수 있는 사물의 모양과 상태 예 부익부 빈익빈 현상으로 많은 사람이 힘들어하고 있다.
	2. 現狀(나타날 현, 형상 상) : 나타나 보이는 현재의 상태 예 현상을 정확히 파악하다.
	3. 懸賞(매달 현, 상줄 상) : 무엇을 모집하거나 구하거나 사람을 찾는 일 따위에 현금이나 물품 따위를 내걺 예 현상 수배되어 미국으로 피신하다.
환영	1. 幻影(헛보일 환, 그림자 영) : 눈앞에 없는 것이 있는 것처럼 보이는 것 예 하루 종일 환영에 시달렸다.
	2. 歡迎(기쁠 환, 맞을 영) : 오는 사람을 기쁜 마음으로 반갑게 맞음 예 선수들을 위한 환영 행사가 열린다.

동음이의어와 다의어

- **동음이의어** : 소리는 같으나 뜻이 다른 단어. 즉, 발음은 같지만 뜻이 다른 것

  예 눈 : 쌍꺼풀 수술을 할 수 있는 '눈1', 사물을 판단할 수 있는 능력인 '눈2', 겨울이면 하늘에서 내리는 '눈3' 까지, 서로 다른 단어들이다. 이것들은 사전에서 찾을 때 '눈1, 눈2, 눈3…'으로 나오는 동음이의어이다.

- **다의어** : 두 가지 이상의 뜻을 가진 단어. 즉, 하나의 단어에 뜻이 여러 가지 있는 것

  예 먹다

    1. 음식 등을 입을 통하여 배 속에 들여보내다.
    2. 담배나 아편 등을 피우다.
    3. 연기나 가스 등을 들이마시다.
    4. 어떤 마음이나 감정을 품다.
    5. 일정한 나이에 이르거나 나이를 더하다.
    6. 겁, 충격 등을 느끼게 되다.
    7. 욕, 핀잔 등을 듣거나 당하다.

확인문제

다음 뜻에 알맞은 한자를 고르세요.

생각할 수 있는 범위 안에서 가장 완전하다고 여겨지는 상태
예 이상을 실현하다.

① 理想   ② 以上   ③ 異狀   ④ 異相   ⑤ 泥狀

정답 ①

연습문제

01 밑줄 친 부분의 의미가 가장 <u>이질적인</u> 것은?

① 풀을 너무 <u>걸게</u> 쑤어서 풀질하기가 어렵다.

② 죽이 국물을 볼 수 없을 정도로 <u>걸다</u>.

③ 논이 <u>걸어서</u> 벼가 잘 자란다.

④ 그는 부당 해고라고 회사에 소송을 <u>걸었다</u>.

⑤ 이 식당은 반찬이 <u>걸게</u> 나온다.

02 밑줄 친 단어의 문맥상 의미와 유사한 의미로 사용된 것은?

> 보기
>
> 입시 <u>부정</u>을 방지해야 한다.

① 그는 정의감이 강해서 사소한 <u>부정</u>이나 불의를 보고도 참지 못한다.

② 그녀는 긍정도 <u>부정</u>도 아닌 미소만 지었다.

③ 그의 <u>부정</u>은 모든 사람에게 감동을 준다.

④ 그녀는 남편의 <u>부정</u>을 참을 수 없었다고 한다.

⑤ 그는 신문에 보도된 사실을 <u>부정</u>했다.

03 〈보기〉의 ㉠~㉢에 해당하는 한자로 올바르게 묶인 것은?

> 보기
>
> • 이 영화는 직장인의 생활과 (㉠)을 잘 담아내고 있다.
> • (㉡) 최고의 매출을 기록하다.
> • 이번 열차 사고로 백여 명의 (㉢)자가 발생했다.

	㉠	㉡	㉢
①	死傷	史上	思想
②	事狀	私商	死傷
③	思想	史上	死傷
④	私商	事狀	思想
⑤	絲狀	事狀	死相

04 다음 '지다'의 용례 중, 의미 사이의 관련이 없는 것은?

① 나무 아래에 그늘이 <u>지다</u>.

② 그 상처는 아직도 얼굴에 동전만 한 흉이 <u>져서</u> 남아 있다.

③ 커피를 쏟아서 옷에 얼룩이 <u>졌다</u>.

④ 동료와 원수를 <u>진</u> 관계가 되다.

⑤ 산모가 건강해서 젖 먹일 시간이 되면 어김없이 젖이 <u>진다</u>.

정답 및 해설

1	2	3	4
④	①	③	⑤

01

④ 걸다02 : 의논이나 토의의 대상으로 삼다.

① 걸다01 : 액체 따위가 내용물이 많고 진하다.

② 걸다01 : 액체 따위가 내용물이 많고 진하다.

③ 걸다01 : 흙이나 거름 따위가 기름지고 양분이 많다.

⑤ 걸다01 : 음식 따위가 가짓수가 많고 푸짐하다.

02

입시 <u>부정(不正)</u>을 방지해야 한다.

① 부정(不正) : 올바르지 아니하거나 옳지 못함

② 부정(否定) : 그렇지 아니하다고 단정하거나 옳지 아니하다고 반대함

③ 부정(父情) : 자식에 대한 아버지의 정

④ 부정(不貞) : 부부가 서로의 정조를 지키지 아니함

⑤ 부정(否定) : 그렇지 아니하다고 단정하거나 옳지 아니하다고 반대함

03

• 이 영화는 직장인의 생활과 <u>사상(思想)</u>을 잘 담아내고 있다.

　→ 어떠한 사물에 대하여 가지고 있는 구체적인 사고나 생각

• <u>사상(史上)</u> 최고의 매출을 기록하다.

　→ 역사상

• 이번 열차 사고로 백여 명의 <u>사상(死傷)</u>자가 발생했다.

　→ 죽거나 다침

04

⑤ 지다01 : 젖이 불어 저절로 나오다.

① 지다04 : 어떤 현상이나 상태가 이루어지다.

② 지다04 : 어떤 현상이나 상태가 이루어지다.

③ 지다04 : 어떤 현상이나 상태가 이루어지다.

④ 지다04 : 어떤 좋지 아니한 관계가 되다.

05 관용어

▶ '간을 빼 먹다'의 의미를 알고 있나요? '간을 빼 먹다'는 '겉으로는 비위를 맞추며 좋게 대하는 척하면서 요긴한 것을 다 빼앗다'라는 의미를 가진 관용어입니다. 관용어는 말하는 사람의 심리와 상황을 표현하는 데 유용합니다.

5장에서는 신체와 관련된 관용어와 그 외 중요한 관용어를 학습합니다.

1 신체와 관련된 관용어

1. 가슴

가슴에 손을 얹다	□ 양심에 근거를 두다. 예 잘못한 것이 없는지 가슴에 손을 얹고 생각해 봐라.
가슴을 열다	□ 속마음을 털어놓거나 받아들이다. 예 어머니와 나는 가슴을 열고 이야기하는 사이다.
가슴을 태우다	□ 몹시 애태우다. 예 가슴을 태우며 전화가 오기를 기다렸다.
가슴이 뜨겁다	□ 깊고 큰 사랑과 배려를 받아 고마움으로 마음의 감동이 크다. 예 어머니 생각에 가슴이 뜨거워 눈물이 난다.
가슴이 뜨끔하다	□ 자극을 받아 마음이 깜짝 놀라거나 양심의 가책을 받다. 예 범인을 찾는다는 공고에 가슴이 뜨끔했다.
가슴이 미어지다	□ 마음이 슬픔이나 고통으로 가득 차 견디기 힘들게 되다. 예 고생하시는 아버지 생각에 가슴이 미어졌다.

확인문제

다음 괄호 안에 알맞은 관용어를 각각 쓰세요.

- 그는 고생만 하시다가 돌아가신 어머니를 생각하면 (㉠).
- 조바심에 (㉡) 합격자 발표 시간이 되기를 기다렸다.
- 네가 한 행동이 잘한 일인지 (㉢) 생각해봐라.

정답 ㉠ 가슴이 미어졌다, ㉡ 가슴을 태우며, ㉢ 가슴에 손을 얹고

2. 간

간에 기별도 안 가다	□	먹은 것이 너무 적어 먹으나 마나 하다.
		예 이것을 먹고는 간에 기별도 안 가겠다.

간을 꺼내어 주다	□	비위를 맞추기 위해 중요한 것을 아낌없이 주다.
		예 승진을 위해서라면 상사에게 간을 꺼내어 주겠다.

간을 빼 먹다	□	겉으로는 비위를 맞추며 좋게 대하는 척하면서 요긴한 것을 다 빼앗다.
		예 넌 남의 간을 빼 먹을 사람이야.

간이 떨어지다	□	몹시 놀라다.
		예 갑작스레 놀라게 해서 간 떨어질 뻔했다.

간이 붓다	□	지나치게 대담해지다.
		예 선생님께 대들다니 간이 부었구나?

3. 귀

귀가 아프다	□	너무 여러 번 들어서 듣기가 싫다.
		예 귀 아프게 들었으니 그만 말해.

귀가 얇다	□	남의 말을 쉽게 받아들이다.
		예 귀가 얇아서 신발을 또 샀다.

귀를 기울이다	□	남의 이야기나 의견에 관심을 가지고 주의를 모으다.
		예 그의 말에 귀를 기울였다.

귀에 못이 박히다	□	같은 말을 여러 번 듣다.
		예 공부하라는 소리는 귀에 못이 박히도록 들었다.

4. 눈

눈 밖에 나다　　신임을 잃고 미움을 받게 되다(≒ 눈에 나다).

예 그는 거짓말을 해서 친구들의 눈 밖에 났다.

눈을 붙이다　　잠을 자다.

예 잠시 눈을 붙이고 출근해라.

눈이 높다　　좋은 것만 찾는다.

예 그녀는 눈이 높아 결혼을 못했다.

5. 머리

머리가 굳다　　사고방식 · 사상이 완고하거나 기억력이 무디다.

예 머리가 굳어서 도저히 생각나지 않는다.

머리를 굴리다　　머리를 써서 해결방안을 생각해내다.

예 좋은 방법이 없는지 머리 좀 굴려봐라.

머리를 굽히다　　굴복하거나 저자세를 보이다.

예 아쉬운 내가 머리를 굽혀야지 별 수 있나.

머리를 맞대다　　어떤 일을 의논하거나 결정하기 위하여 서로 마주 대하다.

예 머리를 맞대고 고민했지만 해결책을 찾지 못했다.

확인문제

다음 괄호 안에 알맞은 관용어를 각각 쓰세요.

- 그는 웃는 얼굴로 남의 (　㉠　) 사람이다.
- 그는 (　㉡　) 사기를 당하곤 한다.
- 그는 약속을 지키지 않아 동료들의 (　㉢　).

정답　㉠ 간(을) 빼 먹을, ㉡ 귀가 얇아서, ㉢ 눈 밖에 났다

머리에 쥐가 나다	☐	싫고 두려운 상황에서 의욕이나 생각이 없어지다. 예 선생님을 만나기만 하면 머리에 쥐가 난다.
머리 위에 (꼭대기에) 앉다(올라앉다)	☐	상대방의 생각이나 행동을 꿰뚫다. / 잘난 체하며 남을 업신여기다 예 친구의 머리 꼭대기에 앉아 생각했다.

6. 발

발 벗고 나서다	☐	적극적으로 나서다. 예 친구의 문제에 발 벗고 나서다.
발을 구르다	☐	매우 안타까워하거나 다급해하다. 예 밤늦도록 아이가 돌아오지 않아 발을 동동 굴렀다.
발을 끊다	☐	오가지 않거나 관계를 끊다. 예 아버지가 미워 집에 발을 끊었다.
발이 묶이다	☐	몸을 움직일 수 없거나 활동할 수 없는 형편이 되다. 예 집안일에 발이 묶여 외출을 못한다.

7. 손

손에 익다	☐	일이 손에 익숙해지다. 예 일이 손에 익어서 빨리 끝낼 수 있다.
손을 거치다	☐	어떤 사람을 경유하다. 예 자질구레한 일도 회장님 손을 거치게끔 돼 있다.
손을 씻다 (털다)	☐	부정적인 일이나 찜찜한 일에 대하여 관계를 청산하다. 예 그는 범죄 조직에서 손을 씻고 살아가고 있다.
손이 크다	☐	씀씀이가 후하고 크다. 예 어머니는 손이 커서 반찬을 넉넉하게 만드신다.

8. 어깨

어깨가 무겁다 ☐ 무거운 책임을 져서 마음에 부담이 크다.

　　예 처자식들 부양할 생각에 어깨가 무겁다.

어깨가　☐ 칭찬을 받아 기분이 으쓱해지다.

올라가다　예 선생님 칭찬에 어깨가 올라갔다.

어깨가 처지다 ☐ 낙심하여 풀이 죽고 기가 꺾이다.

　　예 시험에 떨어진 동생이 어깨가 축 처져서 들어왔다.

어깨에　☐ 거만한 태도를 취하게 되다.

힘을 주다　예 사업에 성공하여 억만장자가 된 김 씨는 어깨에 힘을 주고 말했다.

확인문제

다음 괄호 안에 알맞은 관용어를 각각 쓰세요.

- 그는 옳다고 생각하는 일이라면 항상 (㉠) 사람이다.
- 그는 불교에 귀의한 뒤로 범죄 조직에서 (㉡) 착실히 살아가고 있다.
- 사법 고시에 합격했다고 너무 (㉢) 것 아냐?

정답 ㉠ 발 벗고 나서는, ㉡ 손을 씻고, ㉢ 어깨에 힘을 주는

9. 얼굴

얼굴에 씌어 있다	☐	감정, 기분이 얼굴에 나타나다. 예 마음고생이 심했다는 것이 얼굴에 씌어 있다.
얼굴을 내밀다 (내놓다/비치다)	☐	모임 따위에 모습을 나타내다. 예 그는 아무렇지 않게 모임에 얼굴을 내밀었다.
얼굴을 (고개를/낯을) 들다	☐	남을 떳떳이 대하다. 예 선생님 말씀에 차마 얼굴을 들지 못했다.
얼굴이 두껍다	☐	부끄러움을 모르고 염치가 없다. 예 그는 어찌나 얼굴이 두꺼운지 오늘도 그녀에게 전화했다.

10. 코

코가 납작해지다	☐	몹시 무안을 당하거나 기가 죽어 위신이 뚝 떨어지다. 예 시합에서 코가 납작해진 그는 모임에 나오지 않았다.
코(콧대)가 높다	☐	잘난 체하고 뽐내는 기세가 있다. 예 그녀는 코가 높아서 친한 친구가 없다.
코(콧대)가 세다	☐	남의 말을 잘 듣지 않고 고집이 세다. 예 도대체 너는 누구를 닮아서 그렇게 코가 세니?
콧대를 꺾다	☐	상대의 자존심이나 자만심을 꺾어 기를 죽이다. 예 대학에 합격해서 나를 무시하던 친구의 콧대를 꺾어놓겠다.

② 그 외 중요 관용어

감투를 벗다 ☐ 벼슬자리를 그만두다.
예 아버지는 감투를 벗고 고향으로 내려가셨다.

거품을 물다 ☐ 감정이 몹시 격해진 상태로 말하다.
예 그는 자신이 오히려 피해자라며 입에 거품을 물고 말했다.

경종을 울리다 ☐ 잘못이나 위험을 미리 경계하여 주의를 환기시키다.
예 그 단체는 정부의 경제정책에 경종을 울렸다.

고배를 들다 ☐ 패배, 실패 따위의 쓰라린 일을 당하다.
(마시다/맛보다) 예 김 씨는 시험 낙방이라는 고배를 들었다.

구미가 당기다 ☐ 욕심이나 관심이 생기다.
예 내가 돈이 많다고 하니 그녀는 구미가 몹시 당기는 모양이다.

국물도 없다 ☐ 돌아오는 몫이나 이득이 없다.
예 회사에 몸 바쳐서 일했지만 국물도 없다.

길눈이 어둡다 ☐ 가 본 길을 잘 찾아가지 못할 만큼 길을 잘 기억하지 못하다.
예 내가 길눈이 어두워서 회사를 못 찾겠다.

확인문제

다음 괄호 안에 알맞은 관용어를 각각 쓰세요.

- (㉠) 그는 툭하면 찾아와 어려운 부탁을 했다.
- 두 번 다시 이런 일이 안 생기도록 (㉡) 뜻에서라도 꼭 밝혀 두어야 합니다.
- 내가 대장이 될 생각을 하니 그 계획에 (㉢).

정답 ㉠ 얼굴이 두꺼운, ㉡ 경종을 울리는, ㉢ 구미가 당긴다

깨가 쏟아지다 ☐ 몹시 아기자기하고 재미가 나다.
　　　　　　　　 예 결혼한 지 10년인데도 아직도 깨가 쏟아진다.

꼬리가 길다 ☐ 못된 짓을 오래 두고 계속하다.
　　　　　　　 예 꼬리가 길면 잡힌다고 했다.

꼬리가 밟히다 ☐ 행적이 드러나다.
　　　　　　　　 예 그 범인은 김 형사에게 꼬리가 밟혔다.

덜미를 잡다 ☐ 꼼짝 못하게 하다.
　　　　　　　 예 그와의 과거가 내 덜미를 잡았다.

뒤를 빼다 ☐ 어떤 자리를 피해 벗어나다. / 발뺌을 하다.
　　　　　　 예 그녀는 계산할 때가 되면 항상 뒤를 뺀다.

목(이) 막히다 ☐ 설움이 북받치다.
　　　　　　　 예 돌아가신 부모님이 떠올라 목이 막혀 말을 이을 수 없었다.

몽니(가) 궂다 ☐ 몽니가 심하다.
　　　　　　　 예 그는 몽니가 궂어서 친구가 별로 없다.

미역국을 먹다 ☐ 시험에서 떨어지다.
　　　　　　　 예 대학 시험에서 미역국을 먹었다.

바가지를 쓰다 ☐ 요금이나 물건 값을 실제 가격보다 비싸게 지불하여 억울한 손
　　　　　　　　 해를 보다.
　　　　　　　　 예 동네 슈퍼에서 바가지를 썼다.

변죽(을) 울리다 ☐ 바로 집어 말을 하지 않고 둘러서 말을 하다.
　　　　　　　　 예 그렇게 변죽을 울리지 말고 바른대로 말해.

뼈를 깎다[갈다] ☐ 몹시 견디기 어려울 정도로 고통스럽다.
　　　　　　　　 예 사랑은 뼈를 깎는 희생을 통해서 완성된다.

뼈를 묻다 ☐ 단체나 조직에 평생토록 헌신하다.

예 그는 자신의 자리에 뼈를 묻을 생각이었다.

사족을 못 쓰다 ☐ 무슨 일에 반하거나 혹하여 꼼짝 못하다.

예 그는 여자 친구의 말이라면 사족을 못 쓴다.

산통을 깨다 ☐ 다 잘되어 가던 일을 이루지 못하게 뒤틀다.

예 그는 눈치 없이 끼어들어 산통을 깼다.

**삼십육계
줄행랑을 놓다** ☐ 매우 급하게 도망치다.

예 소년은 선생님을 보고 삼십육계 줄행랑을 놓았다.

**소매를 걷다
(걷어붙이다)** ☐ 어떤 일에 아주 적극적인 태도를 취하다.

예 공모 포스터에 적힌 상금을 본 그는 소매를 걷고 공모전에만
매달렸다.

시치미를 떼다 ☐ 자기가 하고도 하지 아니한 체하거나 알고 있으면서도 모르는
체하다.

예 김 장관은 아무것도 모르겠다고 시치미를 뗐다.

심금을 울리다 ☐ 마음에 감동을 일으키다.

예 그녀의 노래가 나의 심금을 울렸다.

확인문제

다음 괄호 안에 알맞은 관용어를 각각 쓰세요.

• 어머님이 돌아가셨다는 소식에 (㉠) 말을 할 수가 없었다.
• 그는 항상 초점을 때리지 않고 (㉡), 함축성 있는 표현을 하였다.
• 그때 (㉢) 오리발만 내밀던 녀석의 소행머리를 생각하니 속에서 다시 열불이
치밀어 오르는 것이었다.

정답 ㉠ 목이 막혀, ㉡ 변죽(을) 울려서, ㉢ 시치미 떼고

오금을 펴다 ❑ 마음을 놓고 여유 있게 지내다.
　　　　　　 예 그는 빌린 돈을 다 갚고 나서야 오금을 펼 수 있었다.

오금이 저리다 ❑ 저지른 잘못이 들통이 나거나 그 때문에 나쁜 결과가 있지 않을
　　　　　　 까 마음을 졸이다.
　　　　　　 예 공부를 하다가도 깨뜨린 장독이 떠오르면 오금이 저렸다.

오지랖이 넓다 ❑ 쓸데없이 지나치게 아무 일에나 참견하는 면이 있다.
　　　　　　 예 그는 오지랖이 넓어서 이것저것 참견하기 바쁘다.

으름장을 놓다 ❑ 말이나 행동으로 단단히 이르다.
　　　　　　 예 그녀는 오늘까지 일을 끝내라고 으름장을 놓았다.

입이 짧다(밭다) ❑ 음식을 심하게 가리거나 적게 먹다.
　　　　　　 예 남자 친구는 입이 짧아 음식을 조금밖에 먹지 않는다.

잔뼈가 굵다 ❑ 오랜 기간 일정한 곳이나 직장에서 일을 하여 그 일에 익숙하다.
　　　　　　 예 내가 연예계에서 잔뼈가 굵은 사람이다.

제 눈에 안경 ❑ 보잘것없는 물건이라도 제 마음에 들면 좋게 보인다.
　　　　　　 예 제 눈에 안경이라더니, 그에게 푹 빠졌다.

죽을 쑤다 ❑ 일을 망치거나 실패하다.
　　　　　　 예 이번 시험은 죽을 쑤었다.

초로와 같다 ❑ 인생 따위가 덧없다.
　　　　　　 예 인생은 초로와 같으니 헛된 욕망에 얽매이지 말아라.

초를 치다 ❑ 한창 잘되고 있거나 잘되려는 일에 방해를 놓아서 일이 잘못되
　　　　　　 거나 시들하여지도록 만들다.
　　　　　　 예 남의 일에 초 치지 말고 넌 빠져.

학을 떼다 ☐ 괴롭거나 어려운 상황을 벗어나느라고 진땀을 빼거나, 그것
에 거의 질려 버리다.
예 그녀는 이제 남자라면 학을 뗀다.

호박씨를 까다 ☐ 안 그런 척 내숭을 떨다.
예 속으로 호박씨 까지 말고 편하게 말해라.

화촉을 밝히다 ☐ 혼례식을 올리다.
예 화창한 봄날, 우리는 화촉을 밝혔다.

확인문제

다음 괄호 안에 알맞은 관용어를 각각 쓰세요.

- 형수한테 갖다 주라는 돈으로 술을 마시고 있자니 목에 힘을 주어도 자꾸만 (㉠).
- 그녀는 (㉡) 음식을 조금 먹다가 그만둔다.
- 이 사람아, 좋은 일에 그렇게 (㉢) 소리 그만하고 술이나 마셔.

정답 ㉠ 오금이 저려 왔다, ㉡ 입이 짧아, ㉢ 초 치는

연습문제

01 관용구의 뜻풀이가 바르지 <u>않은</u> 것은?

① 화촉을 밝히다 : 혼례식을 올리다.

② 잔뼈가 굵다 : 단체나 조직에 평생토록 헌신하다.

③ 심금을 울리다 : 마음에 감동을 일으키다.

④ 학을 떼다 : 괴롭거나 어려운 상황을 벗어나느라고 진땀을 빼거나, 그것에 거의 질려 버리다.

⑤ 오지랖이 넓다 : 쓸데없이 지나치게 아무 일에나 참견하는 면이 있다.

02 밑줄 친 관용 표현의 쓰임이 적절하지 <u>않은</u> 것은?

① 그는 <u>몽니가 굳어서</u> 친구가 별로 없다.

② 그렇게 <u>변죽을 울리지</u> 말고 바른대로 말해.

③ 김 씨는 시험 낙방이라는 <u>고배를 들었다.</u>

④ 그는 아무렇지 않게 모임에 <u>얼굴을 내밀었다.</u>

⑤ 어머니는 <u>손에 익어서</u> 반찬을 넉넉하게 만드신다.

03 〈보기〉의 ㉠~㉤에 대한 설명으로 적절하지 <u>않은</u> 것은?

보기	㉠ 손을 씻다	㉡ 제 눈에 안경	
	㉢ 얼굴에 씌어 있다	㉣ 코가 꿰이다	㉤ 죽을 쑤다

① ㉠ : '부정적인 일이나 찜찜한 일에 대하여 관계를 청산하다' 의 의미이다.

② ㉡ : '보잘것없는 물건이라도 제 마음에 들면 좋게 보인다' 의 의미이다.

③ ㉢ : '감정, 기분 따위가 얼굴에 나타나다' 의 의미이다.

④ ㉣ : '혼례식을 올리다.' 의 의미이다.

⑤ ㉤ : '일을 망치거나 실패하다' 의 의미이다.

04 〈보기〉의 뜻풀이가 의미하는 관용구로 적절한 것은?

> **보기**
> 한창 잘되고 있거나 잘되려는 일에 방해를 놓아서 일이 잘못되거나 시들하여지도록 만들다.

① 초를 치다
② 죽을 쑤다
③ 으름장을 놓다
④ 심금을 울리다
⑤ 꼬리가 길다

정답 및 해설

1	2	3	4
②	⑤	④	①

01 ② 잔뼈가 굵다 : 오랜 기간 일정한 곳이나 직장에서 일을 하여 그 일에 익숙하다.
뼈를 묻다 : 단체나 조직에 평생토록 헌신하다.

02 ⑤ 어머니는 <u>손에 익어서</u> 반찬을 넉넉하게 만드신다. → 손이 커서
• 손에 익다 : 일이 손에 익숙해지다.
• 손이 크다 : 씀씀이가 후하고 크다.

03 ④ 코가 꿰이다 : 약점이 잡히다.
화촉을 밝히다 : 혼례식을 올리다.

04 ① 초를 치다 : 한창 잘되고 있거나 잘되려는 일에 방해를 놓아서 일이 잘못되거나 시들하여지도록 만들다.
② 죽을 쑤다 : 어떤 일을 망치거나 실패하다.
③ 으름장을 놓다 : 말이나 행동으로 단단히 이르다.
④ 심금을 울리다 : 마음에 감동을 일으키다.
⑤ 꼬리가 길다 : 못된 짓을 오래 두고 계속하다.

06 속담

▶ 위의 그림처럼 속담을 사자성어로, 또는 사자성어를 속담으로 바꿔 쓸 수 있습니다. 관용어와 마찬가지로 속담은 풍자와 교훈을 담고 있어서 상황을 표현하는 데 효과적으로 사용될 수 있지요.

6장에서는 주요 속담들을 학습합니다.

가까운 남이 먼 친척보다 낫다

먼 데 사는 친척보다 이웃 사람들이 더 잘 보살펴 주고 도와주는 일이 많기 때문에 더 낫다는 뜻

가게 기둥에 입춘(= 개 발에 주석 편자)

격에 어울리지 않음을 이르는 말

가난한 집의 신주 굶듯

줄곧 굶기만 한다는 뜻

가는 날이 장날이다

생각지도 않은 일이 우연히 들어맞음을 이르는 말

가는 년이 물 길어다 놓고 갈까

일을 그만두고 가는 사람은 뒷일을 생각하고 돌아볼 리 만무함을 이르는 말

가는 말이 고와야 오는 말이 곱다

자기가 남에게 말이나 행동을 좋게 하여야 남도 자기에게 좋게 한다는 뜻

가는 방망이, 오는 홍두깨

섣불리 남을 해치려다 도리어 큰 화를 입는 것을 두고 하는 말

가는 정이 있어야 오는 정도 있다

먼저 남을 잘 대해 주어야 남도 자신을 잘 대해 준다는 뜻

가랑비에 옷 젖는 줄 모른다

아무리 사소한 것이라도 그것이 거듭되면 무시하지 못할 정도로 크게 됨을 이르는 말

가랑잎이 솔잎더러 바스락거린다고 한다

자기의 허물은 생각하지 않고 도리어 남의 허물만 나무라는 경우를 이르는 말

가루는 칠수록 고와지고 말은 할수록 거칠어진다

말이란 옮아 갈수록 보태어져서 좋지 않게 되므로 말을 삼가라는 뜻

확인문제

다음 풀이에 알맞은 속담을 쓰세요.

아무리 사소한 것이라도 그것이 거듭되면 무시하지 못할 정도로 크게 됨을 이르는 말

정답 가랑비에 옷 젖는 줄 모른다

가을에 못 지낸 제사를 봄에는 지낼까

형편이 넉넉할 때 꼭 치러야 할 일도 못하는 처지인데 하물며 어려운 때에 할 수 있겠냐는 말

가재는 게 편이다

모양과 형편이 비슷한 것끼리 서로 잘 어울리고 감싸주기 쉬움을 이르는 말

가재 뒷걸음이나 게 옆걸음이나

가재가 뒤로 가는 것이나 게가 옆으로 가는 것이나 앞으로 바로 가지 않는 것은 마찬가지라는 뜻

가지 많은 나무 바람 잘 날 없다

자식을 많이 둔 부모는 항상 자식을 위한 근심이 그치질 않아 편할 날이 없다는 뜻

간다 간다 하면서 아이 셋 낳고 간다

어떤 일을 하겠다고 늘 말을 하면서도 실행하지 못함을 이르는 말

갈치가 갈치 꼬리 문다(= 망둥이 제 동무 잡아먹는다)

동류나 친척 간에 서로 싸움을 비유적으로 이르는 말

강 건너 불구경이다

자신과는 상관없는 일이라 하여 남의 일에 무관심한 태도를 보일 때 쓰는 말

같은 값이면 과붓집 머슴살이

같은 값이면 자기에게 좀 더 이롭고 편한 것을 택한다는 뜻

같은 값이면 다홍치마

같은 값이면 품질이 좋은 것을 택한다는 뜻

같은 말이라도 '아' 다르고 '어' 다르다

같은 내용의 이야기라도 이렇게 말하여 다르고 저렇게 말하여 다르다는 뜻

개 꼬리 삼 년 두어도 황모 못 된다

본바탕이 좋지 아니한 것은 어떻게 하여도 그 본질이 좋아지지 않음을 이르는 말

개구리 올챙이 적 생각 못 한다

곤궁하고 미천하던 옛날을 생각지 않고 잘난 듯이 행동함을 이르는 말

개똥도 약에 쓰려면 없다

평소에 흔하던 것도 막상 긴하게 쓰려고 하면 없다는 뜻

개밥에 도토리

따돌림을 받아서 여럿의 축에 끼지 못하는 사람을 이르는 말

개살구가 먼저 익는다

개살구가 참살구보다 먼저 익듯이 악이 선보다 더 빨리 발전하게 된다는 뜻

개천에서 용 난다

미천한 집안에서 훌륭한 사람이 나옴을 이르는 말

검둥개 멱 감긴 격이다

검정개를 목욕시킨다고 하얗게 될 리가 없듯이, 본바탕이 나쁘고 고약한 사람은 고칠 수가 없다는 뜻

겨 묻은 개가 똥 묻은 개 나무란다

결점이 있기는 마찬가지이면서, 조금 덜한 사람이 더한 사람을 흉볼 때에 변변하지 못하고 지적하는 말

고기는 씹어야 맛이요 말은 해야 맛이다

마땅히 할 말은 해야 한다는 뜻

고기도 먹어 본 사람이 많이 먹는다

무슨 일이든지 늘 하던 사람이 더 잘한다는 뜻

고래 싸움에 새우 등 터진다

강한 자들끼리 싸우는 통에 아무 상관도 없는 약한 자가 중간에 끼어 피해를 입게 됨을 이르는 말

고생 끝에 낙이 온다

어려운 일이나 괴로운 일을 겪고 나면 즐겁고 좋은 일도 생긴다는 뜻

고슴도치도 제 새끼는 함함하다고 한다

고슴도치도 제 새끼의 털이 부드럽고 번지르르하다고 하듯이, 누구든 제 자식은 예뻐한다는 말

확인문제

다음 풀이에 알맞은 속담을 쓰세요.

> 동류나 친척 간에 서로 싸움을 비유적으로 이르는 말

정답 갈치가 갈치 꼬리 문다

고양이 목에 방울 단다
실행하기 어려운 것을 공연히 의논함을 이르는 말

고양이 보고 반찬 가게 지키라고 한다
해를 끼칠 사람에게 중요한 일을 맡긴다는 뜻

고양이 쥐 생각
마음속으로는 전혀 생각지도 않으면서 겉으로만 누구를 위하여 생각해 주는 척할 때 쓰는 말

공든 탑이 무너지랴
정성과 힘을 들여 이룩한 일은 쉽게 헛되이 되지 않는다는 뜻

과물전 망신은 모과가 시킨다(= 어물전 망신은 꼴뚜기가 시킨다)
지지리 못난 사람일수록 같이 있는 동료를 망신시킨다는 말

구관이 명관이다
무슨 일이든 경험이 많거나 익숙한 이가 더 잘하는 법임을 이르는 말

구더기 무서워 장 못 담글까
다소 방해물이 있더라도 마땅히 할 일은 해야 함을 이르는 말

구렁이 담 넘어가듯(= 메기 등에 뱀장어 넘어가듯)
일을 분명하고 깔끔하게 처리하지 않고 슬그머니 얼버무려 버림을 비유적으로 이르는 말

구슬이 서 말이라도 꿰어야 보배다
아무리 좋은 것이라도 쓸모 있게 만들어야 가치가 있다는 뜻

구운 게도 다리를 떼고[매 놓고] 먹는다
구운 게라도 혹시 물지 모르므로 다리를 떼고 먹는다는 뜻으로, 틀림없을 듯하더라도 만일의 경우를 생각하여 세심한 주의를 기울여야 낭패가 없음을 이르는 말. 또는 겁이 지나치게 많은 사람을 놀림조로 이르는 말

군불에 밥 짓기[익히기]
어떤 일에 곁따라 다른 일이 쉽게 이루어지거나 또는 다른 일을 해냄을 비유적으로 이르는 말

굼벵이도 구르는 재주가 있다
아무리 미련하고 못난 사람이라도 한 가지 재주는 있다는 말

굼벵이도 밟으면 꿈틀거린다
아무리 보잘것없는 것이라도 너무 멸시하면 가만있지 않는다는 뜻

굽은 나무가 선산을 지킨다

자손이 빈한해지면 선산의 나무까지 팔아 버리나 줄기가 굽어 쓸모없는 것은 그대로 남게 된다는 뜻으로, 쓸모없어 보이는 것이 도리어 제구실을 하게 됨을 비유적으로 이르는 말

굿이나 보고 떡이나 먹지

남의 일에 쓸데없는 간섭 말고 이익이나 얻도록 하라는 뜻

귀 막고 방울 도둑질한다

얕은수를 써서 남을 속이려 하나 거기에 속는 사람이 없음을 비유적으로 이르는 말

귀에 걸면 귀걸이 코에 걸면 코걸이

원칙이 없이 둘러대기에 따라 이렇게도 되고 저렇게도 될 수 있음을 이르는 말

긁어 부스럼이다

공연히 일을 만들어 재앙을 불러들임을 이르는 말

금강산도 식후경이다

아무리 좋은 일이라도 배가 부르고 난 다음에야 좋은 줄 알지 배고프면 좋은 것도 경황이 없다는 말

급하다고 바늘허리에 실 매어 쓰랴

급하다고 해서 밟아야 할 순서를 건너뛸 수는 없다는 뜻

기와 한 장 아끼다가 대들보 썩힌다

조그마한 것을 아끼다가 큰 손해를 본다는 뜻

길고 짧은 것은 대어 보아야 안다

대소 우열은 실제로 겨루거나 체험해 보아야 안다는 뜻

까마귀 날자 배 떨어진다

아무런 관련도 없는 일이 공교롭게도 함께 일어나 의심을 받게 됨을 이르는 말

확인문제

다음 풀이에 알맞은 속담을 쓰세요.

아무리 좋은 것이라도 쓸모 있게 만들어야 가치가 있다는 뜻

정답 구슬이 서 말이라도 꿰어야 보배다

꿈보다 해몽이 좋다

하찮거나 언짢은 일을 그럴듯하게 돌려 생각하여 좋게 풀이함을 이르는 말

꿰다 놓은 보릿자루

아무 말도 없이 우두커니 앉아 있는 사람을 일컫는 말

꿩 대신 닭

적당한 것이 없을 때 그와 비슷한 것으로 대신하는 경우를 이르는 말

꿩 먹고 알 먹는다(= 일거양득 一擧兩得)

한 가지 일을 하여 두 가지 이상의 이익을 보게 됨을 이르는 말

나는 바담 풍(風) 해도 너는 바람 풍 해라

자신은 잘못된 행동을 하면서 남한테는 잘하라고 요구하는 말

나무는 큰 나무 덕을 못 보아도 사람은 큰 사람의 덕을 본다

훌륭한 사람에게는 음으로나 양으로나 덕을 입게 됨을 이르는 말

나무에 오르라 하고 흔드는 격

남을 꾀어 위험한 곳이나 불행한 처지에 빠지게 함을 이르는 말

나중 난 뿔이 우뚝하다

후배가 선배보다 나을 때 하는 말

남의 잔치에 감 놓아라 배 놓아라 한다

쓸데없이 남의 일에 간섭한다는 뜻

남의 집 금송아지가 우리 집 병아리만 못하다

아무리 적고 보잘것없는 것이라도 자기가 직접 가진 것이 더 나음을 이르는 말

남이 장에 간다고 하니 거름지고 나선다(= 남의 장단에 궁둥이 춤춘다)

주관 없이 남의 행동을 따라한다는 말

남이 떡 먹는데 팥고물 떨어지는 걱정한다

남의 일에 쓸데없이 걱정함을 이르는 말

낫 놓고 기역자도 모른다

아주 무식함을 이르는 말

낮말은 새가 듣고 밤말은 쥐가 듣는다

아무도 안 듣는 데서라도 말조심을 해야 한다는 말

내 배 부르면 종의 밥 짓지 말라 한다(= 내 배가 부르니 종의 배고픔을 모른다)

자기만 만족하면 남의 곤란함을 모르고 돌보아 주지 아니함을 비유적으로 이르는 말

내 코가 석자다

자신이 궁지에 몰렸기 때문에 남을 도와 줄 여유를 가지고 있지 않다는 뜻

높은 가지가 부러지기 쉽다

높은 지위에 있으면 시기하는 사람이 많아 오히려 몰락하기가 쉽다는 뜻

누울 자리 봐 가며 발 뻗는다

다가올 일의 결과를 미리 생각해 가면서 시작한다는 뜻

누이 좋고 매부 좋고

서로 다 좋다는 말

눈 가리고 아웅 한다

얕은수로 남을 속이려 한다는 말

눈으로 우물 메우기

눈(雪)으로 우물을 메우면 눈이 녹아서 허사가 되듯이, 헛되이 애만 쓴다는 뜻

눈치가 빠르면 절에 가도 젓국을 얻어먹는다

눈치가 있으면 어디에 가든지 곤란을 당하지 않는다는 뜻

늦게 배운 도둑질 날 새는 줄 모른다

늦게 배운 일에 매우 열중함을 이르는 말

확인문제

다음 풀이에 알맞은 속담을 쓰세요.

자기만 만족하면 남의 곤란함을 모르고 돌보아 주지 아니함을 비유적으로 이르는 말

정답 내 배 부르면 종의 밥 짓지 말라 한다

단단한 땅에 물이 괸다(= 굳은 땅에 물이 괸다)
헤프게 쓰지 않고 아끼는 사람이 재산을 모으게 됨을 비유적으로 이르는 말

달걀로 바위 치기
맞서서 도저히 이기지 못한다는 뜻

달걀에도 뼈가 있다
뜻하지 않은 방해가 끼어 재수가 없는 경우를 이르는 말

달도 차면 기운다
모든 것은 한 번 번성하고 가득 차면 다시 쇠퇴한다는 말

달리는 말에 채찍질
기세가 한창 좋을 때 더 힘을 가한다는 말

달밤에 삿갓 쓰고 나온다
가뜩이나 미운 사람이 더 미운 짓만 함을 비유적으로 이르는 말

닭 소 보듯, 소 닭 보듯
서로 아무런 관심도 두지 않고 있는 사이임을 이르는 말

닭 잡아먹고 오리발 내어놓는다
자기가 한 일을 감추고 딴전을 피워 모면하려 드는 것을 이르는 말

닭 쫓던 개 지붕 쳐다보듯
애써 하던 일이 실패하거나 남보다 뒤떨어져 어찌할 도리가 없이 됨을 이르는 말

당장 먹기엔 곶감이 달다
당장에 좋은 것은 한순간뿐이라 참으로 좋고 이로운 것이 못 된다는 뜻

도둑질을 해도 손발이 맞아야 한다
무슨 일이든지 뜻이 서로 맞아야 함께 할 수 있다는 말

도랑 치고 가재 잡는다
한 가지 일로 두 가지 이익을 본다는 뜻

도마에 오른 고기
이미 피할 수 없는 운명에 부딪혀 있음을 이르는 말

도토리 키 재기

정도가 고만고만한 사람끼리 서로 다툼을 이르는 말

돌다리도 두들겨 보고 건너라(= 얕은 내도 깊게 건너라)

잘 아는 일이라도 세심하게 주의하라는 말

돌절구도 밑 빠질 날이 있다

아무리 튼튼한 것이라도 영구불변한 것은 없다는 말

동무 따라 강남 간다

자기는 하고 싶지 않으나 남에게 끌려서 덩달아 하게 됨을 이르는 말

되로 주고 말로 받는다

남에게 조금 주고 많이 받거나, 남을 조금 건드렸다가 크게 앙갚음을 당할 때 쓰는 말

될성부른 나무는 떡잎부터 알아본다

장래성이 있는 사람은 어릴 때부터 다른 데가 있다는 말

두부 먹다 이 빠진다

방심하는 데서 뜻밖의 실수를 한다는 말

뒷간에 갈 적 마음 다르고 올 적 마음 다르다

제 사정이 급할 때는 다급하게 굴다가 제 할 일 다 하면 마음이 변한다는 뜻

드문드문 걸어도 황소걸음

속도는 느리나 오히려 믿음직스럽고 알차다는 말

등잔 밑이 어둡다

가까운 곳에서 생긴 일을 잘 모른다는 뜻

확인문제

다음 풀이에 알맞은 속담을 쓰세요.

기세가 한창 좋을 때 더 힘을 가한다는 말

정답 달리는 말에 채찍질

때리는 시어머니보다 말리는 시누이가 더 밉다

겉으로는 위하여 주는 체하면서 속으로는 해하고 헐뜯는 사람이 더 밉다는 말

떡도 먹어본 사람이 먹는다

무슨 일이나 경험이 풍부한 사람이라야 그 일을 능숙하게 한다는 뜻

떡 본 김에 제사 지낸다

우연히 운 좋은 기회에 하려던 일을 해치운다는 말

떡 줄 사람은 생각하지도 않는데 김칫국부터 마신다

상대편은 생각하지도 않는데 미리부터 다 된 일로 알고 행동한다는 말

똥 묻은 개가 겨 묻은 개 나무란다

제게는 큰 흉이 있는 사람이 도리어 작은 흉 가진 이를 조롱한다는 말

뚝배기보다 장맛이 좋다

겉모양보다 내용이 훨씬 낫다는 말

마누라가 귀여우면 처갓집 쇠말뚝 보고도 절한다

아내가 좋으면 아내 주위의 보잘것없는 것까지 좋게 보인다는 말

마파람에 게 눈 감추듯

음식을 매우 빨리 먹어 버리는 모습을 이르는 말

말똥에 굴러도 이승이 낫다

아무리 고생을 하고 천하게 살더라도 죽는 것보다는 낫다는 말

말 많은 집은 장맛도 쓰다(= 말 단 집에 장 단 법 없다)

집안에 잔말이 많으면 살림이 잘 안 된다는 말. 입으로는 그럴듯하게 말하지만 실상은 좋지 못하다는 말

말은 할수록 늘고 되질은 할수록 준다

말은 퍼질수록 보태어지고, 물건은 옮겨 갈수록 줄어든다는 말

말 타면 경마 잡히고 싶다

사람의 욕심이란 한이 없다는 말

말 한 마디로 천 냥 빚도 갚는다

말을 잘 하면 어려운 일이나 불가능한 일도 해결할 수 있다는 뜻

맑은 물에 고기 안 논다
너무 청렴하면 주변에 사람이 모이지 않는다는 뜻

망둥이가 뛰니까 꼴뚜기도 뛴다
남이 하니까 멋도 모르고 따라서 한다는 뜻

매도 먼저 맞는 놈이 낫다
어차피 당해야 할 일이면 남보다 먼저 치르는 것이 낫다는 뜻

메뚜기도 오뉴월이 한철이다
제 때를 만난 듯이 날뛰는 자를 풍자하는 말

모난 돌이 정 맞는다
강직한 사람은 남의 공박을 받는다는 말

모로 가도 서울만 가면 된다
수단과 방법을 가리지 않고 목적만 이루면 된다는 뜻

모르는 게 약이요 아는 게 병이다
아무것도 모르면 도리어 마음이 편하여 좋다는 말

목구멍이 포도청이다
먹고 살기 위하여 해서는 안 될 짓까지 할 수밖에 없음을 이르는 말

목마른 놈이 우물 판다
제일 급하고 일이 필요한 사람이 그 일을 서둘러 하게 되어 있다는 말

못된 송아지 엉덩이에 뿔난다
되지 못한 사람이 엇나가는 짓만 한다는 말

확인문제

다음 풀이에 알맞은 속담을 쓰세요.

아내가 좋으면 아내 주위의 보잘것없는 것까지 좋게 보인다는 말

정답　마누라가 귀여우면 처갓집 쇠말뚝 보고도 절한다

못 먹는 감 찔러나 본다

제 것으로 만들지 못할 바에야 남도 갖지 못하게 만들자는 뒤틀린 마음을 이르는 말

무당이 제 굿 못하고 소경이 저 죽을 날 모른다(= 중이 제 머리 못 깎는다)

자기의 일을 자기가 처리하기는 어렵다는 말

무쇠도 갈면 바늘 된다

꾸준히 노력하면 아무리 어려운 일도 이룰 수 있다는 말

물에 물 탄 듯 술에 술 탄 듯하다

주견이나 주책이 없이 말이나 행동이 분명하지 않음을 이르는 말

물에 빠지면 지푸라기도 잡는다

사람이 위급한 일을 당하면 보잘것없는 것에라도 의지하려 한다는 말

물에 빠진 놈 건져 놓으니까 봇짐 내라 한다

남에게 신세를 지고 그것을 갚기는커녕 도리어 그 은인을 원망한다는 말

물은 건너보아야 알고 사람은 지내보아야 안다

사람은 겉으로만 보아서 그 속을 잘 알 수 없으므로 실제로 겪어 봐야 바로 안다는 말

물이 깊어야 고기가 모인다

자기 덕이 커야 남이 많이 따른다는 말

물이 깊을수록 소리가 없다

덕망이 높고 생각이 깊은 사람일수록 잘난 체하거나 아는 체 떠벌이지 않는다는 말

미꾸라지 한 마리가 온 물을 흐린다

나쁜 사람 하나가 온 집안이나 온 세상을 더럽히고 어지럽게 한다는 말

미운 놈 떡 하나 더 준다(= 미운 사람에게는 쫓아가 인사한다)

미운 사람일수록 더 잘 대우해 주어 호감을 갖도록 한다는 뜻

믿는 도끼에 발등 찍힌다

믿고 있던 사람한테 도리어 해를 입었을 때 쓰는 말

밑 빠진 독에 물 붓기다

아무리 힘이나 밑천을 들여도 보람 없이 헛된 일이 되는 상태를 이르는 말

바늘 가는 데 실 간다

서로 밀접한 관계가 있는 것끼리 떨어지지 아니하고 항상 따른다는 뜻

바늘구멍으로 하늘 보기

전체를 포괄적으로 보지 못하는 매우 좁은 소견이나 관찰을 비꼬는 말

바늘 도둑이 소 도둑 된다

작은 나쁜 짓도 자꾸 하게 되면 큰 죄를 저지르게 됨을 이르는 말

배 먹고 이 닦기

한 가지 일에 두 가지 이로움이 있음을 이르는 말

백짓장도 맞들면 낫다

아무리 쉬운 일이라도 여럿이 하면 더 쉽다는 뜻

뱁새가 황새를 따라가면 다리가 찢어진다

분수에 넘치는 짓을 하면 도리어 해만 입는다는 뜻

번갯불에 콩 볶아 먹겠다

하는 짓이 번갯불에 콩을 볶아 먹을 만큼 급하게 군다는 뜻으로, 어떤 행동을 당장 해치우지 못하여 안달하는 조급한 성질을 이르는 말

범은 그려도 뼈다귀는 못 그린다

겉모양은 볼 수 있어도 그 내막은 모른다는 말

벙어리 속은 그 어미도 모른다

무슨 말을 실지로 들어 보지 않고는 그 내용을 알 수 없음을 이르는 말

벼룩의 간을 내어 먹는다

극히 적은 이익을 당찮은 곳에서 얻으려 한다는 뜻

확인문제

다음 풀이에 알맞은 속담을 쓰세요.

주견이나 주책이 없이 말이나 행동이 분명하지 않음을 이르는 말

정답 물에 물 탄 듯 술에 술 탄 듯하다

벼 이삭은 익을수록 고개를 숙인다

훌륭한 사람일수록 교만하지 않고 겸손하다는 뜻

변죽을 치면 복판이 울린다

슬며시 귀띔만 주어도 곧 눈치를 채고 의사소통이 이루어짐을 이르는 말

병 주고 약 준다

해를 입힌 자가 돌보아주는 체하고 나섬을 이르는 말

보기 좋은 떡이 먹기도 좋다

겉모양이 반반하면 내용도 좋다는 뜻

봉사 문고리 잡기

어쩌다 이루어진 것처럼 우연하게 이루어진 일을 이르는 말

부뚜막의 소금도 집어넣어야 짜다

쉽고 좋은 기회나 형편도 이용하지 않으면 소용이 없다는 뜻

부엌에서 숟가락을 얻었다

대단치 아니한 일을 하여놓고 성공이나 한 듯이 자랑함을 이르는 말

불난 데 부채질한다

엎친 데 덮치는 격으로 불운한 사람을 더 불운하게 만들거나 노한 사람을 더 노하게 한다는 뜻

비단 옷을 입으면 어깨가 올라간다

가난하게 살던 사람이 갑자기 많은 돈을 벌게 되면 제 분수도 모르고 우쭐대게 된다는 뜻

비단 옷 입고 밤길 걷기

애써도 보람이 없음을 비유하는 말

비를 드니까 마당 쓸라고 한다

그렇잖아도 하려고 생각하고 있는 일을 남이 시키면 성의가 줄어들고 만다는 뜻

비온 뒤에 땅이 굳어진다

풍파를 겪고 나서야 일이 더욱 단단해진다는 뜻

빈 수레가 더 요란하다

지식이 없고 교양이 부족한 사람이 더 아는 체하고 떠든다는 말

빛 좋은 개살구다

겉만 좋고 실속은 없음을 일컫는 말

뺨 맞을 놈이 여기 때려라 저기 때려라 한다

벌 받을 놈이 도리어 큰소리친다는 뜻

사공이 많으면 배가 산으로 올라간다

여러 사람이 자기주장만 내세우면 일이 제대로 되기 어렵다는 뜻

사람은 헌 사람이 좋고 옷은 새 옷이 좋다

사람은 오래 사귈수록 좋고 옷은 새것일수록 좋다는 말

사촌이 땅을 사면 배가 아프다

남이 잘된 것을 매우 시기한다는 뜻

산 사람의 목구멍에 거미줄 치랴

살림이 어려워 식량이 떨어져도 그럭저럭 죽지 않고 먹고 살아가기 마련이라는 뜻

새 옷도 두드리면 먼지 난다(= 털어서 먼지 안 나는 사람 없다)

아무리 청백한 사람이라도 속속들이 파헤쳐 보면 부정이 드러난다는 뜻

서당 개 삼 년에 풍월을 읊는다

어떤 분야에 대하여 지식과 경험이 전혀 없는 사람이라도 그 부문에 오래 있으면
얼마간의 지식과 경험을 갖게 된다는 말

서울 가서 김 서방 집 찾기

잘 알지도 못하고 무턱대고 찾아 다닌다는 뜻

서울 놈은 비만 오면 풍년이란다

문외한이 일부의 일만 보고 아는 체 그릇된 단정을 내리는 것을 비웃는 말

확인문제

다음 풀이에 알맞은 속담을 쓰세요.

살림이 어려워 식량이 떨어져도 그럭저럭 죽지 않고 먹고 살아가기 마련이라는 뜻

정답 산 사람의 목구멍에 거미줄 치랴

서투른 무당 장구만 나무란다

능력이 부족한 것도 모르고 도구만 나쁘다고 탓한다는 뜻

섶을 지고 불로 들어가려 한다

앞뒤 가리지 못하고 미련하게 행동함을 놀리는 말

세 살 버릇 여든까지 간다

어린 시절에 몸에 밴 나쁜 버릇은 좀처럼 고치기가 어렵다는 뜻

소경이 개천 나무란다

자기 잘못은 조금도 생각지 못하고 남의 잘못을 원망한다는 뜻

소도 언덕이 있어야 비빈다

누구나 의지할 곳이 있어야 무슨 일이든 시작하거나 이룰 수가 있음을 이르는 말

소문난 잔치에 먹을 것 없다

세상의 평판과 실제는 일치하지 않는다는 말

소 잃고 외양간 고친다

이미 일을 그르친 뒤에 뉘우쳐도 소용없다는 뜻

손 안 대고 코 풀려고 한다

수고는 조금도 하지 않고 큰 소득만 얻으려고 한다는 뜻

쇠귀에 경 읽기

미련해서 아무리 가르쳐도 알아듣지 못하거나 효과가 없다는 뜻

쇠뿔도 단김에 빼랬다

무슨 일이든 착수한 당시에 끝을 맺어 버려야 한다는 뜻

수박 먹다 이 빠진다

운이 나쁘면 대단치 않은 일을 하다가도 큰 해를 당한다는 뜻

숭어가 뛰니까 망둥이도 뛴다

제 처지는 생각하지 않고 저보다 나은 사람을 모방하려고 애쓴다는 말

숯이 검정 나무란다

제 허물은 생각하지 않고 남의 허물을 들추어냄을 이르는 말

십 년이면 강산도 변한다
십 년이란 세월이 흐르면 세상에 변하지 않는 것이 없다는 말

싼 것이 비지떡
값싼 물건은 품질이 나쁘기 마련이라는 말

쌀독에서 인심 난다(= 광에서 인심 난다)
살림살이가 넉넉해야만 비로소 남도 도와줄 수 있다는 말

쌀독에 앉은 쥐
부족함이 없고 만족한 처지에 있다는 뜻

쌈짓돈이 주머닛돈
그 돈이 그 돈이어서 구별할 필요가 없다는 말

썩어도 준치
값있는 물건은 아무리 낡거나 헐어도 제대로의 가치를 지닌다는 뜻

썩은 새끼도 잡아당겨야 끊어진다
아무리 쉬운 일이라도 하지 않고 기다리고 있으면 이루어지지 않는다는 뜻

아는 길도 물어 가자
쉬운 일도 물어서 해야 틀림이 없다는 말

아는 도끼에 발등 찍힌다
친하여 믿는 사람에게 오히려 해를 입는다는 말

아니 땐 굴뚝에 연기 날까
원인이 없으면 결과가 있을 수 없다는 뜻

확인문제

다음 풀이에 알맞은 속담을 쓰세요.

값있는 물건은 아무리 낡거나 헐어도 제대로의 가치를 지닌다는 뜻

정답 썩어도 준치

아닌 밤중에 홍두깨

별안간 엉뚱한 말이나 행동을 한다는 뜻

아랫돌 빼어 윗돌 괴기

임시변통으로 이리저리 돌려 맞추는 모양을 이르는 말

아무리 바빠도 바늘허리 매어 못 쓴다

아무리 바쁜 일이라도 일정한 순서를 밟아서 하여야 한다는 뜻

안 되려면 뒤로 넘어져도 코가 깨진다

운수가 나쁜 사람은 보통 사람에게는 생기지도 않는 나쁜 일까지 생김을 이르는 말

얌전한 고양이가 부뚜막에 먼저 올라간다

겉으로는 얌전한 척하는 사람이 뒤로는 오히려 더 나쁜 짓만 일삼는다는 뜻

양반은 물에 빠져도 개헤엄은 안 한다(= 양반은 얼어 죽어도 겻불은 안 쬔다)

아무리 위급한 때라도 체면을 유지하려고 노력한다는 말

어둔 밤에 주먹질하기

상대방이 보지 않는 데서 화를 내는 것은 아무 소용이 없다는 뜻

언 발에 오줌 누기

눈앞에 급한 일을 피하기 위해서 하는 임시변통이 결과적으로 사태가 더 나쁘게 되었을 때 하는 말

얻은 떡이 두레 반이다

여기저기서 조금씩 얻은 것이 남이 애써 만든 것보다 많다는 말

업은 아이 삼 년 찾는다

가까운 데 있는 것을 모르고 먼 데 가서 찾는다는 말

엎지른 물이요 깨진 독이다

다시 돌이킬 수 없는 일이라는 뜻

열 길 물속은 알아도 한 길 사람 속은 모른다

사람의 속마음을 알기란 매우 어렵다는 뜻

열 번 찍어 안 넘어가는 나무 없다

아무리 뜻이 굳은 사람이라도 여러 차례 꾀고 달래면 결국 유혹에 넘어가고 만다는 뜻

열 손가락을 깨물어 안 아픈 손가락 없다

자식이 아무리 많아도 부모에게는 다 같이 소중하다는 뜻

염불에는 마음이 없고 잿밥에만 마음이 있다

마땅히 할 일에는 정성을 들이지 않고 딴 곳에 마음을 둔다는 말

오르지 못할 나무는 쳐다보지도 말아라

되지도 않을 일은 처음부터 시작하지도 말라는 뜻

옥에도 티가 있다(= 새 옷도 두드리면 먼지 난다)

아무리 훌륭한 물건이나 사람에게도 조그만 흠은 있다는 말

용꼬리가 되는 것보다 닭대가리가 되는 것이 낫다

큰 단체에서 맨 꼴찌로 있는 것보다는 오히려 작은 단체에서 우두머리로 있는 것
이 낫다는 뜻

우물 안 개구리

넓은 세상의 사정을 알지 못한다는 뜻

우물에서 숭늉 찾는다

일의 순서도 모르고 성급하게 덤빈다는 뜻

우물을 파도 한 우물을 파라

무슨 일이든지 한 가지 일을 꾸준히 계속 해야 성공할 수 있다는 말

우선 먹기는 곶감이 달다

앞일은 생각하지 않고 당장 좋은 것만 취한다는 뜻

울며 겨자 먹기

싫은 일을 억지로 함을 비유하는 말

확인문제

다음 풀이에 알맞은 속담을 쓰세요.

임시변통으로 이리저리 돌려 맞추는 모양을 이르는 말

정답 아랫돌 빼어 윗돌 괴기

울지 않는 아이 젖 주랴

요구가 없으면 주지도 않는다는 뜻

웃는 낯에 침 뱉으랴

좋은 낯으로 대하는 사람에게는 모질게 굴지 못한다는 뜻

원님 덕에 나팔 분다

훌륭하고 덕이 높은 사람을 따르다가 그 덕으로 분에 넘치는 대접을 받는다는 말

원수는 외나무다리에서 만난다

남의 원한을 사면 피할 수 없는 곳에서 공교롭게 만나게 된다는 뜻

원숭이도 나무에서 떨어질 때가 있다

아무리 익숙하고 잘하는 사람이라도 실수할 때가 있다는 말

윗물이 맑아야 아랫물이 맑다

무슨 일이든지 윗사람의 행동이 깨끗하여야 아랫사람도 따라서 행실이 바르다는 말

이 없으면 잇몸으로 산다

없으면 없는 그대로 살아갈 수 있다는 말

임도 보고 뽕도 딴다

어떤 일을 함께 겸하여 계획한다는 뜻

입에 쓴 약이 병에는 좋다

당장에 괴로운 것이 결과는 이롭다는 뜻

자다가 봉창 두드린다

얼토당토않은 판소리를 불쑥 내민다는 뜻

자라 보고 놀란 가슴 솥뚜껑 보고 놀란다

어떤 사물에 몹시 놀란 사람은 비슷한 사물만 보아도 겁을 냄을 이르는 말

자랄 나무는 떡잎부터 알아본다

앞으로 크게 될 사람은 어려서부터 장래성이 엿보인다는 말

작은 고추가 더 맵다

몸집이 작은 사람이 큰 사람보다 도리어 단단하고 재주가 뛰어남을 비유하는 말

잔솔밭에서 바늘 찾기다
잃어버린 사물이나 문제의 해결책을 찾아내기 어려움을 이르는 말

잘되면 제 탓이요 못 되면 조상 탓이다
일이 잘되면 제가 잘해서 된 것으로 여기고 안 되면 남을 원망한다는 뜻

잠결에 남의 다리 긁는다
계획 없이 하는 일은 실수하기 쉬움을 이르는 말

장님 코끼리 만지기
어느 부분만 가지고 전체인 것처럼 여기고 말한다는 뜻

재주는 곰이 넘고 돈은 왕 서방이 번다
정작 수고한 사람은 응당 보수를 받지 못하고 엉뚱한 사람이 그 이익을 차지한다는 말

절룩 말이 천리 간다
약한 사람이라도 꾸준히 노력하면 무슨 일이라도 할 수 있다는 말

접시 물에 빠져 죽는다
아무것도 아니라고 생각한 것에서 큰 피해를 입는다는 말

제 도끼에 제 발등 찍힌다
자기가 한 일이 자기에게 해가 된다는 말

제 버릇 개 줄까
나쁜 버릇은 쉽게 고치기가 어렵다는 뜻

제 코가 석 자다
남을 나서서 도와주기는커녕 자기도 궁지에 빠져서 어쩔 도리가 없다는 뜻

확인문제

다음 풀이에 알맞은 속담을 쓰세요.

좋은 낯으로 대하는 사람에게는 모질게 굴지 못한다는 뜻

정답   웃는 낯에 침 뱉으랴

종로에서 뺨 맞고 한강에 가서 눈 흘긴다

욕을 당한 그 자리에서는 아무 말도 못하고 딴 곳에 가서 화풀이를 한다는 뜻

주머니에 들어간 송곳이라

선하거나 악한 일은 숨겨지지 아니하고 자연히 드러남을 이르는 말

죽 쑤어서 개 좋은 일 하였다

애써서 이루어 놓은 일이 남에게 유리할 뿐이라는 말

죽은 자식 나이 세기

그릇된 일은 생각하여도 쓸데없다는 말

중이 제 머리를 못 깎는다

자신의 일은 좋게 해결하기 어려워서 남의 손을 빌려야만 이루기 쉬움을 이르는 말

쥐구멍에도 볕 들 날이 있다

몹시 고생을 하는 사람도 좋은 운수를 만날 적이 있다는 말

집에서 새는 바가지는 들에 가도 샌다

천성이 좋지 않은 사람은 어디를 가나 그 성품을 고치기 어렵다는 말

짚신도 제 짝이 있다

보잘것없는 사람도 배필은 있다는 말

찬물도 위아래가 있다

무슨 일에든 순서가 있다는 말

참새가 방앗간을 그냥 지나랴

욕심이 있는 사람이 솔깃한 것을 보고 그냥 지나치지 못한다는 말

참새가 죽어도 짹 한다

아무리 약한 사람이라도 너무 괴롭히면 대항한다는 말

천 냥 빚도 말로 갚는다

처세하는 데는 말재간이 좋아야 한다는 뜻

천 리 길도 한 걸음부터

무슨 일이나 그 일의 시작이 중요하다는 말

천리마는 늙었어도 천리 가던 생각만 한다
몸은 비록 늙었어도 마음은 언제나 젊은 시절과 다름없다는 말

첫술에 배부르랴
어떤 일이든지 단번에 만족할 수는 없다는 뜻

초록은 동색이다
끼리끼리 모인다는 말

침 뱉은 우물 다시 먹는다
다시는 안 볼 듯이 야박스럽게 외면한 사람에게 후에 다시 청할 일이 있게 됨을 이르는 말

칼로 물 베기
다투었다가도 곧 다시 화해함을 이르는 말

콩 볶아 먹다가 가마솥 터뜨린다
작은 이익을 탐내다가 도리어 큰 해를 입는다는 말

콩 심은 데 콩 나고 팥 심은 데 팥 난다
모든 일은 원인에 걸맞은 결과가 생긴다는 말

큰 북에서 큰 소리 난다
도량이 커야 훌륭한 일을 할 수 있다는 말

태산을 넘으면 평지를 본다
고생을 하게 되면 그 다음에는 즐거움이 온다는 말

터를 잡아야 집도 짓는다
모든 일에는 기반과 순서가 있어야 된다는 뜻

확인문제

다음 풀이에 알맞은 속담을 쓰세요.

자신의 일은 좋게 해결하기 어려워서 남의 손을 빌려야만 이루기 쉬움을 이르는 말

정답 중이 제 머리를 못 깎는다

토끼를 다 잡으면 사냥개를 삶는다(= 토사구팽 兎死狗烹)

필요할 때는 소중히 여기다가도 필요 없게 되면 천대하고 없애버림을 비유하는 말

티끌 모아 태산

적은 것도 거듭 쌓이면 많아진다는 뜻

팔이 들이굽지 내굽나

가까운 사람에게 더 마음이 간다는 말

평안 감사도 저 싫으면 그만이다

아무리 좋은 일이라도 하기 싫다면 억지로 시킬 수 없다는 뜻

핑계 없는 무덤 없다

무슨 일에라도 반드시 둘러댈 핑계가 있다는 말

하나를 보고 열을 안다

일부만 보고 전체를 미루어 안다는 말

하늘 보고 주먹질한다

아무 소용없는 일을 한다는 뜻

하늘 보고 침 뱉기다

하늘에 대고 침을 뱉으면 결국 자기 얼굴에 떨어지듯이, 남을 해치려다가 자기가 당한다는 뜻

하늘이 무너져도 솟아날 구멍이 있다

아무리 큰 어려움을 당하더라도 도움을 받을 방법과 꾀가 생기게 된다는 말

하룻강아지 범 무서운 줄 모른다

철없이 함부로 힘을 쓰면서 덤비는 사람을 두고 하는 말

한강에 돌 던지기

지나치게 작아 전혀 효과가 없다는 말

한 달이 크면 한 달이 작다

세상일이란 한 번 좋은 일이 있으면 한 번은 나쁜 일이 있게 마련이라는 뜻

한 번 엎지른 물은 주워 담지 못한다

한 번 한 일은 다시 원상태로 되돌리지 못한다는 뜻

한 술 밥에 배부르랴

무슨 일이나 처음에는 기대한 만큼의 성과를 얻을 수 없다는 뜻

호랑이는 죽어 가죽을 남기고 사람은 죽어 이름을 남긴다

인생에서 가장 중요한 것은 생전에 보람 있는 일을 해놓아 후세에 명예를 떨치는 것임을 이르는 말

호랑이도 제 말하면 온다

어느 곳에서나 그 자리에 없다고 남을 흉보아서는 안 된다는 말

호랑이에게 물려가도 정신만 차리면 산다

아무리 위급한 일을 당하여도 정신만 똑똑히 차리면 위기를 면할 수 있다는 말

호미로 막을 것을 가래로 막는다

적은 힘으로 될 일을 기회를 놓쳐 큰 힘을 들이게 된다는 말

혹 떼러 갔다가 혹을 붙여 온다

이득을 얻으려고 갔다가 도리어 손해만 보고 왔다는 뜻

확인문제

다음 풀이에 알맞은 속담을 쓰세요.

아무리 좋은 일이라도 하기 싫다면 억지로 시킬 수 없다는 뜻

정답 평안 감사도 저 싫으면 그만이다

연습문제

01 〈보기〉를 읽고, '여자'의 상황을 표현하기에 가장 적절한 속담은?

> 보기
> 남 : 네가 어쩐 일로 국어 시험에서 만점을 못 받았어?
> 여 : 쉬운 문제를 만만히 보고 대충 풀었더니 틀렸거든.

① 되로 주고 말로 받는다   ② 등잔 밑이 어둡다
③ 똥 묻은 개가 겨 묻은 개 나무란다   ④ 두부 먹다 이 빠진다
⑤ 말 타면 경마 잡히고 싶다

02 속담의 뜻풀이가 바르지 <u>않은</u> 것은?
① 구슬이 서 말이라도 꿰어야 보배다 : 아무리 좋은 것이라도 쓸모 있게 만들어야 가치가 있다는 뜻
② 나무에 오르라 하고 흔드는 격 : 남을 꾀어 위험한 곳이나 불행한 처지에 빠지게 함을 이르는 말
③ 남이 떡 먹는데 팥고물 떨어지는 걱정한다 : 남의 일에 쓸데없이 걱정함을 이르는 말
④ 닭 소 보듯 소 닭 보듯 : 서로 아무런 관심도 두지 않고 있는 사이임을 이르는 말
⑤ 갈치가 갈치 꼬리 문다 : 좋은 일이 연달아 일어남

03 밑줄 친 속담의 쓰임이 적절하지 <u>않은</u> 것은?
① 맑은 물에 고기 안 노는 법이니, 너무 청렴하게만 살려고 하지 마.
② 면도도 하고 이야기도 듣고 이것이야말로 배 먹고 이 닦기 아닙니까?
③ 그가 면접에 붙은 것은 봉사 문고리 잡은 격이야.
④ 비단 옷 입고 밤길 걷는다고, 역시 어둠이 있어야 빛이 더욱 밝아 보이지.
⑤ 쇠뿔도 단김에 빼랬다고 말이 나온 김에 지금 방청소나 하자.

04 다음 뜻풀이가 의미하는 속담으로 적절한 것은?

> 보기
> 임시변통으로 이리저리 돌려 맞추는 모양을 이르는 말

① 우선 먹기는 곶감이 달다   ② 아랫돌 빼어 윗돌 괴기
③ 어둔 밤에 주먹질하기다   ④ 이 없으면 잇몸으로 산다
⑤ 아무리 바빠도 바늘허리 매어 못 쓴다

정답 및 해설

1	2	3	4
④	⑤	④	②

01
④ 두부 먹다 이 빠진다 : 방심하는 데서 뜻밖의 실수를 한다는 말
① 되로 주고 말로 받는다 : 조금 주고 그 대가로 몇 곱절이나 많이 받는 경우를
비유적으로 이르는 말
② 등잔 밑이 어둡다 : 대상에서 가까이 있는 사람이 도리어 대상에 대하여 잘
알기 어렵다는 말
③ 똥 묻은 개가 겨 묻은 개 나무란다 : 자기는 더 큰 흉이 있으면서 도리어 남
의 작은 흉을 본다는 말
⑤ 말 타면 경마 잡히고 싶다 : 사람의 욕심이란 한이 없다는 말

02
⑤ 갈치가 갈치 꼬리 문다 : 동류(同類)나 친척 간에 서로 싸움을 비유적으로 이르
는 말

03
④ 비단 옷 입고 밤길 걷기 : 애써도 보람이 없음을 비유하는 말
① 맑은 물에 고기 안 논다 : 사람이 지나치게 결백하면 남이 따르지 않음
② 배 먹고 이 닦기 : 배를 먹으면 이까지 하얗게 닦아진다는 뜻으로, 한 가지 일
에 두 가지 이로움이 있음
③ 봉사 문고리 잡기 : 눈먼 봉사가 요행히 문고리를 잡은 것과 같다는 뜻으로,
그럴 능력이 없는 사람이 어쩌다가 요행수로 어떤 일을 이룬 경우
⑤ 쇠뿔도 단김에 빼랬다 : 든든히 박힌 소의 뿔을 뽑으려면 불로 달구어 놓은
김에 해치워야 한다는 뜻으로, 어떤 일이든지 하려고 생각했으면 한창 열이
올랐을 때 망설이지 말고 곧 행동으로 옮겨야 함

04
② 아랫돌 빼어 윗돌 괴기 : 임시변통으로 이리저리 돌려 맞추는 모양을 이르는 말
① 우선 먹기는 곶감이 달다 : 앞일은 생각해 보지도 아니하고 당장 좋은 것만
취하는 경우를 비유적으로 이르는 말
③ 어둔 밤에 주먹질하기다 : 상대방이 보지 않는 데서 화를 내는 것은 아무 소
용이 없다는 뜻
④ 이 없으면 잇몸으로 산다 : 없으면 없는 그대로 살아갈 수 있다는 말
⑤ 아무리 바빠도 바늘허리 매어 못 쓴다 : 아무리 바쁜 일이라도 일정한 순서를
밟아서 하여야 한다는 뜻

07 고사성어

▶ 카드 명세서를 보고 놀란 사람이 일단 다른 카드로 막아볼 생각을 하고 있군
요. 이때 쓸 수 있는 말은 '하석상대(下石上臺)'입니다. 하석상대는, 아랫돌 빼
서 윗돌 괴고 윗돌 빼서 아랫돌 괸다는 뜻으로, 임시변통으로 이리저리 둘러맞
춤을 이르는 말입니다.

7장에서는 중요한 고사성어들을 학습합니다.

가담항설(街談巷說) 거리 가 · 말씀 담 · 거리 항 · 말씀 설

길거리나 사람들 사이에 떠도는 이야기

㈜ 뜬금없는 소문을 수습하느라 바쁜 그녀는 가담항설일 뿐이라고 대답했다.

가렴주구(苛斂誅求) 가혹할 가 · 거둘 렴 · 벨 주 · 구할 구

가혹하게 세금을 거두거나 백성들의 재물을 억지로 빼앗음

㈜ 마을의 실세인 김 씨의 가렴주구로 주민들이 몹시 시달리고 있다.

가인박명(佳人薄命) 아름다울 가 · 사람 인 · 엷을 박 · 목숨 명

여자의 용모가 너무 아름다우면 명이 짧고 운명이 기박함

㈜ 가인박명이라더니 하늘이 그녀의 아름다움을 알아보고 데려갔나 보다.

[유사어] 미인박명(美人薄命)

각골난망(刻骨難忘) 새길 각 · 뼈 골 · 어려울 난 · 잊을 망

입은 은혜에 대한 고마운 마음이 뼈에까지 사무쳐 잊히지 아니함

㈜ 그동안 보살펴 주신 아저씨의 은혜는 실로 각골난망이다.

각주구검(刻舟求劍) 새길 각 · 배 주 · 구할 구 · 칼 검

(뱃전에 칼자국을 내어 표시해 두었다가 나중에 배가 움직인 것은 생각지도 않고 표시해 두었던 뱃전 부근에서 칼을 찾는다) 시대의 변천을 모르고 융통성이 없이 어리석음을 비유한 말

㈜ 융통성이 없는 낡은 방침만을 고집하는 사장은 각주구검과 다를 바 없다.

간담상조(肝膽相照) 간 간 · 쓸개 담 · 서로 상 · 비칠 조

(서로 간과 쓸개를 꺼내 보인다) 상호간에 진심을 터놓고 격의 없이 사귐

㈜ 그 친구와 간담상조하며 지내는 것은 좋지만 너무 믿어서는 안 된다.

확인문제

다음 괄호에 알맞은 성어를 고르세요.

> 가혹하게 세금을 거두거나 백성들의 재물을 억지로 빼앗음
> ㈜ 마을의 실세인 김 씨의 (   )로 주민들이 몹시 시달리고 있다.

① 각주구검(刻舟求劍)　　② 가렴주구(苛斂誅求)
③ 가담항설(街談巷說)　　④ 각골난망(刻骨難忘)

정답　②

감언이설(甘言利說) 달 감 · 말씀 언 · 이로울 이 · 말씀 설

남의 비유에 맞도록 꾸민 달콤한 말과 이로운 조건을 붙여 꾀는 말
예 장사꾼의 감언이설에 넘어가 불필요한 물건을 사고 말았다.

감탄고토(甘呑苦吐) 달 감 · 삼킬 탄 · 쓸 고 · 토할 토

(달면 삼키고 쓰면 뱉는다) 신의를 돌보지 않고 개인적 이익만을 꾀함
예 감탄고토라더니 힘들 때 도와줬건만 형편이 나아졌다고 내쫓는구나.

갑남을녀(甲男乙女) 갑옷 갑 · 사내 남 · 새 을 · 여자 녀

(갑이란 남자와 을이란 여자) 평범한 사람들
예 이 드라마는 대한민국 갑남을녀의 이야기를 유쾌하게 담고 있다.

개과천선(改過遷善) 고칠 개 · 지날 과 · 옮길 천 · 착할 선

지나간 허물을 고쳐 올바르고 착하게 됨
예 사형을 면한 그는 개과천선해서 착한 사람이 되겠다고 다짐했다.

건곤일척(乾坤一擲) 하늘 건 · 땅 곤 · 한 일 · 던질 척

주사위를 던져 승패를 건다는 뜻으로, 운명을 걸고 단판걸이로 승부를 겨룸을 이르는 말
예 그는 내일 오랜 라이벌과 건곤일척의 결전을 벌이기로 했다.

격물치지(格物致知) 격식 격 · 물건 물 · 이를 치 · 알 지

사물의 이치를 구명하여 자기의 지식을 확고히 함
예 기업인이란 한 분야에 격물치지해야만 한다.

격세지감(隔世之感) 사이 뜰 격 · 인간 세 · 갈 지 · 느낄 감

그리 오래되지 않은 동안에 변화가 심하여 아주 다른 세상이 된 것 같은 느낌
예 나는 요즘 세상이 어릴 때와는 많이 달라졌다는 격세지감을 느꼈다.

격화소양(隔靴搔癢) 사이 뜰 격 · 신 화 · 긁을 소 · 가려울 양

신을 신고 발바닥을 긁는다는 뜻으로, 성에 차지 않거나 철저하지 못한 안타까움을 이르는 말
예 사장은 회사의 부도를 막기 위해 애썼지만, 그 어떤 대책도 격화소양일 뿐이었다.

견강부회(牽强附會) 이끌 견 · 강할 강 · 붙을 부 · 모일 회

이치에 맞지 않는 말을 억지로 끌어 붙여 자기주장의 조건에 맞도록 함
예 김 씨의 발표는 자기 생각에 맞게 견강부회하는 바람에 흘려들었다.

견마지로(犬馬之勞) 개 견 · 말 마 · 갈 지 · 일할 로

개나 말 정도의 하찮은 힘이라는 뜻으로, 윗사람에게 충성을 다하는 자신의 노력을 낮추어 이르는 말
예 저를 뽑아주신다면 팀을 위해 견마지로를 다할 것입니다.

견문발검(見蚊拔劍) 볼 견 · 모기 문 · 뽑을 발 · 칼 검

(모기를 보고 칼 빼기) 사소한 일에 크게 성내어 덤빔
예 아이의 말에 고소장을 제출하는 것은 마치 견문발검을 보는 듯하다.

견물생심(見物生心) 볼 견 · 물건 물 · 날 생 · 마음 심

어떠한 실물을 보게 되면 그것을 가지고 싶은 욕심이 생김
예 견물생심이라고 바닥에 떨어진 지폐를 보니 가지고 싶어졌다.

결자해지(結者解之) 맺을 결 · 사람 자 · 풀 해 · 갈 지

(맺은 사람이 풀어야 한다) 일을 저지른 사람이 해결해야 함
예 그는 결자해지 심정으로 경찰서에 출두했다.

결초보은(結草報恩) 맺을 결 · 풀 초 · 갚을 보 · 은혜 은

(풀을 엮어서 은혜를 갚는다) 죽어서도 잊지 않고 은혜를 갚음
예 우리는 그분에게 반드시 결초보은할 것이다.

확인문제

다음 괄호에 알맞은 성어를 고르세요.

> 개나 말 정도의 하찮은 힘이라는 뜻으로, 윗사람에게 충성을 다하는 자신의 노력을 낮추어 이르는 말
> 예 저를 뽑아주신다면 팀을 위해 (   )를 다할 것입니다.

① 감탄고토(甘呑苦吐) 　② 견강부회(牽强附會)
③ 격세지감(隔世之感) 　④ 견마지로(犬馬之勞)

정답 ④

경국지색(傾國之色) 기울 경 · 나라 국 · 갈 지 · 빛 색

(임금이 혹하여 나라가 기울어져도 모를 정도의 미인) 뛰어나게 아름다운 미인
예 온 마을에 황진이가 경국지색이라는 말이 떠돌았다.

고량진미(膏粱珍味) 기름 고 · 기장 량 · 보배 진 · 맛 미

기름진 고기와 좋은 곡식으로 만든 맛있는 음식
예 고량진미도 내 입맛에 안 맞으면 그만이다.

고식지계(姑息之計) 시어머니 고 · 쉴 식 · 갈 지 · 셀 계

당장의 편안함만을 꾀하는 일시적인 방편
예 '언 발에 오줌 누기' 식인 정부의 고식지계에 대해 국민들의 비난이 들끓었다.

고장난명(孤掌難鳴) 외로울 고 · 손바닥 장 · 어려울 난 · 울 명

(외손뼉만으로는 소리가 울리지 아니한다) 혼자의 힘만으로 어떤 일을 이루기 힘듦
예 한마음으로 힘을 모은 월드컵 대표팀에게 가장 어울리는 말은 '고장난명'이
    아닐까.

곡학아세(曲學阿世) 굽을 곡 · 배울 학 · 언덕 아 · 인간 세

바른 길에서 벗어난 학문으로 세상 사람에게 아첨함
예 지금 학문의 정도가 어지러워 속설이 유행하지만 나는 결코 곡학아세하지 않
    겠다.

과유불급(過猶不及) 지날 과 · 오히려 유 · 아닐 불 · 미칠 급

정도가 지나침은 미치지 못한 것과 같음
예 과유불급이라는 말이 있으니 너무 깊이 관여하지 마라.

관포지교(管鮑之交) 대롱 관 · 절인물고기 포 · 갈 지 · 사귈 교

(관중과 포숙의 사귐) 시세(時勢)를 떠나 친구를 위하는 두터운 우정
예 김 씨는 경쟁 업체를 관포지교로 맺어 크게 도움을 받았다.
[유사어] 문경지교(刎頸之交), 금란지교(金蘭之交), 수어지교(水魚之交), 막역지우
        (莫逆之友)

괄목상대(刮目相對) 긁을 괄 · 눈 목 · 서로 상 · 대할 대

(눈을 비비고 다시 보며 상대를 대한다) 얼마 동안 못 본 사이에 상대가 깜짝 놀랄
정도의 발전을 보임
예 그는 피나는 연습의 결과 피아노 연주 실력이 괄목상대했다.

교각살우(矯角殺牛) 바로잡을 교 · 뿔 각 · 죽일 살 · 소 우

(소뿔을 바로 잡으려다 소를 죽인다) 작은 결점이나 흠을 고치려다 수단이 지나쳐 도리어 일을 그르침
㉠ 지도자는 교각살우의 우를 범하지 않도록 규제의 칼을 매우 조심스럽게 사용해야 한다.

교언영색(巧言令色) 공교할 교 · 말씀 언 · 하여금 영 · 빛 색

남의 환심을 사기 위해 아첨하는 교묘한 말과 보기 좋게 꾸미는 표정
㉠ 그 정치인이 아무리 교언영색으로 장식해도 모두 믿을 수 없다.

구밀복검(口蜜腹劍) 입 구 · 꿀 밀 · 배 복 · 칼 검

(입속에는 꿀을 담고 뱃속에는 칼을 지니다) 말로는 친한 체하지만 속으로는 은근히 해칠 생각을 품고 있음
㉠ 투자자의 말이 구밀복검일지도 모르니 한 번 더 생각해봐라.
[유사어] 면종복배(面從腹背), 표리부동(表裏不同)

구우일모(九牛一毛) 아홉 구 · 소 우 · 한 일 · 털 모

(아홉 마리의 소 가운데서 뽑은 한 개의 털) 많은 것 중에 가장 적은 것을 비유하는 말
㉠ 이번에 밝혀진 일은 단적인 예에 불과한 것이며 구우일모에 지나지 않는다.
[유사어] 창해일속(滄海一粟)

구절양장(九折羊腸) 아홉 구 · 꺾을 절 · 양 양 · 창자 장

아홉 번 꼬부라진 양의 창자라는 뜻으로, 꼬불꼬불하며 험한 산길을 이르는 말
㉠ 그 산은 길이 구절양장이라 혼자 가면 안 된다.

확인문제

다음 괄호에 알맞은 성어를 고르세요.

바른 길에서 벗어난 학문으로 세상 사람에게 아첨함
㉠ 지금 학문의 정도가 어지러워 속설이 유행하지만 나는 결코 (   )하지 않겠다.

① 곡학아세(曲學阿世)　　② 교언영색(巧言令色)
③ 고장난명(孤掌難鳴)　　④ 구밀복검(口蜜腹劍)

정답　①

군계일학(群鷄一鶴) 무리 군 · 닭 계 · 한 일 · 학 학

(닭 무리 속에 끼어있는 한 마리의 학) 평범한 사람 가운데서 뛰어난 사람
예 많은 사람 중에 있으면 군계일학같이 그의 재능은 더욱 두드러져 보인다.
[유사어] 백미(白眉), 철중쟁쟁(鐵中錚錚)

권토중래(捲土重來) 거둘 권 · 흙 토 · 무거울 중 · 올 래

(땅을 말아 일으킬 것 같은 기세로 다시 온다) 한 번 실패하였으나 힘을 회복하여
다시 쳐들어옴
예 나는 대학 입시에서 떨어지고 권토중래의 마음으로 학원에 등록했다.

근묵자흑(近墨者黑) 가까울 근 · 먹 묵 · 놈 자 · 검을 흑

(먹을 가까이 하는 사람은 검어진다) 나쁜 사람과 사귀면 그 버릇에 물들기 쉬움
예 근묵자흑이라고, 책을 멀리하는 친구는 가까이 두지 마라.

금과옥조(金科玉條) 쇠 금 · 과목 과 · 구슬 옥 · 가지 조

금이나 옥과 같이 귀중히 여기며 신봉하는 법칙이나 규정
예 선친의 유언을 금과옥조로 여기다.

금란지교(金蘭之交) 쇠 금 · 난초 란 · 갈 지 · 사귈 교

(금처럼 견고하고 난초처럼 향기로운 사귐) 다정한 친구사이의 우정
예 그 기업은 고객과 함께 금란지교를 나누는 콘셉트로 광고를 기획했다.

금의야행(錦衣夜行) 비단 금 · 옷 의 · 밤 야 · 다닐 행

(비단옷을 입고 밤에 다닌다) 아무런 보람 없는 행동
예 형의 대기업 입사 소식에 내 시험 결과는 금의야행이 되었다.

금의환향(錦衣還鄕) 비단 금 · 옷 의 · 돌아올 환 · 시골 향

비단옷을 입고 고향에 돌아온다는 뜻으로, 출세를 하여 고향에 돌아옴을 비유적
으로 이르는 말
예 금의환향한 선수들에 대한 시민들의 환호는 대단했다.

기호지세(騎虎之勢) 말 탈 기 · 범 호 · 갈 지 · 형세 세

(호랑이를 타고 달리는 형세) 이미 시작한 일은 중도에서 그만둘 수 없음
예 우리의 거사는 기호지세의 형국이니 목적을 달성할 때까지 버티자.

난형난제(難兄難弟) 어려울 난 · 형 형 · 어려울 난 · 아우 제

(누구를 형이라 하고 누구를 동생이라 할지 어렵다) 우열을 가리기가 어려움
예 결승전에서 만난 두 선수는 난형난제라 우승을 예측할 수 없다.
[유사어] 막상막하(莫上莫下), 백중지세(伯仲之勢), 호각지세(互角之勢)

남가일몽(南柯一夢) 남녘 남 · 가지 가 · 한 일 · 꿈 몽

(남쪽 가지 밑에서 꾼 꿈) 인생의 부귀영화가 한낱 꿈에 지나지 않는다는 말
예 그는 억만장자를 꿈꿨지만 실제로는 남가일몽에 지나지 않았다.
[유사어] 한단지몽(邯鄲之夢), 일장춘몽(一場春夢)

남부여대(男負女戴) 사내 남 · 질 부 · 여자 여 · 일 대

(남자는 지고 여자는 인다) 가난에 시달린 사람들이 살 곳을 찾아 떠돌아다님
예 남부여대의 피난민 행렬은 끝이 보이지 않을 정도였다.

낭중지추(囊中之錐) 주머니 낭 · 가운데 중 · 갈 지 · 송곳 추

(주머니 속의 송곳) 포부와 역량이 있는 사람은 많은 사람 중에 섞여 있을지라도 눈에 드러남
예 그녀는 아무리 숨겨도 저절로 드러나는 낭중지추의 재능으로 회사에 시너지 효과를 발휘했다.

낭중취물(囊中取物) 주머니 낭 · 가운데 중 · 가질 취 · 물건 물

주머니 속에서 물건을 꺼내듯이 아주 손쉽게 얻을 수 있음을 이르는 말
예 그에게 네잎클로버를 찾는 일은 낭중취물과 같았다.

노마지지(老馬之智) 늙을 노 · 말 마 · 갈 지 · 슬기 지

(늙은 말의 지혜) 연륜과 경험이 깊으면 나름대로의 장기나 특기가 있음
예 사장은 김 부장의 오랜 회사생활에서 터득한 노마지지를 활용하였다.

확인문제

다음 괄호에 알맞은 성어를 고르세요.

(비단옷을 입고 밤에 다닌다) 아무런 보람 없는 행동
예 형의 대기업 입사 소식에 내 시험 결과는 (   )이 되었다.

① 권토중래(捲土重來)　　② 금의환향(錦衣還鄉)
③ 금의야행(錦衣夜行)　　④ 낭중취물(囊中取物)

정답　③

노심초사(勞心焦思) 일할 노 · 마음 심 · 탈 초 · 생각 사

몹시 애를 쓰면서 속을 태움
예 동생은 거짓말이 탄로날까봐 노심초사하였다.

누란지위(累卵之危) 여러 누 · 알 란 · 갈 지 · 위태할 위 (= 누란지세 累卵之勢)

달걀을 쌓아 놓은 것과 같이 매우 위태함
예 논개는 누란지위에 처한 나라를 구하기 위해 왜장을 안고 남강에 떨어졌다.
[유사어] 백척간두(百尺竿頭), 여리박빙(如履薄氷), 풍전등화(風前燈火)

다기망양(多岐亡羊) 많을 다 · 갈림길 기 · 망할 망 · 양 양

(달아난 양을 찾는데 길이 여러 갈래로 갈려서 양을 잃었다) 학문의 길이 다방면
으로 갈려 진리를 찾기 어려움
예 다기망양한 상황에서 어떻게 대처할 것인지 관련업계의 눈이 집중되고 있다.
[유사어] 망양지탄(亡羊之歎)

당랑거철(螳螂拒轍) 사마귀 당 · 사마귀 랑 · 막을 거 · 바퀴 자국 철

제 역량을 생각하지 않고, 강한 상대나 되지 않을 일에 덤벼드는 무모한 행동거지
를 비유적으로 이르는 말
예 혼자서 산적 소굴에 뛰어든 것은 그야말로 당랑거철이었다.

대기만성(大器晩成) 큰 대 · 그릇 기 · 늦을 만 · 이룰 성

(큰 그릇은 이루어짐이 더디다) 크게 될 사람은 성공이 늦음
예 대기만성이라고 했으니 조금 더 기다리면 그는 꼭 성공할 것이다.

도청도설(道聽塗說) 길 도 · 들을 청 · 칠할 도 · 말씀 설

(길에서 듣고 길에서 말한다) 길거리에 떠돌아다니는 소문
예 나도 그 이야기를 듣긴 들었는데 도청도설을 믿을 수는 없다.
[유사어] 가담항설(街談巷說), 유언비어(流言蜚語)

동량지재(棟樑之材) 마룻대 동 · 들보 량 · 갈 지 · 재목 재

한 집이나 한 나라의 큰일을 맡을 만한 사람
예 지역인재들이 국가의 동량지재로 성장할 수 있도록 뒷받침할 계획이다.

동병상련(同病相憐) 한가지 동 · 병 병 · 서로 상 · 불쌍히 여길 련

(같은 병을 앓고 있는 사람끼리 서로 가엾게 여긴다) 어려운 처지나 비슷한 경우
에 있는 사람끼리 서로 딱하게 여겨 동정하고 도움
예 동병상련이라고, 어려운 처지를 당해 봐야 남을 생각할 줄도 안다.

동상이몽(同床異夢) 한가지 동·평상 상·다를 이·꿈 몽

같은 침상에서 서로 다른 꿈을 꾼다는 뜻으로 겉으로는 같이 행동하면서 속으로는 각기 딴 생각을 함을 이르는 말
예 그 남녀는 함께 식사하고 있지만 각자 동상이몽이라 대화가 없다.

등고자비(登高自卑) 오를 등·높을 고·스스로 자·낮을 비

(높은 곳에 이르기 위해서는 낮은 곳부터 밟아야 한다) 무슨 일이든지 순서가 있음
예 등고자비라는 말이 있듯이 수능의 성공은 확실한 기본기를 바탕으로 한 실력 쌓기에 있다.

등하불명(燈下不明) 등 등·아래 하·아닐 불·밝을 명

(등잔 밑이 어둡다) 가까이 있는 것이 오히려 알아내기가 어려움
예 등하불명이라고, 인연은 가까운 곳에 있으니 먼 데서 찾지 마라.

마부위침(磨斧爲針) 갈 마·도끼 부·할 위·바늘 침

(도끼를 갈아서 바늘을 만든다) 아무리 어려운 일이라도 참고 계속하면 언젠가는 반드시 성공함
예 마부위침의 자세로 임하면 원하는 것을 이룰 수 있을 것이다.
[유사어] 십벌지목(十伐之木), 우공이산(愚公移山)

막역지우(莫逆之友) 없을 막·거스릴 역·갈 지·벗 우

허물없이 아주 친한 친구
예 그는 나와 뜻이 맞는 유일한 막역지우였다.
[유사어] 관포지교(管鮑之交), 금란지교(金蘭之交), 단금지교(斷金之交), 문경지교(刎頸之交), 문경지우(刎頸之友), 백아절현(伯牙絕絃), 심우(心友), 지기지우(知己之友), 지란지교(芝蘭之交), 지음(知音)

확인문제

다음 괄호에 알맞은 성어를 고르세요.

제 역량을 생각하지 않고, 강한 상대나 되지 않을 일에 덤벼드는 무모한 행동거지를 비유적으로 이르는 말
예 혼자서 산적 소굴에 뛰어든 것은 그야말로 (   )이었다.

① 막역지우(莫逆之友)　　② 당랑거철(螳螂拒轍)
③ 누란지위(累卵之危)　　④ 마부위침(磨斧爲針)

정답　②

망운지정(望雲之情) 바랄 망·구름 운·갈 지·뜻 정

(구름을 바라보며 그리워한다) 타향에서 고향에 계신 부모를 생각함
예 부모님이 보고 싶다는 친구의 말에 망운지정이란 고사성어가 떠올랐다.
[유사어] 백운고비(白雲孤飛), 망운지회(望雲之懷)

맥수지탄(麥秀之歎) 보리 맥·빼어날 수·갈 지·탄식할 탄

보리만 무성하게 자란 것을 탄식함이라는 뜻으로, 고국의 멸망을 탄식함
예 그들은 맥수지탄의 아픔을 안고 다른 나라에 정착했다.

맹모삼천(孟母三遷) 맏 맹·어미 모·석 삼·옮길 천

(맹자의 어머니가 교육을 위해 세 번 이사를 하였다) 자식을 힘써 공부시킴
예 자녀의 교육을 위해 이사를 하거나 운전기사를 자처하는 부모를 현대판 맹모
삼천이라 한다.
[유사어] 맹모삼천지교(孟母三遷之敎)

면종복배(面從腹背) 낯 면·좇을 종·배 복·등 배

앞에서는 순종하는 체하고 돌아서면 딴 마음을 먹음
예 그는 국민 앞에서만 고개를 숙이니 그야말로 면종복배하는 정치인이다.

명불허전(名不虛傳) 이름 명·아닐 불·빌 허·전할 전

명성이나 명예가 헛되이 퍼진 것이 아니라는 뜻으로, 이름날 만한 까닭이 있음을
이르는 말
예 그는 성실하기로 유명했는데 같이 수업을 들어보니 명불허전이었다.

명실상부(名實相符) 이름 명·열매 실·서로 상·부호 부

이름과 실상이 서로 일치함
예 대한민국은 명실상부한 야구 강국이다.

명약관화(明若觀火) 밝을 명·같을 약·볼 관·불 화

불을 보는 것 같이 밝게 보인다는 뜻으로, 더 말할 나위 없이 명백함
예 게으른 그녀가 수업에 늦을 것은 명약관화한 일이다.

목불인견(目不忍見) 눈 목·아닐 불·참을 인·볼 견

차마 눈 뜨고 볼 수 없는 참상이나 꼴불견
예 흩어진 책과 필기구들이 온통 목불인견의 난장판을 이루고 있었다.

무릉도원(武陵桃源) 호반 무 · 언덕 릉 · 복숭아 나무 도 · 근원 원

속세와 따로 떨어진 별천지, 이상향
예 밖은 무더위로 난리인데 시원한 곳에 있으니 무릉도원이 따로 없다.

무불통지(無不通知) 없을 무 · 아닐 불 · 통할 통 · 알 지

무슨 일이든 모르는 것이 없음
예 그는 무불통지해서 1호선 지하철역의 막차 시간을 모두 알고 있다.

무소불위(無所不爲) 없을 무 · 바 소 · 아닐 불 · 할 위

무슨 일이든 하지 못할 것이 없음
예 그는 절대 왕정의 군주처럼 무소불위한 권력을 휘둘렀다.

무위도식(無爲徒食) 없을 무 · 할 위 · 무리 도 · 밥 식

아무 하는 일 없이 먹기만 함
예 그는 직장을 그만두고 무위도식하며 세월을 보냈다.

문경지교(刎頸之交) 목 벨 문 · 목 경 · 갈 지 · 사귈 교

서로를 위해서라면 목이 잘린다 해도 후회하지 않을 정도의 사이라는 뜻으로, 생사를 같이할 수 있는 벗
예 이번 시합을 계기로 그 친구와 나는 라이벌에서 문경지교 사이로 발전했다.
[유사어] 관포지교(管鮑之交), 금란지계(金蘭之契), 단금지계(斷金之契), 지란지교
(芝蘭之交)

문전성시(門前成市) 문 문 · 앞 전 · 이룰 성 · 저자 시

찾아오는 사람이 많아 문 앞에 시장을 이룸
예 연예인이 왔다는 소문이 마을에 퍼져 사람들로 문전성시를 이루었다.
[유사어] 문전여시(門前如市), 문정여시(門庭如市), 문정약시(門庭若市)

확인문제

다음 괄호에 알맞은 성어를 고르세요.

보리만 무성하게 자란 것을 탄식함이라는 뜻으로, 고국의 멸망을 탄식함
예 그들은 (   )의 아픔을 안고 다른 나라에 정착했다.

① 맥수지탄(麥秀之歎)   ② 면종복배(面從腹背)
③ 무릉도원(武陵桃源)   ④ 무불통지(無不通知)

정답 ①

미봉책(彌縫策) 미륵 미 · 꿰맬 봉 · 꾀 책

눈가림만 하는 일시적인 계책

예 언론에서는 정부의 정책이 미봉책에 머물고 있을 뿐 근본적인 해결책은 될 수 없다고 지적했다.

[유사어] 동족방뇨(凍足放尿), 고식지계(姑息之計), 하석상대(下石上臺), 임시변통(臨時變通), 임시방편(臨時方便)

박장대소(拍掌大笑) 칠 박 · 손바닥 장 · 큰 대 · 웃을 소

손바닥을 치면서 크게 웃음

예 사회자의 재치 있는 말에 방청석에서 박장대소가 터졌다.

반포지효(反哺之孝) 돌이킬 반 · 먹일 포 · 갈 지 · 효도 효

(까마귀 새끼가 자라서 어미에게 먹이를 물어다 주는 효) 자식이 부모를 봉양하는 효성

예 부모를 반포지효로 모시는 것은 자식의 마땅한 도리라고 생각한다.

발본색원(拔本塞源) 뽑을 발 · 근본 본 · 막힐 색 · 근원 원

일을 올바로 처리하기 위하여 폐단의 근원을 아주 뽑아 없애 버림

예 선거의 부정부패를 발본색원하다.

방약무인(傍若無人) 곁 방 · 같을 약 · 없을 무 · 사람 인

곁에 사람이 없는 것처럼 아무 거리낌 없이 함부로 말하고 행동하는 태도

예 그는 술에 취해 방약무인하게 떠들어 댔다.

[유사어] 안하무인(眼下無人), 오만무례(傲慢無禮)

백년하청(百年河淸) 일백 백 · 해 년 · 물 하 · 맑을 청

(백 년을 기다린다 해도 황하의 흐린 물은 맑아지지 않는다) 아무리 오래 기다려도 어떤 일이 이루어지기 어려움

예 친구의 잘못된 점을 아무리 지적해봤자 백년하청이기 때문에 관두기로 했다.

백년해로(百年偕老) 일백 백 · 해 년 · 함께 해 · 늙을 로

부부가 화합하여 함께 늙도록 살아감

예 결국 그와 백년해로하기로 결심했다.

백면서생(白面書生) 흰 백 · 낯 면 · 글 서 · 날 생

(희고 고운 얼굴에 글만 읽는 사람) 글만 읽고 세상일에 경험이 없는 사람

예 대한은행은 백면서생보다 대인 관계도 좋고 업무 능력도 뛰어난 인재를 선발하겠다고 밝혔다.

백척간두(百尺竿頭) 일백 백 · 자 척 · 낚싯대 간 · 머리 두

(백 자나 되는 높은 장대 위에 올라섰다) 몹시 위태롭고 어려운 지경
예 지금은 회사의 운명이 백척간두에 선 시기라는 것을 잊지 마라.

본말전도(本末顚倒) 근본 본 · 끝 말 · 엎드러질 전 · 넘어질 도

일의 처음과 나중이 뒤바뀜. 일의 근본 줄기는 잊고 사소한 부분에만 사로잡힘
예 국민을 위해 헌신하는 사람들에게 국가의 법으로 벌을 내리는 것은 본말전도
　라 할 수 있다.
[유사어] 주객전도(主客顚倒)

부중생어(釜中生魚) 가마 부 · 가운데 중 · 날 생 · 물고기 어

솥 안에 물고기가 생긴다는 뜻으로, 매우 가난하여 오랫동안 밥을 짓지 못함
예 며칠째 텅 빈 쌀독을 보고 있자니 부중생어라는 말이 떠올랐다.

부중지어(釜中之魚) 가마 부 · 가운데 중 · 갈 지 · 물고기 어

솥 속의 물고기라는 뜻으로, 생명에 위험이 닥쳤음을 비유해 이르는 말
예 적을 피해 숨어 사는 것은 부중지어와 같아 결코 오래 가지 못할 것이다.

부창부수(夫唱婦隨) 지아비 부 · 부를 창 · 며느리 부 · 따를 수

남편이 주장하고 아내가 이에 잘 따름. 또는 부부 사이의 그런 도리
예 그 연예인 부부의 선행은 진정한 부창부수의 의미를 보여주는 것이다.

부화뇌동(附和雷同) 붙을 부 · 화할 화 · 우레 뇌 · 한가지 동

제 주견이 없이 남이 하는 대로 그대로 좇아 따르거나 같이 행동함
예 남이 무어라 하든 쉽사리 부화뇌동하지 마라.

확인문제

다음 괄호에 알맞은 성어를 고르세요.

　눈가림만 하는 일시적인 계책
　예 언론에서는 정부의 정책이 (　　　　　)에 머물고 있을 뿐 근본적인 해결책은 될
　수 없다고 지적했다.

① 부중생어(釜中生魚)　　② 미봉책(彌縫策)
③ 부창부수(夫唱婦隨)　　④ 백척간두(百尺竿頭)

정답　②

분골쇄신(粉骨碎身) 가루 분 · 뼈 골 · 부술 쇄 · 몸 신

뼈를 가루로 만들고 몸을 부순다는 뜻으로, 정성으로 노력함을 이르는 말
예 민족의 독립을 위해 분골쇄신하여 싸우다.

불구대천(不俱戴天) 아닐 불 · 함께 구 · 일 대 · 하늘 천

(함께 하늘을 이지 못한다) 이 세상에서 같이 살 수 없을 만큼 큰 원한을 가짐
예 그는 우리나라에서는 불구대천의 원수지만 자기 나라에서는 일등공신이다.
[유사어] 대천지수(戴天之讎), 불공대천(不共戴天)

불문곡직(不問曲直) 아닐 불 · 물을 문 · 굽을 곡 · 곧을 직

굽음과 곧음을 묻지 않는다는 뜻으로, 옳고 그름을 따지지 아니함
예 죄 없는 그들을 불문곡직 잡아다가 어쩌겠다는 거요?

불철주야(不撤晝夜) 아닐 불 · 거둘 철 · 낮 주 · 밤 야

어떤 일에 몰두하여 조금도 쉴 사이 없이 밤낮을 가리지 아니함
예 그는 대학에 가기 위해 불철주야 학업에 정진했다.

불치하문(不恥下問) 아닐 불 · 부끄러울 치 · 아래 하 · 물을 문

지위나 학식이 자기보다 못한 사람에게 모르는 것을 묻는 일을 꺼리지 않음
예 나는 모르는 것이 있을 때에는 불치하문할 줄 아는 사람이다.

비분강개(悲憤慷慨) 슬플 비 · 분할 분 · 슬플 강 · 슬퍼할 개

슬프고 분하여 마음이 복받침
예 그녀는 결국 비분강개를 터뜨렸다.

비육지탄(髀肉之嘆) 넓적다리 비 · 고기 육 · 갈 지 · 탄식할 탄

재능을 발휘할 때를 얻지 못하여 헛되이 세월만 보내는 것을 한탄함을 이르는 말
예 팔을 다친 후로는 운동도 못하고 비육지탄의 나날을 보내고 있다.

빙탄지간(氷炭之間) 얼음 빙 · 숯 탄 · 갈 지 · 사이 간

얼음과 숯과 같이 서로 화합할 수 없는 사이
예 진정 노사는 함께 할 수 없는 빙탄지간인가.
[유사어] 견원지간(犬猿之間), 불공대천(不共戴天), 불구대천(不俱戴天), 대천지수(戴天之讎)

사고무친(四顧無親) 넉 사 · 돌아볼 고 · 없을 무 · 친할 친

(사방을 돌아보아도 친지가 없다) 의지할 곳 없는 외로운 처지
예 사고무친의 타향에서 또 한 해를 보냈다.
[유사어] 고립무원(孤立無援), 고성낙일(孤城落日)

사면초가(四面楚歌) 넉 사 · 낯 면 · 초나라 초 · 노래 가

(사면에서 들려오는 초나라의 노래) 사방 빈틈없이 적에게 포위된 상태
예 사면초가에 몰린 내 처지가 서럽다.

사상누각(砂上樓閣) 모래 사 · 윗 상 · 다락 누 · 집 각

(모래 위의 누각) 어떤 일의 기초가 튼튼하지 못하여 오래 견디지 못함
예 그들의 영광이 사상누각이 되지 않도록 다방면에 힘써야 한다.

사필귀정(事必歸正) 일 사 · 반드시 필 · 돌아갈 귀 · 바를 정

무슨 일이든지 결국은 옳은 데로 돌아감
예 사필귀정이라고 했으니 곧 그의 결백함이 밝혀질 것이다.

살신성인(殺身成仁) 죽일 살 · 몸 신 · 이룰 성 · 어질 인

자신을 희생하여 인(仁)을 이룸
예 살신성인하는 자세로 모든 일에 임하자.
[유사어] 사생취의(捨生取義)

삼고초려(三顧草廬) 석 삼 · 돌아볼 고 · 풀 초 · 농막집 려

(초가집을 세 번 찾아가다) 사람을 맞이함에 있어 진심으로 예를 다함
예 국회는 삼고초려 끝에 어제 김 의원을 만났다.
[유사어] 초려삼고(草廬三顧), 삼고지례(三顧之禮), 삼고지우(三顧知遇)

확인문제

다음 괄호에 알맞은 성어를 고르세요.

(함께 하늘을 이지 못함) 이 세상에서 같이 살 수 없을 만큼 큰 원한을 가짐
예 그는 우리나라에서는 (   )의 원수지만 자기 나라에서는 일등공신이다.

① 살신성인(殺身成仁)　　② 불치하문(不恥下問)
③ 불구대천(不俱戴天)　　④ 사필귀정(事必歸正)

정답　③

삼인성호(三人成虎) 석 삼 · 사람 인 · 이룰 성 · 범 호

(세 사람이면 없던 호랑이도 만든다) 거짓말이라도 여러 사람이 말하게 되면 곧이
듣게 됨
예 삼인성호라더니, 결국 그 말을 믿었다.

상전벽해(桑田碧海) 뽕나무 상 · 밭 전 · 푸를 벽 · 바다 해

(뽕나무밭이 변하여 바다가 된다) 세상일의 변천이 심하여 사물이 바뀜
예 고향은 상전벽해라는 비유가 어울릴 만큼 크게 변했다.
[유사어] 벽해상전(碧海桑田), 창상지변(滄桑之變)

새옹지마(塞翁之馬) 변방 새 · 늙은이 옹 · 갈 지 · 말 마

인생의 길흉화복(吉凶禍福)은 변화무쌍하여 예측할 수가 없음
예 인간 만사 새옹지마라더니 평생 부자일 것 같던 사람이 거지가 되었구나.
[유사어] 전화위복(轉禍爲福)

선남선녀(善男善女) 착할 선 · 사내 남 · 착할 선 · 여자 녀

특별함이 없는 보통 사람
예 크리스마스이브에 카페는 선남선녀들로 가득 찼다.
[유사어] 갑남을녀(甲男乙女), 장삼이사(張三李四), 필부필부(匹夫匹婦)

선우후락(先憂後樂) 먼저 선 · 근심 우 · 뒤 후 · 즐길 락

근심할 일은 남보다 먼저 근심하고 즐길 일은 남보다 나중에 즐긴다는 뜻으로, 지
사(志士)나 어진 사람의 마음씨를 일컫는 말
예 그는 선우후락의 자세로 최선을 다해 일했다.

설상가상(雪上加霜) 눈 설 · 윗 상 · 더할 가 · 서리 상

(눈 위에 또 서리가 덮인다) 불행이 엎친 데 덮친 격으로 거듭 생김
예 지금 가도 지각인데 설상가상으로 길까지 막혔다.

세한삼우(歲寒三友) 해 세 · 찰 한 · 석 삼 · 벗 우

(추운 겨울의 세 벗) 추위에 강한 소나무, 대나무, 매화나무
예 고난을 딛고 우승한 세 선수는 한국 수영의 세한삼우라고 할 만하다.

소탐대실(小貪大失) 작을 소 · 탐낼 탐 · 큰 대 · 잃을 실

작은 것을 탐하다가 오히려 더 큰 것을 잃음
예 대기업은 소탐대실의 우를 범하지 않도록 조심해야 한다.

속수무책(束手無策) 묶을 속 · 손 수 · 없을 무 · 꾀 책

손을 묶은 것처럼 어쩔 도리가 없어 꼼짝 못함
예 범인이 도망가는 것을 속수무책으로 바라보고만 있었다.

수구초심(首邱初心) 머리 수 · 언덕 구 · 처음 초 · 마음 심

(여우는 죽을 때 머리를 자기가 살던 굴로 향한다) 고향을 그리워하는 마음
예 수구초심이란 말이 있듯이 고향으로 돌아가고 싶은 것은 당연하다.

수불석권(手不釋卷) 손 수 · 아닐 불 · 풀 석 · 책 권

(손에서 책을 놓지 않는다) 늘 책을 가까이하여 학문을 열심히 함
예 그는 새로 나온 책을 수불석권하고 탐독하였다.

수서양단(首鼠兩端) 머리 수 · 쥐 서 · 두 양 · 끝 단

(구멍에서 머리만 내밀고 좌우를 살피는 쥐) 진퇴와 거취를 정하지 못하고 망설이는 상태
예 그 국회의원은 여론의 눈치를 살피며 수서양단의 행보를 보여주었다는 혹평을 받았다.

수수방관(袖手傍觀) 소매 수 · 손 수 · 곁 방 · 볼 관

(팔짱을 끼고 보고만 있다) 어떤 일을 당하여 옆에서 보고만 있음
예 우리 부서는 지금까지 수수방관만 일삼아 왔다.
[유사어] 오불관언(吾不關焉)

수어지교(水魚之交) 물 수 · 물고기 어 · 갈 지 · 사귈 교

(물과 물고기의 사귐) 아주 친밀하여 떨어질 수 없는 사이
예 대통령과 정치인 모두는 수어지교의 관계이다.

확인문제

다음 괄호에 알맞은 성어를 고르세요.

(여우는 죽을 때 머리를 자기가 살던 굴로 향한다) 고향을 그리워하는 마음
예 (   )이란 말이 있듯이 고향으로 돌아가고 싶은 것은 당연하다.

① 수구초심(首邱初心)　　② 상전벽해(桑田碧海)
③ 세한삼우(歲寒三友)　　④ 수서양단(首鼠兩端)

정답　①

숙맥불변(菽麥不辨) 콩 숙 · 보리 맥 · 아닐 불 · 불변할 변

(콩인지 보리인지 분간하지 못하다) 매우 어리석은 사람
예 숙맥불변이라더니 아직도 모르겠니?

순망치한(脣亡齒寒) 입술 순 · 망할 망 · 이 치 · 찰 한

(입술이 없으면 이가 시리다) 서로 이해관계가 밀접한 사이에 어느 한쪽이 망하면 다른 한쪽도 그 영향을 받아 온전하기 어려움
예 외교 관계를 맺은 나라가 침범을 당하니 순망치한이 될까 염려스럽다.
[유사어] 거지양륜(車之兩輪), 조지양익(鳥之兩翼)

시시비비(是是非非) 옳을 시 · 옳을 시 · 아닐 비 · 아닐 비

옳고 그름을 따지며 다툼
예 판정의 시시비비를 가리다.

시위소찬(尸位素餐) 주검 시 · 자리 위 · 본디 소 · 밥 찬

재덕이나 공적도 없이 높은 자리에 앉아 녹만 받는다는 뜻으로, 자기 직책을 다하지 않음을 이르는 말
예 그녀는 시위소찬하는 정치인들을 맹렬하게 비판했다.

시종여일(始終如一) 비로소 시 · 마칠 종 · 같을 여 · 한 일

처음이나 나중이 한결같아서 변함이 없음
예 그는 시종여일하게 그녀에게 마음을 전했다.

식자우환(識字憂患) 알 식 · 글자 자 · 근심 우 · 근심 환

학식이 있는 것이 오히려 근심을 사게 됨
예 식자우환이라더니 주식에 대해 좀 안다고 덤볐다가 기본 자금까지 모두 잃고 말았다.

심기일전(心機一轉) 마음 심 · 틀 기 · 한 일 · 구를 전

어떠한 동기에 의하여 이제까지 먹었던 마음을 바꿈
예 심기일전하여 다시 공부했더니 좋은 대학에 합격했다.

십벌지목(十伐之木) 열 십 · 칠 벌 · 갈 지 · 나무 목

(열 번 찍어 안 넘어 가는 나무가 없다) 아무리 마음이 굳은 사람이라도 여러 번 치근거리면 마음이 움직이게 됨
예 십벌지목이라더니, 결국 그녀의 마음을 얻었다.

십시일반(十匙一飯) 열 십·숟가락 시·한 일·밥 반

(밥 열 술이 한 그릇이 된다) 여러 사람이 한 사람을 돕기는 쉬움
예 서로가 십시일반으로 조금씩 보태자.

아비규환(阿鼻叫喚) 언덕 아·코 비·부르짖을 규·부를 환

여러 사람이 비참한 지경에 빠져 울부짖는 참상
예 시위 현장은 그야말로 아비규환이었다.

아전인수(我田引水) 나 아·밭 전·끌 인·물 수

(제논에 물대기) 자기 좋을 대로 이기적인 행동을 함
예 서로들 아전인수 격으로 일을 해결하려 했다.
[상대어] 역지사지(易地思之)

안분지족(安分知足) 편안 안·나눌 분·알 지·발 족

편한 마음으로 제 분수를 지키며 만족을 앎
예 그는 안분지족의 삶을 건강의 비법으로 꼽았다.

안빈낙도(安貧樂道) 편안 안·가난할 빈·즐길 낙·길 도

가난한 중에도 편안한 마음으로 도를 즐김
예 그는 고향에서 안빈낙도하며 살고 있다.

안하무인(眼下無人) 눈 안·아래 하·없을 무·사람 인

(눈 아래 사람 없다) 교만하여 사람을 업신여김
예 그녀는 돈을 좀 벌더니 안하무인이 되었다.

확인문제

다음 괄호에 알맞은 성어를 고르세요.

> 재덕이나 공적도 없이 높은 자리에 앉아 녹만 받는다는 뜻으로, 자기 직책을 다하지
> 않음을 이르는 말
> 예 그녀는 (   )하는 정치인들을 맹렬하게 비판했다.

① 숙맥불변(菽麥不辨)　　② 시위소찬(尸位素餐)
③ 안분지족(安分知足)　　④ 안하무인(眼下無人)

정답　②

애이불비(哀而不悲) 슬플 애 · 말 이을 이 · 아닐 불 · 슬플 비

속으로는 슬퍼하지만 겉으로는 슬픔을 나타내지 아니함

예 그의 시에서는 애이불비의 마음이 묻어난다.

양두구육(羊頭狗肉) 양 양 · 머리 두 · 개 구 · 고기 육

(양의 머리를 걸어 놓고 개의 고기를 판다) 겉은 그럴 듯하고 보기 좋으나 속은 허술함

예 공정하게 평가하겠다고 해놓고 뒤에서는 딴 짓을 한다면 이는 양두구육이다.

[유사어] 구밀복검(口蜜腹劍), 표리부동(表裏不同)

어부지리(漁父之利) 고기 잡을 어 · 지아비 부 · 갈 지 · 이로울 리

둘이 다투는 사이에 제삼자가 이득을 봄

예 이번 선거에서 기호 3번이 어부지리로 당선되었다.

[유사어] 견토지쟁(犬兎之爭)

어불성설(語不成說) 말씀 어 · 아닐 불 · 이룰 성 · 말씀 설

말이 이치에 맞지 않음. 어처구니없는 말

예 부모와 자식이 원수 사이가 된다는 것은 어불성설이다.

언어도단(言語道斷) 말씀 언 · 말씀 어 · 길 도 · 끊을 단

(말할 길이 끊어지다) 어이가 없어 이루 말로 나타낼 수 없음

예 쌀을 살 돈이 없어서 밥을 사먹는다는 것은 언어도단이었다.

[유사어] 황당무계(荒唐無稽)

언중유골(言中有骨) 말씀 언 · 가운데 중 · 있을 유 · 뼈 골

예사로운 말 속에 뼈 같은 속뜻이 있음

예 언중유골이라고, 그가 하는 말에는 항상 만만치 않은 뜻이 들어 있다.

여리박빙(如履薄氷) 같을 여 · 밟을 리 · 엷을 박 · 얼음 빙

(살얼음을 밟는 것과 같다) 아슬아슬하고 위험한 일

예 올 한 해를 네 글자로 정리한다면 '여리박빙'이 되겠다.

역지사지(易地思之) 바꿀 역 · 땅 지 · 생각 사 · 갈 지

서로 처지를 바꾸어 생각함

예 역지사지로 생각해 보면 날 이해할 수 있을 것이다.

연목구어(緣木求魚) 인연 연 · 나무 목 · 구할 구 · 물고기 어

(나무에 올라 물고기를 구한다) 도저히 불가능한 일을 하려 함
예 청년 실업자가 늘고 있는 상황에서 청년들의 심리가 개선되어야 한다는 것은 연목구어나 마찬가지다.

오리무중(五里霧中) 다섯 오 · 마을 리 · 안개 무 · 가운데 중

(오 리나 되는 짙은 안개 속에 있음) 사물의 행방이나 사태의 추이를 알 길이 없음
예 연쇄 살인범의 행방이 오리무중이다.

오매불망(寤寐不忘) 잠 깰 오 · 잘 매 · 아닐 불 · 잊을 망

자나 깨나 밤낮으로 잊지 못함
예 오매불망 그리워하던 그녀를 만났다.
[유사어] 전전반측(輾轉反側)

오불관언(吾不關焉) 나 오 · 아닐 불 · 관계할 관 · 어찌 언

나는 그 일에 상관하지 아니함
예 그는 정치에 있어 오불관언의 태도를 취했다.

오비이락(烏飛梨落) 까마귀 오 · 날 비 · 배나무 이 · 떨어질 락

(까마귀 날자 배 떨어진다) 아무 관계도 없이 한 일이 공교롭게도 동시에 일어나 다른 일과 관련이 있는 것처럼 혐의를 받게 됨
예 오비이락이라고, 돈이 없어진 게 하필 내가 들어온 이후라고 한다.

확인문제

다음 괄호에 알맞은 성어를 고르세요.

> 겉은 그럴 듯하고 보기 좋으나 속은 허술함
> 예 공정하게 평가하겠다고 해놓고 뒤에서는 딴 짓을 한다면 이는 (　　　)이다.

① 오불관언(吾不關焉)　　② 오리무중(五里霧中)
③ 언어도단(言語道斷)　　④ 양두구육(羊頭狗肉)

정답　④

오월동주(吳越同舟) 나라이름 오 · 넘을 월 · 한가지 동 · 배 주

(오나라 사람과 월나라 사람이 한 배에 타고 있음) 어려운 상황에서는 원수라도
협력하게 됨. 뜻이 전혀 다른 사람들이 한자리에 있게 됨
예 전혀 다른 목표 아래 같은 배를 탄 너희를 두고 '오월동주'라고 말한다.
[유사어] 동주상구(同舟相救), 동주제강(同舟濟江)

오합지중(烏合之衆) 까마귀 오 · 합할 합 · 갈 지 · 무리 중

(까마귀가 모인 것처럼 질서 없이 모인 병졸) 규율이 없고 무질서한 병졸 또는 군중
예 상대는 인원수만 많았지 질서가 없는 오합지중에 불과했다.
[유사어] 오합지졸(烏合之卒)

옥석혼효(玉石混淆) 구슬 옥 · 돌 석 · 섞을 혼 · 뒤섞일 효

옥과 돌이 한데 섞여 있다는 뜻으로, 좋은 것과 나쁜 것이 한데 섞여 있음
예 전문가들은 내년 증시를 나타내는 사자성어로 옥석혼효를 꼽았다.

온고지신(溫故知新) 따뜻할 온 · 연고 고 · 알 지 · 새 신

(옛 것을 익혀서 새것을 안다) 옛 것을 익힘으로써 그것을 통하여 새로운 지식과
도리를 발견하게 됨
예 서로 도우며 감사할 줄 아는 품앗이는 오늘날 우리에게 온고지신의 지혜를 준다.

와신상담(臥薪嘗膽) 누울 와 · 섶 신 · 맛볼 상 · 쓸개 담

(섶 위에서 잠을 자고 쓸개를 핥는다) 목적을 달성하기 위해 온갖 고난을 참고 견딤
예 와신상담하여 꼭 금메달을 따겠다.
[유사어] 절치부심(切齒腐心)

외유내강(外柔內剛) 바깥 외 · 부드러울 유 · 안 내 · 굳셀 강

겉으로 보기에는 부드럽고 순하나 속은 꿋꿋하고 강함
예 외유내강을 지닌 군자의 자세를 보였다.

욕속부달(欲速不達) 하고자 할 욕 · 빠를 속 · 아닐 부 · 통달할 달

빨리 하고자 하면 도달하지 못함
예 욕속부달이라고 하니 서둘지 말고 천천히 해라.

용두사미(龍頭蛇尾) 용 용 · 머리 두 · 긴 뱀 사 · 꼬리 미

(용의 머리에 뱀의 꼬리) 처음은 왕성하나 끝이 부진함
예 거창한 개혁으로 보이나 모두 용두사미에 그치고 말았다.

우공이산(愚公移山) 어리석을 우 · 공평할 공 · 옮길 이 · 뫼 산

우공이 산을 옮긴다는 뜻으로, 어떤 일이든 끊임없이 노력하면 반드시 이루어짐을 이르는 말

㈜ 우공이산이라는 말처럼 포기하지 않으면 합격할 수 있을 것이다.

[유사어] 마부작침(磨斧作針), 적토성산(積土成山)

우후죽순(雨後竹筍) 비 우 · 뒤 후 · 대 죽 · 죽순 순

(비온 뒤 죽순이 자라다) 어떤 일이 일시에 많이 일어남

㈜ 우후죽순으로 생겨나다.

월태화용(月態花容) 달 월 · 모습 태 · 꽃 화 · 얼굴 용

(달 같은 자태와 꽃 같은 얼굴) 미인을 비유

㈜ 그녀에게는 '월태화용'이라는 말이 아깝지 않다.

[유사어] 절세가인(絕世佳人)

위편삼절(韋編三絕) 가죽 위 · 엮을 편 · 석 삼 · 끊을 절

(책을 엮은 가죽 끈이 세 번 끊어지다) 책을 열심히 읽음

㈜ 위편삼절을 교훈으로 삼아 올 가을에는 책을 읽겠다.

유명무실(有名無實) 있을 유 · 이름 명 · 없을 무 · 열매 실

(이름만 있고 실상은 없다) 평판과 실제가 같지 않음

㈜ 모두 유명무실할 뿐 단합된 힘을 갖춘 조직은 하나도 없다.

확인문제

다음 괄호에 알맞은 성어를 고르세요.

어려운 상황에서는 원수라도 협력하게 됨. 뜻이 전혀 다른 사람들이 한자리에 있게 됨
㈜ 전혀 다른 목표 아래 같은 배를 탄 너희를 두고 '(   )'(이)라고 말한다.

① 오월동주(吳越同舟) ② 오합지중(烏合之衆)
③ 우공이산(愚公移山) ④ 우후죽순(雨後竹筍)

정답 ①

유비무환(有備無患) 있을 유 · 갖출 비 · 없을 무 · 근심 환

미리 준비가 되어 있으면 근심할 것이 없음

예 시험 출제위원은 수험자들에게 유비무환의 자세를 당부했다.

유아독존(唯我獨尊) 오직 유 · 나 아 · 홀로 독 · 높을 존

세상에서 자기 혼자 잘났다고 뽐내는 태도

예 유아독존의 마음은 품지 마라.

유유상종(類類相從) 무리 유 · 무리 유 · 서로 상 · 좇을 종

사물은 같은 무리끼리 따르고, 사람도 같은 사람끼리 서로 모임

예 유유상종으로 그의 친구들도 미남이 많았다.

유유자적(悠悠自適) 멀 유 · 멀 유 · 스스로 자 · 맞을 적

속세를 떠나 아무 것에도 속박되지 않고 조용하고 편안히 생활함

예 아버지는 퇴직 후 고향에 내려가서 유유자적의 생애를 보내셨다.

유취만년(遺臭萬年) 남길 유 · 냄새 취 · 일만 만 · 해 년

더러운 이름을 후세에 오래도록 남김

예 을사오적은 나라를 팔아넘기고 유취만년하였다.

음풍농월(吟風弄月) 읊을 음 · 바람 풍 · 희롱할 농 · 달 월

맑은 바람과 밝은 달을 대상으로 시를 짓고 흥취를 자아내어 즐겁게 놂

예 술을 마시며 음풍농월하던 시절은 다 지나갔다.

이란격석(以卵擊石) 써 이 · 알 란 · 칠 격 · 돌 석

계란으로 돌을 치듯, 약한 것으로 강한 것을 당해 내려는 일의 비유

예 소년은 누나를 지키기 위해 빚쟁이에게 달려들었으나 이란격석일 뿐이었다.

[유사어] 홍로점설(紅爐點雪), 한강투석(漢江投石), 이란투석(以卵投石)

이심전심(以心傳心) 써 이 · 마음 심 · 전할 전 · 마음 심

마음과 마음으로 서로 뜻이 통함

예 그녀와는 이심전심으로 잘 맞는 친구다.

[유사어] 염화미소(拈華微笑), 교외별전(敎外別傳)

이열치열(以熱治熱) 써 이 · 더울 열 · 다스릴 치 · 더울 열

(열로써 열을 다스림) 어떤 힘을 동일한 힘을 이용하여 다스림
예 이열치열이라고 날씨도 더운데 한증막에나 가서 땀 한번 푹 내고 올까?
[유사어] 이이제이(以夷制夷)

이전투구(泥田鬪狗) 진흙 이 · 밭 전 · 싸울 투 · 개 구

(진흙탕에서 싸우는 개) 명분이 서지 않는 일로 몰골사납게 싸움
예 본 회의에서는 비신사적인 이전투구 양상이 일어났다.

인과응보(因果應報) 인할 인 · 실과 과 · 응할 응 · 갚을 보

좋은 일에는 좋은 결과가, 나쁜 일에는 나쁜 결과가 따름
예 그의 몰락은 인과응보요, 자업자득이다.

인면수심(人面獸心) 사람 인 · 낯 면 · 짐승 수 · 마음 심

(사람의 얼굴을 하고 있으나 마음은 짐승과 다름이 없다) 남의 은혜를 모르거나
행동이 흉악하고 의리와 인정을 모르는 사람
예 아동을 성폭행한 범인은 인면수심의 악마다.

인지상정(人之常情) 사람 인 · 갈 지 · 항상 상 · 뜻 정

사람이면 누구나 가지는 보통의 감정
예 예쁜 여자에게 마음이 가는 것이 인지상정 아니겠는가.

일거양득(一擧兩得) 한 일 · 들 거 · 두 양 · 얻을 득

한 가지 일을 하여 두 가지 이익을 거둠
예 시험도 보고 돈도 받으니 일거양득이다.
[유사어] 일석이조(一石二鳥), 일거양획(一擧兩獲), 일전쌍조(一箭雙鳥)

확인문제

다음 괄호에 알맞은 성어를 고르세요.

> 사물은 같은 무리끼리 따르고, 사람도 같은 사람끼리 서로 모임
> 예 (   )으로 그의 친구들도 미남이 많았다.

① 유유상종(類類相從) ② 이심전심(以心傳心)
③ 인면수심(人面獸心) ④ 일거양득(一擧兩得)

정답 ①

일어탁수(一魚濁水) 한 일 · 물고기 어 · 흐릴 탁 · 물 수

(물고기 한 마리가 큰 물을 흐리다) 한 사람의 악행으로 여러 사람이 피해를 받음
예 '일어탁수'라고 김 씨의 행동으로 회사 전체가 피해를 봤다.

일이관지(一以貫之) 한 일 · 써 이 · 꿸 관 · 갈 지

(하나로써 그것을 꿰뚫었다) 처음부터 끝까지 변(變)하지 않음. 막힘없이 끝까지
밀고 나감
예 일이관지의 태도를 견지하다.

일촉즉발(一觸卽發) 한 일 · 닿을 촉 · 곧 즉 · 필 발

조금만 닿아도 곧 폭발할 것 같이 몹시 위급한 상황
예 일촉즉발의 상황이다.

일취월장(日就月將) 날 일 · 나아갈 취 · 달 월 · 장수 장

(날로 나아가고 달로 나아가다) 날로 달로 끊임없이 진보하고 발전함
예 국어 실력이 일취월장하다.

일필휘지(一筆揮之) 한 일 · 붓 필 · 휘두를 휘 · 갈 지

글씨를 단숨에 힘차고 시원하게 써내려감
예 그는 일필휘지로 시를 써 내려갔다.

임기응변(臨機應變) 임할 임 · 틀 기 · 응할 응 · 변할 변

그때그때 일의 형편에 따라서 변통성 있게 적당히 대처함
예 임기응변으로 위기를 넘겼다.

임전무퇴(臨戰無退) 임할 임 · 싸움 전 · 없을 무 · 물러날 퇴

화랑(花郞)의 세속오계(世俗五戒)의 하나. 싸움에 임하여 물러섬이 없음
예 그는 전쟁터에서 임전무퇴의 정신으로 싸웠다.

입신양명(立身揚名) 설 입 · 몸 신 · 날릴 양 · 이름 명

출세하여 세상에 널리 이름을 드날림
예 입신양명하여 후세에 이름을 떨치겠다.

자가당착(自家撞着) 스스로 자 · 집 가 · 칠 당 · 붙을 착

자기의 말이나 행동이 앞뒤가 서로 맞지 아니하고 모순됨
예 이 글은 자신의 주장을 스스로 부인하는 자가당착에 빠졌다.
[유사어] 모순(矛盾), 이율배반(二律背反)

자격지심(自激之心) 스스로 자 · 격할 격 · 갈 지 · 마음 심

자신이 한 일에 대해 스스로 미흡하게 여기는 마음
예 그는 자격지심 때문에 내 조언을 받아들이지 않았다.

자괴지심(自愧之心) 스스로 자 · 부끄러울 괴 · 갈 지 · 마음 심

스스로 부끄럽게 여기는 마음
예 삐뚤어진 제자들을 볼 때면 자괴지심이 들어 힘들다.

자수성가(自手成家) 스스로 자 · 손 수 · 이룰 성 · 집 가

물려받은 재산 없이 제 손으로 재산을 모아 한 살림을 이룸
예 그녀는 자수성가하여 대기업의 사장이 되었다.

자승자박(自繩自縛) 스스로 자 · 노끈 승 · 스스로 자 · 얽을 박

(자기의 줄로 자기를 묶다) 자기가 자기를 망치게 한다는 뜻
예 안 해도 될 생각으로 스스로를 괴롭히는 것은 자승자박이다.

자아성찰(自我省察) 스스로 자 · 나 아 · 살필 성 · 살필 찰

자기의 마음을 반성하여 살핌
예 윤동주의 시에는 화자의 자아성찰의 태도가 보인다.

확인문제

다음 괄호에 알맞은 성어를 고르세요.

자기의 말이나 행동이 앞뒤가 서로 맞지 아니하고 모순됨
예 이 글은 자신의 주장을 스스로 부인하는 (   )에 빠졌다.

① 임기응변(臨機應變) 　② 자아성찰(自我省察)
③ 일촉즉발(一觸卽發) 　④ 자가당착(自家撞着)

정답 ④

자업자득(自業自得) 스스로 자 · 업 업 · 스스로 자 · 얻을 득

자기가 저지른 일의 결과를 자기가 받음
예 잘못은 나에게 있으니 자업자득인 셈이다.

자중지란(自中之亂) 스스로 자 · 가운데 중 · 갈 지 · 어지러울 란

같은 패 안에서 일어나는 다툼이나 혼란
예 자중지란으로 조별 프로젝트를 망쳤다.

자화자찬(自畵自讚) 스스로 자 · 그림 화 · 스스로 자 · 기릴 찬

(자기가 그린 그림을 자기가 칭찬하다) 자기가 한 일을 자기 스스로 자랑함
예 그는 뻔뻔하게 자화자찬을 늘어놓았다.

장삼이사(張三李四) 베풀 장 · 석 삼 · 오얏 이 · 넉 사

(장 씨의 셋째 아들, 이 씨의 넷째 아들) 이름이나 신분을 가리킬 정도가 못되는
평범한 사람들
예 장삼이사로 조용히 살아가는 것은 싫다.
[유사어] 갑남을녀(甲男乙女), 초동급부(樵童汲婦), 필부필부(匹夫匹婦)

재자가인(才子佳人) 재주 재 · 아들 자 · 아름다울 가 · 사람 인

재주가 있는 남자와 아름다운 여자
예 사람들은 우리를 보고 '재자가인' 이라 한다.

적반하장(賊反荷杖) 도둑 적 · 돌이킬 반 · 멜 하 · 지팡이 장

(도둑이 도리어 몽둥이를 든다) 잘못한 사람이 도리어 잘한 사람을 나무람
예 적반하장도 유분수지.

적수공권(赤手空拳) 붉을 적 · 손 수 · 빌 공 · 주먹 권

(맨손과 맨주먹) 아무것도 가진 것이 없음
예 나는 적수공권으로 서울에 올라와 사업을 시작했다.

전대미문(前代未聞) 앞 전 · 대신할 대 · 아닐 미 · 들을 문

지금까지 들어본 적이 없는 새로운 일
예 그녀는 전대미문의 대기록을 세웠다.

전전긍긍(戰戰兢兢) 싸움 전 · 싸움 전 · 떨릴 긍 · 떨릴 긍

두려워서 벌벌 떨며 조심하는 모양
예 혐의가 드러날까 봐 전전긍긍하였다.

전전반측(輾轉反側) 돌아누울 전 · 구를 전 · 돌이킬 반 · 곁 측

누워서 이리저리 뒤척거리며 잠을 이루지 못함
예 내일 있을 면접 때문에 전전반측하였다.

전화위복(轉禍爲福) 구를 전 · 재앙 화 · 할 위 · 복 복

(화가 바뀌어 오히려 복이 되다) 궂은일을 잘 처리하여서 좋은 일이 됨
예 회사를 그만둔 게 전화위복이 되었다.
[유사어] 새옹지마(塞翁之馬)

절차탁마(切磋琢磨) 끊을 절 · 갈 차 · 다듬을 탁 · 갈 마

(옥이나 돌을 갈고 닦아서 빛을 내다) 학문, 기예를 힘써 갈고 닦음
예 나의 성공 비결은 절차탁마에 있다.

절치부심(切齒腐心) 끊을 절 · 이 치 · 썩을 부 · 마음 심

몹시 분하여 이를 갈면서 속을 썩임
예 이유 없이 해고를 당한 것이 분해 절치부심하였다.

점입가경(漸入佳境) 점점 점 · 들 입 · 아름다울 가 · 지경 경

갈수록 점점 더 재미있는 경지로 들어감
예 이 드라마는 볼수록 점입가경이다.

확인문제

다음 괄호에 알맞은 성어를 고르세요.

학문, 기예를 힘써 갈고 닦음
예 나의 성공 비결은 (   )에 있다.

① 적수공권(赤手空拳)　　② 전전반측(輾轉反側)
③ 절차탁마(切磋琢磨)　　④ 절치부심(切齒腐心)

정답　③

정문일침(頂門一鍼) 정수리 정 · 문 문 · 한 일 · 침 침

정수리에 침을 놓는다는 뜻으로, 따끔한 충고나 교훈을 이르는 말
예 친구의 날카로운 정문일침에 얼굴이 붉어졌다.
[유사어] 촌철살인(寸鐵殺人)

정중지와(井中之蛙) 우물 정 · 가운데 중 · 갈 지 · 개구리 와

(우물 안 개구리) 견문이 좁아서 넓은 세상의 사정을 모름
예 하나만 아는 그의 생각은 그야말로 '정중지와'이다.
[유사어] 정저지와(井底之蛙), 좌정관천(坐井觀天)

조강지처(糟糠之妻) 지게미 조 · 겨 강 · 갈 지 · 아내 처

(지게미, 쌀겨와 같은 험한 음식으로 끼니를 이을 때의 아내) 가난할 때 고생을 함께한 아내
예 조강지처를 버리면 사람이 아니다.

조령모개(朝令暮改) 아침 조 · 하여금 령 · 저물 모 · 고칠 개

(아침에 명령을 내렸다가 저녁에 고친다) 법령이나 착수한 일을 자주 바꿔서 종잡을 수 없음
예 조령모개로 바뀌는 입시제도 때문에 혼란이 생긴다.
[유사어] 조변석개(朝變夕改)

조삼모사(朝三暮四) 아침 조 · 석 삼 · 저물 모 · 넉 사

(아침에 세 개, 저녁에 네 개) 당장 눈앞의 차별만을 알고 그 결과가 같음을 모름
간사한 잔꾀로 남을 속여 희롱함
예 회사의 이번 방침은 말만 화려했지 실상은 조삼모사이다.
[유사어] 조사모삼(朝四暮三)

조족지혈(鳥足之血) 새 조 · 발 족 · 갈 지 · 피 혈

(새 발의 피) 극히 적은 분량
예 중국의 피해에 비하면 한국의 피해는 조족지혈에 불과했다.

좌불안석(坐不安席) 앉을 좌 · 아닐 불 · 편안 안 · 자리 석

(앉아도 자리가 편안하지 않다) 마음에 불안이나 근심이 있어 가만히 앉아 있지 못함
예 집 나간 자식 걱정에 좌불안석하는 모습이 역력하다.

주객전도(主客顚倒) 주인 주 · 손 객 · 엎드러질 전 · 넘어질 도

(주인과 손의 위치가 서로 뒤바뀌어) 입장이 서로 뒤바뀜
예 해당 경기보다 가수의 축하 무대를 우선시하는 것은 주객전도이다.
[유사어] 적반하장(賊反荷杖)

주경야독(晝耕夜讀) 낮 주 · 밭갈 경 · 밤 야 · 읽을 독

(낮에는 밭을 갈고 밤에는 책을 읽다) 어려운 여건에서도 꿋꿋이 공부함
예 아버지는 주경야독으로 대학을 마치셨다.

주마가편(走馬加鞭) 달릴 주 · 말 마 · 더할 가 · 채찍 편

(달리는 말에 채찍을 가하다) 열심히 하는 사람을 더욱 북돋아줌
예 바쁜 업무에 개인 시간이 부족함에도 불구하고 오히려 주마가편을 즐기는 직
장인들이 늘고 있다.

주마간산(走馬看山) 달릴 주 · 말 마 · 볼 간 · 뫼 산

(달리는 말에서 산을 보다) 자세히 살피지 못하고 대충대충 보고 지나침
예 주마간산으로 구경하면 여행의 의미가 없다.

주지육림(酒池肉林) 술 주 · 못 지 · 고기 육 · 수풀 림

(술로 연못을 이루고, 고기로 숲을 이루다) 극히 호사스럽고 방탕한 술잔치
예 날마다 주지육림에 시간 가는 줄 모른다.
[유사어] 육산주지(肉山酒池), 육산포림(肉山脯林)

죽마고우(竹馬故友) 대 죽 · 말 마 · 연고 고 · 벗 우

(대나무로 만든 말을 타고 함께 놀던 친구) 어릴 때부터 같이 놀며 자란 벗
예 그는 내 죽마고우이다.
[유사어] 죽마구우(竹馬舊友), 죽마지우(竹馬之友), 기죽지교(騎竹之交)

> **확인문제**
>
> 다음 괄호에 알맞은 성어를 고르세요.
>
> > 견문이 좁아서 넓은 세상의 사정을 모름
> > 예 하나만 아는 그의 생각은 그야말로 '(   )'이다.
>
> ① 주객전도(主客顚倒)　　② 정중지와(井中之蛙)
> ③ 주마간산(走馬看山)　　④ 좌불안석(坐不安席)
>
> 정답　②

중구난방(衆口難防) 무리 중·입 구·어려울 난·막을 방

뭇사람의 말을 이루 다 막기는 어려움
예 여기저기서 중구난방으로 떠들어대자 정신이 없다.

중언부언(重言復言) 무거울 중·말씀 언·다시 부·말씀 언

한 말을 자꾸 되풀이함
예 술에 취해 밤새도록 중언부언하였다.

지기지우(知己之友) 알 지·몸 기·갈 지·벗 우

자기의 속마음을 참되게 알아주는 친구
예 너는 나의 유일한 지기지우다.

지록위마(地鹿爲馬) 가리킬 지·사슴 록·할 위·말 마

(사슴을 가리켜 말[馬]이라고 한다) 윗사람을 농락하여 권세를 마음대로 휘두름
예 그는 지록위마의 궤변을 늘어놓았다.

지호지간(指呼之間) 가리킬 지·부를 호·갈 지·사이 간

손짓하여 부를 만큼 가까운 거리
예 지호지간에 살지만 바빠서 통 만나지 못했다.

진퇴유곡(進退維谷) 나아갈 진·물러날 퇴·버릴 유·골 곡

앞으로 나아갈 수도 뒤로 물러설 수도 없이 꼼짝할 수 없는 궁지에 빠짐
예 진퇴유곡에 빠진 사람들은 어쩔 줄을 몰라 했다.
[유사어] 진퇴양난(進退兩難)

차일피일(此日彼日) 이 차·날 일·저 피·날 일

이날저날 하고 자꾸 미루기만 함
예 차일피일하다가 결국 일을 끝내지 못했다.

창해일속(滄海一粟) 큰 바다 창·바다 해·한 일·조 속

(넓은 바다에 떠 있는 한 알의 좁쌀) 아주 큰 것 가운데 하찮고 작은 것
예 광대한 우주에 비하면 인간은 창해일속만도 못하다.

천려일실(千慮一失) 일천 천·생각할 려·한 일·잃을 실

(천 번 생각에 한 번 실수) 슬기로운 사람이라도 여러 가지 생각 가운데에는 잘못되는 것이 있을 수 있음
예 그는 생각이 깊은 사람이지만, 이번 행동은 천려일실이었다.

천양지차(天壤之差) 하늘 천·흙덩이 양·갈 지·다를 차

(하늘과 땅 차이) 매우 큰 차이

예 두 가수 모두 가창력으로 승부했지만 실력은 천양지차였다.

천재일우(千載一遇) 일천 천·실을 재·한 일·만날 우

천 년 동안 단 한 번 만난다는 뜻으로, 좀처럼 만나기 어려운 좋은 기회를 이르는 말

예 그는 드디어 천재일우의 시기를 맞이했다.

천편일률(千篇一律) 일천 천·책 편·한 일·법칙 률

변함없이 모든 사물이 똑같음

예 요즘 방영되는 드라마는 모두가 천편일률적이다.

철중쟁쟁(鐵中錚錚) 쇠 철·가운데 중·쇳소리 쟁·쇳소리 쟁

(같은 쇠붙이 가운데서도 유난히 맑게 쟁그랑거리는 소리가 나다) 같은 또래 중에서 가장 뛰어난 사람

예 모든 사람은 그를 보고 '철중쟁쟁'이라고 한다.

청출어람(靑出於藍) 푸를 청·날 출·어조사 어·쪽 람

(쪽이라는 풀에서 나온 푸른색이 쪽보다 더 푸르다) 제자나 후배가 스승이나 선배보다 나음

예 제자가 스승의 못 이룬 꿈을 이뤘으니 그야말로 청출어람이다.

[유사어] 후생각고(後生角高)

확인문제

다음 괄호에 알맞은 성어를 고르세요.

> 앞으로 나아갈 수도 뒤로 물러설 수도 없이 꼼짝할 수 없는 궁지에 빠짐
> 예 (   )에 빠진 사람들은 어쩔 줄을 몰라 했다.

① 창해일속(滄海一粟)　　② 철중쟁쟁(鐵中錚錚)

③ 지록위마(地鹿爲馬)　　④ 진퇴유곡(進退維谷)

정답　④

초록동색(草綠同色) 풀 초 · 푸를 록 · 한가지 동 · 빛 색

(풀빛과 녹색은 같은 색깔) 모양과 처지가 비슷하거나 인연이 있는 것끼리는 같은 편이 됨

예 초록동색이라고, 그 사람의 형편을 무시할 수 없었다.

[유사어] 유유상종(類類相從)

초미지급(焦眉之急) 탈 초 · 눈썹 미 · 갈 지 · 급할 급

눈썹에 불이 붙었다는 뜻으로, 매우 급함을 이르는 말

예 시험이 내일인데 공부를 오늘 시작해서 '초미지급' 상황이다.

초지일관(初志一貫) 처음 초 · 뜻 지 · 한 일 · 꿸 관

처음 품은 뜻을 끝까지 밀고 나감

예 초지일관으로 밀고 나가자.

촌철살인(寸鐵殺人) 마디 촌 · 쇠 철 · 죽일 살 · 사람 인

(한 치밖에 되지 않는 쇠로 사람을 죽이다) 간단한 말로도 남을 감동시키거나 남의 약점을 찌를 수 있음

예 그녀는 촌철살인의 심사평을 내놓았다.

침소봉대(針小棒大) 바늘 침 · 작을 소 · 막대 봉 · 큰 대

(바늘만 한 작은 것을 막대기만큼 크게 늘리다) 작은 일을 크게 허풍떨어 말함

예 침소봉대해서 한 말은 곧이들을 필요 없다.

타산지석(他山之石) 다를 타 · 뫼 산 · 갈 지 · 돌 석

(다른 산의 쓸모없는 돌이라도 옥을 가는 데 소용이 되다) 다른 사람의 하찮은 언행일지라도 자기의 지식이나 인격을 닦는 데 도움이 됨

예 이번 일을 타산지석으로 삼아 몸가짐을 바르게 해야 한다.

탁상공론(卓上空論) 높을 탁 · 윗 상 · 빌 공 · 논할 론

현실성이나 실현성이 없는 허황한 이론

예 이번 회의는 탁상공론으로 끝났다.

태산북두(泰山北斗) 클 태 · 뫼 산 · 북녘 북 · 말 두

(태산과 북두칠성) 권위자. 학문 · 예술 분야의 대가. 남에게 존경받는 뛰어난 존재

예 모두 그녀를 태산북두라고 우러러봤다.

[유사어] 태두(泰斗), 산두(山斗), 백미(白眉)

토사구팽(兎死狗烹) 토끼 토 · 죽을 사 · 개 구 · 삶을 팽

(토끼 사냥 후에 사냥개는 삶아 먹히게 되다) 쓸모가 있을 때는 긴요하게 쓰고 쓸모가 없어지면 야박하게 버림

예 토사구팽이라더니 목숨 바쳐 도왔는데 이제 죽이려 드는구나.

[유사어] 감탄고토(甘吞苦吐)

파안대소(破顔大笑) 깨뜨릴 파 · 낯 안 · 큰 대 · 웃음 소

얼굴에 매우 즐거운 표정을 지어 크게 한바탕 웃음

예 파안대소하며 유쾌히 담소를 나눴다.

파죽지세(破竹之勢) 깨뜨릴 파 · 대 죽 · 갈 지 · 형세 세

(대나무를 쪼개는 듯한 형세) 대적할 수 없을 정도로 막힘없이 밀고 쳐들어가는 형세

예 파죽지세로 적군을 물리치다.

[유사어] 기호지세(騎虎之勢)

팔방미인(八方美人) 여덟 팔 · 모 방 · 아름다울 미 · 사람 인

(어느 모로 보나 아름다운 미인) 여러 방면의 일에 능통한 사람

예 나는 어딜 가나 팔방미인이라는 소리를 듣는다.

평지풍파(平地風波) 평평할 평 · 땅 지 · 바람 풍 · 물결 파

(고요한 땅에 바람과 물결을 일으키다) 공연한 일을 만들어서 뜻밖에 분쟁을 일으키거나 사태를 어렵고 시끄럽게 만듦

예 평온한 집안에 평지풍파를 일으키지 말게.

폐포파립(弊袍破笠) 해질 폐 · 도포 포 · 깨뜨릴 파 · 삿갓 립

(헤진 옷, 부러진 갓) 초라한 차림새

예 그는 폐포파립의 행색이라 전혀 임금으로 보이지 않았다.

확인문제

다음 괄호에 알맞은 성어를 고르세요.

> 다른 사람의 하찮은 언행일지라도 자기의 지식이나 인격을 닦는 데 도움이 됨
> 예 이번 일을 (   )으로 삼아 몸가짐을 바르게 해야 한다.

① 폐포파립(弊袍破笠)　　② 타산지석(他山之石)
③ 토사구팽(兎死狗烹)　　④ 촌철살인(寸鐵殺人)

정답　②

포복절도(抱腹絶倒) 안을 포 · 배 복 · 끊을 절 · 넘어질 도

배를 안고 넘어질 정도로 몹시 웃음
예 이 프로그램은 포복절도할 정도로 걸작이다.

포식난의(飽食暖衣) 배부를 포 · 밥 식 · 따뜻할 난 · 옷 의

배불리 먹고 따뜻하게 입음
예 아버지 덕분에 포식난의할 수 있었다.

표리부동(表裏不同) 겉 표 · 속 리 · 아닐 부 · 한가지 동

겉과 속이 다름
예 표리부동한 사람하고는 일을 함께 할 수 없다.

풍전등화(風前燈火) 바람 풍 · 앞 전 · 등 등 · 불 화

(바람 앞에 켠 등불) 매우 위급한 상황
예 풍전등화 같은 내 운명이 슬플 뿐이다.

필부필부(匹夫匹婦) 짝필 필 · 지아비 부 · 짝필 필 · 며느리 부

평범한 남자와 평범한 여자
예 필부필부의 만남이 더 어려운 것이다.

하석상대(下石上臺) 아래 하 · 돌 석 · 윗 상 · 대 대

(아랫돌 빼서 윗돌 괴고 윗돌 빼서 아랫돌 괴다) 임시변통으로 이리저리 둘러맞춤
예 다른 카드로 이자를 막는 것은 하석상대라고 볼 수밖에 없다.

학수고대(鶴首苦待) 학 학 · 머리 수 · 쓸 고 · 기다릴 대

학의 목처럼 목을 길게 늘여 몹시 기다림
예 그녀가 돌아오기를 학수고대하다.

한단지몽(邯鄲之夢) 조나라 서울 한 · 조나라 서울 단 · 갈 지 · 꿈 몽

(한단에서 여옹이 낮잠을 자면서 꾼 꿈) 인생의 부귀영화(富貴榮華)가 덧없음
예 좋은 날이 있지만 잠시 잠깐의 한단지몽과 같다.
[유사어] 남가일몽(南柯一夢), 노생지몽(盧生之夢), 일장춘몽(一場春夢)

한우충동(汗牛充棟) 땀 한 · 소 우 · 채울 충 · 마룻대 동

(수레에 실으면 소가 땀을 뻘뻘 흘리고 방에 쌓으면 대들보까지 닿다) 가지고 있는 책이 매우 많음
예 한우충동은 아니더라도 책을 멀리하지는 말자.

함구무언(緘口無言) 봉할 함 · 입 구 · 없을 무 · 말씀 언

입을 다물고 아무런 말이 없음
예 헤어지려는 이유가 뭐냐는 질문에 그녀는 함구무언했다.

함흥차사(咸興差使) 다 함 · 일 흥 · 다를 차 · 하여금 사

심부름을 가서 오지 아니하거나 늦게 온 사람을 이르는 말
예 그가 올 때가 지났는데 아직도 함흥차사이다.

허장성세(虛張聲勢) 빌 허 · 베풀 장 · 소리 성 · 형세 세

(헛되이 목소리의 기세만 높이다) 실력이 없으면서 허세로만 떠벌림
예 그의 말이 허장성세인지 아닌지는 두고 보자.

형설지공(螢雪之功) 반딧불 형 · 눈 설 · 갈 지 · 공 공

(반딧불, 눈(雪)과 함께하는 노력) 고생을 하면서 부지런하고 꾸준하게 공부하는 자세
예 나는 형설지공으로 시험에 매진해 명문 대학에 합격했다.

호가호위(狐假虎威) 여우 호 · 거짓 가 · 범 호 · 위엄 위

(여우가 호랑이의 위엄을 빌어 다른 짐승을 놀라게 하다) 실력이나 능력이 없는 사람이 남의 권세를 빌어 위세를 부림
예 사장 뒤에서 호가호위하는 사람은 용납할 수 없다.

호구지책(糊口之策) 풀칠할 호 · 입 구 · 갈 지 · 꾀 책

가난한 살림에서 그저 겨우 먹고 살아가는 방책
예 우리 집은 폐지를 모아 호구지책을 세워가고 있다.

확인문제

다음 괄호에 알맞은 성어를 고르세요.

심부름을 가서 오지 아니하거나 늦게 온 사람을 이르는 말
예 그가 올 때가 지났는데 아직도 (   )이다.

① 허장성세(虛張聲勢)　　② 포식난의(飽食暖衣)
③ 함흥차사(咸興差使)　　④ 한단지몽(邯鄲之夢)

정답　③

호사다마(好事多魔) 좋을 호 · 일 사 · 많을 다 · 마귀 마

좋은 일에는 흔히 방해되는 일이 많음
예 국가대표에 선발이 되었는데 또 부상을 당하다니, 호사다마가 아닐 수 없다.

호연지기(浩然之氣) 넓을 호 · 그럴 연 · 갈 지 · 기운 기

하늘과 땅 사이에 가득 찬 넓고 큰 원기. 거침없이 넓고 큰 기개
예 나는 어린 시절 산을 뛰어다니며 호연지기를 길렀다.

호접지몽(胡蝶之夢) 되 호 · 나비 접 · 갈 지 · 꿈 몽

(장자가 나비가 되어 날아다닌 꿈) 현실과 꿈의 구별이 안 되는 것. 인생의 덧없음
예 작가는 마지막 작품을 통해 호접지몽을 나타냈다.

호형호제(呼兄呼弟) 부를 호 · 형 형 · 부를 호 · 아우 제

서로 형, 아우라 부른다는 뜻으로, 매우 가까운 친구로 지냄을 이르는 말
예 그와 나는 호형호제하는 사이이다.

혼정신성(昏定晨省) 어두울 혼 · 정할 정 · 새벽 신 · 살필 성

(저녁에는 잠자리를 보아 드리고, 아침에는 문안을 드림) 부모를 잘 섬기고 효성
을 다함
예 그 며느리는 혼정신성이 깍듯하다.

홍로점설(紅爐點雪) 붉을 홍 · 화로 로 · 점 점 · 눈 설
(= 홍로상일점설 紅爐上一點雪)

뜨거운 불길 위에 한 점 눈을 뿌리면 순식간에 녹듯이, 사욕이나 의혹이 일시에
꺼져 없어짐. 크나큰 일에 작은 힘이 조금도 보람이 없음을 가리키는 말
예 그래봤자 홍로점설이라, 대수롭지 않았다.

화룡점정(畫龍點睛) 그림 화 · 용 룡 · 점 점 · 눈동자 정

무슨 일을 하는 데에 가장 중요한 부분을 완성함을 비유적으로 이르는 말
예 화룡점정이라고 문장의 가장 중요한 대목에서 단어 하나가 큰 작용을 한다.

화사첨족(畫蛇添足) 그림 화 · 긴 뱀 사 · 더할 첨 · 발 족

(뱀을 다 그리고 나서 있지도 아니한 발을 덧붙여 그려 넣음) 쓸데없는 군짓을 하
여 도리어 잘못되게 함
예 화사첨족의 우를 범해서는 안 된다.
[유사어] 사족(蛇足)

화중지병(畫中之餠) 그림 화 · 가운데 중 · 갈 지 · 떡 병

그림의 떡
예 새로 나온 장난감이 갖고 싶었지만 우리 집 형편에는 화중지병이었다.

화용월태(花容月態) 꽃 화 · 얼굴 용 · 달 월 · 모습 태

아름다운 여인의 얼굴과 맵시를 이르는 말
예 화용월태의 그녀는 회사에서 인기가 가장 많다.

환골탈태(換骨奪胎) 바꿀 환 · 뼈 골 · 빼앗을 탈 · 아이 밸 태

뼈대를 바꾸어 끼고 태를 바꾸어 쓴다는 뜻으로, 고인의 시문의 형식을 바꾸어서 그 짜임새와 수법이 먼저 것보다 잘되게 함을 이르는 말. 사람이 보다 나은 방향으로 변하여 전혀 딴사람처럼 됨
예 환골탈태라고 하지만 사람이 이렇게 달라질 수 있는 것인지 놀라웠다.

환부작신(換腐作新) 바꿀 환 · 썩을 부 · 지을 작 · 새 신

썩은 것을 싱싱한 것으로 바꿈
예 그 회사는 한 번의 실패 후 환부작신의 자세로 미래를 준비했다.

회자정리(會者定離) 모일 회 · 놈 자 · 정할 정 · 떠날 리

만난 자는 반드시 헤어짐. 모든 것이 무상함을 나타내는 말이다.
예 회자정리를 알고 있지만, 이별은 항상 힘들다.

후안무치(厚顔無恥) 두터울 후 · 낯 안 · 없을 무 · 부끄러울 치

뻔뻔스러워 부끄러움이 없음
예 그들의 행동은 후안무치했다.

확인문제

다음 괄호에 알맞은 성어를 고르세요.

> 부모를 잘 섬기고 효성을 다함
> 예 그 며느리는 (   )이 깍듯하다.

① 환부작신(換腐作新)   ② 혼정신성(昏定晨省)
③ 화중지병(畫中之餠)   ④ 홍로점설(紅爐點雪)

정답 ②

연습문제

01 비슷한 의미를 지닌 말끼리 묶이지 <u>않은</u> 것은?

① 초록동색(草綠同色) – 가재는 게 편
② 교각살우(矯角殺牛) – 빈대 잡으려고 초가삼간 태운다
③ 설상가상(雪上加霜) – 엎친 데 덮치다
④ 당랑거철(螳螂拒轍) – 하룻강아지 범 무서운 줄 모른다
⑤ 누란지위(累卵之危) – 계란에도 뼈가 있다

02 〈보기〉와 관련 있는 한자성어로 가장 적절한 것은?

> **보기** 그는 회사에서 해고당한 뒤 어렵게 시작한 사업이 성공해서 부자가 되었다.

① 전화위복(轉禍爲福)
② 백년하청(百年河淸)
③ 불철주야(不撤晝夜)
④ 조령모개(朝令暮改)
⑤ 절치부심(切齒腐心)

03 다음 중 나머지 것과 그 의미가 <u>다른</u> 말은?

① 적토성산(積土成山)
② 마부작침(磨斧作針)
③ 어불성설(語不成說)
④ 수적천석(水滴穿石)
⑤ 우공이산(愚公移山)

04 다음 중 '임시방편'의 뜻을 갖지 <u>않는</u> 성어는?

① 미봉책(彌縫策)
② 동족방뇨(凍足放尿)
③ 고식지계(姑息之計)
④ 하석상대(下石上臺)
⑤ 호구지책(糊口之策)

정답 및 해설

1	2	3	4
⑤	①	③	⑤

01
⑤ 누란지위(累卵之危) - 계란에도 뼈가 있다
누란지위(累卵之危) : 매우 위태로운 형세를 이르는 말
계란에도 뼈가 있다 : 늘 일이 잘 안되던 사람이 모처럼 좋은 기회를 만났건
만, 그 일마저 역시 잘 안됨을 이르는 말
① 초록동색(草綠同色) - 가재는 게 편 : 모양이나 형편이 서로 비슷하고 인연이
있는 것끼리 서로 잘 어울리고, 사정을 보아주며 감싸 주기 쉬움
② 교각살우(矯角殺牛) - 빈대 잡으려고 초가삼간 태운다 : 잘못된 점을 고치려
다가 그 방법이나 정도가 지나쳐 오히려 일을 그르침
③ 설상가상(雪上加霜) - 엎친 데 덮치다 : 난처한 일이나 불행한 일이 잇따라 일
어남
④ 당랑거철(螳螂拒轍) - 하룻강아지 범 무서운 줄 모른다 : 제 역량을 생각하지
않고, 강한 상대나 되지 않을 일에 덤벼드는 무모한 행동거지

02
① 전화위복(轉禍爲福) : 재앙과 화난이 바뀌어 오히려 복이 됨
② 백년하청(百年河淸) : 아무리 오랜 시일이 지나도 어떤 일이 이루어지기 어려
움
③ 불철주야(不撤晝夜) : 어떤 일에 몰두하여 조금도 쉴 사이 없이 밤낮을 가리지
아니함
④ 조령모개(朝令暮改) : 아침에 명령을 내렸다가 저녁에 다시 고친다는 뜻으로,
법령을 자꾸 고쳐서 갈피를 잡기가 어려움을 이르는 말
⑤ 절치부심(切齒腐心) : 몹시 분하여 이를 갈며 속을 썩임

03
③ 어불성설(語不成說) : 말이 조금도 사리에 맞지 아니함
① 적토성산(積土成山), ② 마부작침(磨斧作針), ④ 수적천석(水滴穿石), ⑤ 우공이
산(愚公移山) : 어떤 일이든 끊임없이 노력하면 반드시 이루어짐

04
⑤ 호구지책(糊口之策) : 가난한 살림에서 그저 겨우 먹고살아 가는 방책
① 미봉책(彌縫策), ② 동족방뇨(凍足放尿), ③ 고식지계(姑息之計), ④ 하석상대
(下石上臺) : 임시방편

08 혼동하기 쉬운 단어

▶ 엄마가 아이의 말을 이해하셨을까요? "들리면 전해드려."라고 말씀하시는 것으로 보아 아이가 엄마의 어떤 부분을 지적했는지 모르는 것 같네요. 여러분은 '들르다'와 '들리다'의 차이를 알고 있나요? '들르다'는 '지나는 길에 잠깐 들어가 머무르다'라는 뜻을 가진 단어입니다. '들리다'는 '듣다(사람이나 동물이 소리를 감각 기관을 통해 알아차리다)'의 피동사입니다. 그러니까, "할머니 댁에 들르면 안부 좀 전하렴."이 맞는 표현이 되겠죠?

8장에서는 자주 틀릴 수 있는 혼동하기 쉬운 단어를 학습합니다.

가름	가늠
쪼개거나 나누어 따로따로 되게 하는 일. 승부나 등수 따위를 정하는 일 예 이기고 지는 것이 가름이 났다.	목표나 기준에 맞고 안 맞음을 헤아림 예 건물의 높이가 가늠이 안 된다.
가리키다	가르치다
손가락 따위로 어떤 방향이나 대상을 집어서 보이거나 말하거나 알리다. 예 그는 손가락으로 북쪽을 가리켰다.	지식이나 기능, 이치 따위를 깨닫거나 익히게 하다. 예 그는 그녀에게 운전을 가르쳤다.
가진	갖은
'가지다(손이나 몸 따위에 있게 하다)'의 활용형 예 네가 가진 공은 얼마짜리니?	골고루 다 갖춘. 또는 여러 가지의 예 그는 아버지의 병을 고쳐 드리려고 갖은 효성을 다했다.
갈갈이	갈가리
'가을갈이(다음 해의 농사에 대비하여, 가을에 논밭을 미리 갈아 두는 일)'의 준말 예 갈갈이는 논을 가을에 미리 갈아두는 일로 추경이라고도 한다.	'가리가리(여러 가닥으로 갈라지거나 찢어진 모양)'의 준말 예 그의 편지를 갈가리 찢어 버렸다.
거치다	걷히다
오가는 도중에 어디를 지나거나 들르다. 예 대구를 거쳐 부산으로 가다.	'걷다(구름이나 안개 따위가 흩어져 없어지다)'의 피동사 예 안개가 걷히면 움직이자.
거꾸로	꺼꾸로
차례나 방향, 또는 형편 따위가 반대로 되게 예 옷을 거꾸로 입다.	'거꾸로'의 잘못

확인문제

다음 문장에 알맞은 단어를 골라 O 하세요.

• 오랜만에 놀러 온 친구에게 (가진/갖은) 양념을 넣어 만든 음식을 대접했다.
• 뿌옇게 서렸던 습기가 (거치며/걷히며) 방 안이 밝아 왔다.
• 노부부는 아들에게 대학 교육을 (가리켰다고/가르쳤다고) 자랑하고 다녔다.

정답 갖은, 걷히며, 가르쳤다고

게시판	계시판
여러 사람에게 알릴 내용을 내붙이거나 내걸어 두루 보게 붙이는 판 예 게시판에 있는 공지사항을 확인해라.	'게시판' 의 잘못
게양대	**계양대**
기(旗) 따위를 높이 걸기 위하여 만들어 놓은 대 예 게양대의 국기가 바람에 펄럭인다.	'게양대' 의 잘못
겨누다	**겨루다**
활이나 총 따위를 쏠 때 목표물을 향해 방향과 거리를 잡다. 예 총을 호랑이에게 겨누다.	서로 버티어 승부를 다투다. 예 서울 팀끼리 우승을 겨루게 되었다.
귀걸이(= 귀고리)	**귀거리**
귓불에 다는 장식품 예 그녀는 귓불이 늘어질 정도로 큼직한 귀걸이를 달고 나타났다.	'귀걸이, 귀고리' 의 잘못
깍듯이	**깎듯이**
분명하게 예의범절을 갖추는 태도로 예 손님을 깍듯이 대접하다.	'깎다(칼 따위로 물건의 거죽이나 표면을 얇게 벗겨 내다.)' 의 활용 예 연필 깎듯이 하면 된다.
껍데기	**껍질**
달걀이나 조개 따위의 겉을 싸고 있는 단단한 물질 예 달걀 껍데기를 깨뜨리다.	딱딱하지 않은 물체의 겉을 싸고 있는 질긴 물질의 켜 예 양파의 껍질을 벗기다.
꽃봉오리	**꽃봉우리**
망울만 맺히고 아직 피지 아니한 꽃 예 꽃봉오리가 맺히다.	'꽃봉오리' 의 잘못
나는	**날으는**
'날다(공중에 떠서 어떤 위치에서 다른 위치로 움직이다.)' 의 활용 예 하늘을 나는 기러기	'나는' 의 잘못

날아	날라
'날다(공중에 떠서 어떤 위치에서 다른 위치로 움직이다.)'의 활용 예 비둘기는 멀리 날아갔다.	'나르다(물건을 한 곳에서 다른 곳으로 옮기다.)'의 활용 예 이삿짐을 날라라.

낫다	낳다
병이나 상처 따위가 고쳐져 본래대로 되다. 예 감기가 나으니 살만하다.	배 속의 아이, 새끼, 알을 몸 밖으로 내놓다. 예 아이를 낳다.

너머	넘어
높이나 경계로 가로막은 사물의 저쪽이나 그 공간 예 고개 너머에 학교가 있다.	높은 부분의 위를 지나가다. 예 오늘 내로 고개 둘을 넘어야 한다.

-는데	-대
• 뒤 절에서 어떤 일을 설명하거나 묻거나 시키거나 제안하기 위하여 그 대상과 상관되는 상황을 미리 말할 때에 쓰는 연결 어미 예 내가 텔레비전을 보고 있는데 전화벨이 울렸다. • 어떤 일을 감탄하는 뜻을 넣어 서술함으로써 그에 대한 청자의 반응을 기다리는 태도를 나타내는 종결 어미 예 잘 달리는데.	• 어떤 사실을 주어진 것으로 치고 그 사실에 대한 의문을 나타내는 종결 어미. 놀라거나 못마땅하게 여기는 뜻이 섞여 있다. 예 왜 이렇게 일이 많대? • '-다고 해'가 줄어든 말 예 그 사람이 아주 똑똑하대

확인문제

다음 문장에 알맞은 단어를 골라 O 하세요.

• (게시판/계시판)에는 사원 모집 공고문이 나붙었다.
• 도둑은 휙 (날라서/날아서) 담장을 넘었다.
• 병이 씻은 듯이 (나았다/낳았다).

정답   게시판, 날아서, 나았다

늘리다	늘이다
'늘다(물체의 길이나 넓이, 부피 따위가 본디보다 커지다. 수나 분량, 시간 따위가 본디보다 많아지다)'의 사동사 예 학생 수를 늘리다.	본디보다 더 길게 하다. 예 고무줄을 늘이다.

늠름하다	늠늠하다
생김새나 태도가 의젓하고 당당하다. 예 그의 태도는 언제나 늠름하고 자신만만했다.	'늠름하다'의 잘못

다리다	달이다
옷이나 천 따위의 주름이나 구김을 펴고 줄을 세우기 위하여 다리미나 인두로 문지르다. 예 다리미로 옷을 다리다.	액체 따위를 끓여서 진하게 만들다. 예 보약을 달이다.

당기다	댕기다
물건 따위를 힘을 주어 자기 쪽이나 일정한 방향으로 가까이 오게 하다. 예 낚싯줄을 당기다.	불이 옮아 붙다. 또는 그렇게 하다. 예 담배에 불을 댕기다.

대로	데로
어떤 모양이나 상태와 같이 예 들은 대로 이야기하다.	'데('곳'이나 '장소'의 뜻을 나타내는 말)'에 조사가 붙은 형식 예 밝은 데로 나와.

-던지	-든지
막연한 의문이 있는 채로 그것을 뒤 절의 사실이나 판단과 관련시키는 데 쓰는 연결 어미 예 얼마나 춥던지 손이 곱아 펴지지 않았다.	나열된 동작이나 상태, 대상들 중에서 어느 것이든 선택될 수 있음을 나타내는 연결 어미 예 집에 가든지 학교에 가든지 해라.

데	대
'곳'이나 '장소'의 뜻을 나타내는 말 예 의지할 데 없는 사람	'데'의 잘못

되돌아보다	뒤돌아보다
가던 방향에서 몸이나 얼굴을 돌려 다시 바라보다. 지나온 과정을 다시 돌아보다. 예 그는 파란만장한 자신의 인생을 되돌아보았다.	뒤쪽을 돌아보다. 지난 일을 돌이켜 생각해 보다. 예 혼자 계시는 어머니가 걱정되어 힐끔힐끔 뒤돌아봤다.

두드리다	두들기다
소리가 나도록 잇따라 치거나 때리다. 예 어깨를 두드리다.	소리가 나도록 잇따라 세게 치거나 때리다. (속되게) 마구 때리거나 큰 타격을 주다. 예 죽을 만큼 두들겨 팼다.

두껍다	두텁다
두께가 보통의 정도보다 크다. 예 추워서 옷을 두껍게 입었다.	신의, 믿음, 관계, 인정 따위가 굳고 깊다. 예 친분이 두텁다.

드러내다	들어내다
'드러나다(가려 있거나 보이지 않던 것이 보이게 되다.)'의 사동사 예 하얀 이를 드러내고 웃다.	물건을 들어서 밖으로 옮기다. 예 생선의 배를 가르고 내장을 들어내다.

들리다	들르다
'듣다(사람이나 동물이 소리를 감각 기관을 통해 알아차리다.)'의 피동사 예 어디서 음악 소리가 들린다.	지나는 길에 잠깐 들어가 머무르다. 예 퇴근하는 길에 포장마차에 들렀다가 친구를 만났다.

등살	등쌀
등에 있는 근육 예 등살에 소름이 돋다.	몹시 귀찮게 구는 짓 예 탐관오리의 등쌀에 시달리는 백성들

딱따구리	딱다구리
딱따구릿과의 새를 통틀어 이르는 말 예 딱따구리 소리를 처음 들어봤다.	'딱따구리'의 잘못

확인문제

다음 문장에 알맞은 단어를 골라 O 하세요.

- 어머니는 뜰에서 한약을 (달였다/다렸다).
- 아이가 얼마나 밥을 많이 (먹든지/먹던지) 배탈 날까 걱정이 되었다.
- 요즘 마누라 (등살/등쌀)에 피가 바싹바싹 마른다.

정답 달였다, 먹던지, 등쌀

뚝배기	곱빼기
찌개 따위를 끓이거나 설렁탕 따위를 담을 때 쓰는 오지그릇. 하나의 형태소 내부에서 'ㄱ, ㅂ' 받침 뒤에서 [빼기]로 발음되는 경우에는 '배기'로 적음	음식에서, 두 그릇의 몫을 한 그릇에 담은 분량. 다른 형태소 뒤에서 [빼기]로 발음되는 경우에는 '빼기'로 적음
띄다	**띠다**
• '뜨이다(남보다 훨씬 두드러지다)'의 준말 예 형의 행동이 눈에 띄게 달라졌다. • '띄우다('뜨다 : 공간적으로 거리가 꽤 멀다'의 사동사)'의 준말 예 다음 문장을 맞춤법에 맞게 띄어 쓰시오.	용무나, 직책, 사명 따위를 지니다. 빛깔이나 색채 따위를 가지다. 감정이나 기운 따위를 나타내다. 어떤 성질을 가지다. 예 역사적 사명을 띠고 우리는 태어났다.
−라야	**−래야**
• 앞 절의 일이 뒤 절 일의 조건임을 나타내는 연결 어미 예 신호등이 초록색이라야 건널 수 있다. • 대수롭지 않게 여기며 그것을 들어 말함을 나타내는 보조사 예 지방 미인 대회라야 그 규모가 크지 않다.	'−라고 해야'가 줄어든 말 예 집이래야 방 하나에 부엌이 있을 뿐이다.
로서	**로써**
지위나 신분 또는 자격을 나타내는 격 조사 예 그것은 교사로서 할 일이 아니다.	• 어떤 일의 수단이나 도구를 나타내는 격 조사 예 눈물로써 호소하는 수밖에 없다. • 시간을 셈할 때 셈에 넣는 한계를 나타내는 격 조사 예 고향을 떠난 지 올해로써 20년이 된다.
맞추다	**맞히다**
• 서로 떨어져 있는 부분을 제자리에 맞게 대어 붙이다. 예 문짝을 문틀에 맞추다. • 둘 이상의 일정한 대상들을 나란히 놓고 비교하여 살피다. 예 문제와 답을 맞추어 보았다.	'맞다'의 사동사 • 문제에 대한 답이 틀리지 아니하다. 예 문제의 답을 맞히면 상품을 드립니다. • 쏘거나 던지거나 한 물체가 어떤 물체에 닿다. 또는 그런 물체에 닿음을 입다. 예 과녁에 화살을 맞히다.

- 어떤 기준이나 정도에 어긋나지 아니하게 하다. 예 시간에 맞추어 전화를 하다.
- 다른 사람의 의도나 의향 따위에 맞게 행동하다. 예 아내의 비위를 맞추다.

머지않다	멀지 않다
시간적으로 멀지 않다. 예 머지않아 소식이 올 것이다.	'멀다(거리가 많이 떨어져 있다)' 의 부정

무치다	묻히다
나물 따위에 갖은 양념을 넣고 골고루 한데 뒤섞다. 예 시금치를 무쳐 먹다.	'묻다(일을 드러내지 아니하고 속 깊이 숨기어 감추다)' 의 피동사 예 가슴속에 묻힌 비밀을 털어놨다.

바치다	받치다
신이나 웃어른에게 정중하게 드리다. 예 신에게 제물을 바쳤다.	• 어떤 물건의 밑에 다른 물체를 올리거나 대다. 예 지게에 작대기를 받쳐 놓다. • 겉옷의 안에 다른 옷을 입다. 예 교복에 다른 옷을 받쳐 입으면 단정하지 않다.

반드시	반듯이
틀림없이 꼭 예 반드시 시간에 맞추어 오너라.	작은 물체, 또는 생각이나 행동 따위가 비뚤어지거나 기울거나 굽지 아니하고 바르게 예 관물을 반듯이 정리해라.

발개지다	발가지다
발갛게 되다. 예 수치심으로 얼굴이 발개지다.	(북한어) 사람이 지나치게 약삭빠르고 되바라지다. 예 발가져서 버릇없이 놀다.

확인문제

다음 문장에 알맞은 단어를 골라 O 하세요.

- 그들은 모두 배가 고팠던 터라 자장면을 (곱배기/곱빼기)로 시켜 먹었다.
- 말(로서/로써) 천 냥 빚을 갚는다고 한다.
- 어제 저녁으로 콩나물을 (무쳐/묻혀) 먹었다.

정답 곱빼기, 로써, 무쳐

받치다	받히다
• 어떤 물건의 밑에 다른 물체를 올리거나 대다. 예 책받침을 받치다. • 겉옷의 안에 다른 옷을 입다. 예 교복에 다른 옷을 받쳐 입었다.	'받다(머리나 뿔 따위로 세차게 부딪치다.)'의 피동사 예 마을 이장이 소에게 받혀서 꼼짝을 못한다.

−배기	−박이
(어린아이의 나이를 나타내는 명사구 뒤에 붙어) '그 나이를 먹은 아이'의 뜻을 더하는 접미사 예 다섯 살배기	무엇이 박혀 있는 사람이나 짐승 또는 물건이라는 뜻을 더하는 접미사 예 점박이

배기	빼기
'그런 물건'의 뜻을 더하는 접미사 예 진짜배기	'그런 특성이 있는 사람이나 물건'의 뜻을 더하는 접미사 예 곱빼기

배다	베다
• 스며들거나 스며 나오다. 예 종이에 기름이 배다. • 배 속에 아이나 새끼를 가지다. 예 아이를 배다. • 물건의 사이가 비좁거나 촘촘하다. 예 물건이 창고에 배게 들어찼다.	• 날이 있는 연장 따위로 무엇을 끊거나 자르거나 가르다. 예 낫으로 벼를 베다. • 누울 때, 베개 따위를 머리 아래에 받치다. 예 베개를 베다.

벌리다	벌이다
둘 사이를 넓히거나 멀게 하다. 예 줄 간격을 벌리다.	일을 계획하여 시작하거나 펼쳐 놓다. 예 잔치를 벌이다.

부치다	붙이다
• 편지나 물건 따위를 일정한 수단이나 방법을 써서 상대에게로 보내다. 예 편지를 부치다. • 어떤 문제를 다른 곳이나 다른 기회로 넘기어 맡기다. 예 안건을 회의에 부치다. • 어떤 일을 거론하거나 문제 삼지 아니하는 상태에 있게 하다. 예 회의 내용을 극비에 부치다. • 먹고 자는 일을 제집이 아닌 다른 곳에서 하다. 예 삼촌 집에 숙식을 부치다.	• '붙다(맞닿아 떨어지지 아니하다)'의 사동사 예 편지에 우표를 붙이다. • '붙다(불이 옮아 타기 시작하다)'의 사동사 예 연탄에 불을 붙이다. • '붙다(조건, 이유, 구실 따위가 따르다)'의 사동사 예 계약에 조건을 붙이다.

산봉우리	산봉오리
산에서 뾰족하게 높이 솟은 부분 예 눈이 하얗게 덮인 산봉우리	'산봉우리' 의 잘못
씁쓸하다	**씁슬하다**
달갑지 아니하여 싫거나 언짢은 기분 이 조금 나다. 예 씁쓸하게 웃다.	'씁쓸하다' 의 잘못
어느	**여느**
둘 이상의 것 가운데 대상이 되는 것이 무엇인지 물을 때 쓰는 말 예 산과 바 다 가운데 어느 곳을 더 좋아하느냐?	그 밖의 예사로운. 또는 다른 보통의 예 오늘은 여느 때와 달리 일찍 자리에 서 일어났다.
얼음	**어름**
물이 얼어서 굳어진 물질 예 얼음이 녹다.	'얼음' 의 잘못
어떻게	**어떡해**
'어떻다(의견, 성질, 형편, 상태 따위가 어찌 되어 있다)' 의 활용 예 요즈음 어 떻게 지내십니까?	'어떠하게 하다' 가 줄어든 말. 예 오늘 도 안 오면 어떡해.

확인문제

다음 문장에 알맞은 단어를 골라 O 하세요.

• 그의 표정에는 장난기가 (베어/배어) 있다.
• 아버지는 은퇴 후 사업을 (벌렸다/벌였다).
• 그들도 (어느/여느) 가족들처럼 오순도순 살고 있다.

정답 배어, 벌였다, 여느

연년생	연연생
한 살 터울로 아이를 낳음. 또는 그 아이 예 저 두 남매는 연년생이다.	'연년생'의 잘못

작다	적다
• 길이, 넓이, 부피 따위가 비교 대상이나 보통보다 덜하다. 예 작고 조용한 마을 • 정하여진 크기에 모자라서 맞지 아니하다. 예 살이 쪄서 옷이 작다. • 일의 규모, 범위, 정도, 중요성 따위가 비교 대상이나 보통 수준에 미치지 못하다. 예 작은 실수를 저질렀다. • 사람됨이나 생각 따위가 좁고 보잘것없다. 예 그 사람은 그릇이 작다.	수효나 분량, 정도가 일정한 기준에 미치지 못하다. 예 복권은 당첨될 확률이 아주 적다.

점박이	점바기
얼굴이나 몸에 큰 점이 있는 사람이나 짐승 예 점박이 강아지가 태어났다.	'점박이'의 잘못

짭짤하다	짭잘하다
• 감칠맛이 있게 조금 짜다. 예 짭짤하게 끓인 된장국은 입맛을 돋운다. • 일이 잘되어 실속이 있다. 예 일이 잘되어 짭짤하게 재미를 보았다.	'짭짤하다'의 잘못

피다	펴다
• 꽃봉오리 따위가 벌어지다. 예 개나리가 활짝 피었다. • 사람이 살이 오르고 혈색이 좋아지다. 예 얼굴이 피고 살이 통통하게 올랐다. • 가정이 수입이 늘어 형편이 나아지다. 예 사업이 잘되어 형편이 피었다.	• 접히거나 개킨 것을 젖히어 벌리다. 예 접은 종이를 펴다. • 굽은 것을 곧게 하다. 예 다리를 펴다. • 세력이나 작전, 정책 따위를 벌이거나 그 범위를 넓히다. 예 전국에 세력을 펴다.

핑계	핑게
내키지 않는 사태를 피하거나 사실을 감추려고 방패막이가 되는 다른 일을 내세움 예 아프다는 핑계로 조퇴를 했다.	'핑계'의 잘못
핼쑥하다	**핼쓱하다**
얼굴에 핏기가 없고 파리하다. 예 그의 얼굴이 핼쑥해서 속상하다. [유의어] 해쓱하다	'핼쑥하다, 해쓱하다'의 잘못
홀몸	**홑몸**
배우자나 형제가 없는 사람 예 사고로 아내를 잃고 홀몸이 되었다.	아이를 배지 아니한 몸 예 홑몸도 아닌데 장시간의 여행은 무리다.
휴게실	**휴계실**
잠깐 동안 머물러 쉴 수 있도록 마련해 놓은 방 예 휴게실에서 잠깐 쉬다가 공부하자.	'휴게실'의 잘못

확인문제

다음 문장에 알맞은 단어를 골라 O 하세요.

• 식빵에 곰팡이가 (피다/펴다).
• (홀몸/홑몸)도 아닌데 음식을 가려 먹어라.
• 승객들이 활주로를 거쳐 공항 (휴게실/휴계실)로 몰려든다.

정답 피다, 홑몸, 휴게실

연습문제

[1~2] 밑줄 친 말을 어법에 맞게 고치지 않은 것은?

01
① 이기고 지는 것이 <u>가늠</u>이 났다.(→ 가름)
② 안개가 <u>거치면</u> 움직이자.(→ 걷히다)
③ 손님을 <u>깍듯이</u> 대접하다.(→ 깎듯이)
④ 비둘기는 멀리 <u>날라갔다</u>.(→ 날아)
⑤ 고개 <u>넘어</u>에 학교가 있다.(→ 너머)

02
① 들은 <u>대로</u> 이야기하다.(→ 데로)
② 하얀 이를 <u>들어내고</u> 웃다.(→ 드러내고)
③ 탐관오리의 <u>등살</u>에 시달리는 백성들(→ 등쌀)
④ 형의 행동이 눈에 <u>띠게</u> 달라졌다.(→ 띄게)
⑤ 고향을 떠난 지 올해<u>로서</u> 20년이 된다.(→ 로써)

[3~4] 다음 중 올바르지 않은 문장은?

03
① 시금치를 <u>무쳐</u> 먹다.
② 마을 이장이 소에게 <u>받혀서</u> 꼼짝을 못한다.
③ 삼촌 집에 숙식을 <u>붙이다</u>.
④ 홀몸도 아닌데 장시간의 여행은 무리다.
⑤ 안건을 회의에 <u>부치다</u>.

04
① 물건이 창고에 <u>배게</u> 들어찼다.
② 오늘은 <u>여느</u> 때와 달리 일찍 자리에서 일어났다.
③ 일이 잘되어 <u>짭짤하게</u> 재미를 보았다.
④ 교복에 다른 옷을 <u>받쳐</u> 입었다.
⑤ 얼굴이 <u>핼쑥해서</u> 속상하다.

1	2	3	4
③	①	③	⑤

01 ③ '깍듯이' 가 맞는 표현이다.
   깍듯이 : 분명하게 예의범절을 갖추는 태도로 / 깎듯이 : '깎다(칼 따위로 물
   건의 거죽이나 표면을 얇게 벗겨 내다)' 의 활용
   ① 가늠 : 목표나 기준에 맞고 안 맞음을 헤아림 / 가름 : 승부나 등수 따위를 정
   하는 일
   ② 거치다 : 오가는 도중에 어디를 지나거나 들르다. / 걷히다 : '걷다(구름이나
   안개 따위가 흩어져 없어지다)' 의 피동사
   ④ 날라 : '나르다(물건을 한 곳에서 다른 곳으로 옮기다.)' 의 활용 / 날아 : '날
   다(공중에 떠서 어떤 위치에서 다른 위치로 움직이다.)' 의 활용
   ⑤ 넘어 : 높은 부분의 위를 지나가다. / 너머 : 높이나 경계로 가로막은 사물의
   저쪽이나 그 공간

02 ① '대로' 가 맞는 표현이다.
   대로 : 어떤 모양이나 상태와 같이 / 데로 : '데('곳' 이나 '장소' 의 뜻을 나타
   내는 말)' 에 조사가 붙은 형식
   ② 들어내다 : 물건을 들어서 밖으로 옮기다. / 드러내다 : '드러나다(가려 있거
   나 보이지 않던 것이 보이게 되다.)' 의 사동사
   ③ 등살 : 등에 있는 근육 / 등쌀 : 몹시 귀찮게 구는 짓
   ④ 띠다 : 어떤 성질을 가지다. / 띄다 : '뜨이다(남보다 훨씬 두드러지다)' 의 준말
   ⑤ 로서 : 지위나 신분 또는 자격을 나타내는 격 조사 / 로써 : 어떤 일의 수단이
   나 도구를 나타내는 격 조사

03 ③ '부치다' 가 맞는 표현이다.
   부치다 : 먹고 자는 일을 제집이 아닌 다른 곳에서 하다. / 붙이다 : '붙다(맞
   닿아 떨어지지 아니하다)' 의 사동사

04 ⑤ '핼쑥하다' 가 맞는 표현이다.
   '핼쓱하다' 는 비표준어이다. / 핼쑥하다 : 얼굴에 핏기가 없고 파리하다.

국어능력인증시험
어휘 · 어법 한번에 잡아라!

I wish you the best of luck!

㈜시대고시기획
㈜시대교육

www.**sidaegosi**.com

시험정보 · 자료실 · 이벤트
합격을 위한 최고의 선택

시대에듀

www.**sdedu**.co.kr

자격증 · 공무원 · 취업까지
BEST 온라인 강의 제공

어법

01 주요 어법

▶ 우리가 평소 사용하는 말에는 단어의 의미 중복, 중의적 표현, 문장 성분 생략 등의 오류가 생길 수 있습니다. 올바르지 않은 문장은 의미를 제대로 전달할 수 없겠죠.

1장에서는 품사와 문장 성분을 기초로 하여 올바른 문장 구성 방법을 학습합니다.

1 품사와 문장 성분

1. 품사

단어를 기능, 형태, 의미에 따라 나눈 갈래. 현재 우리나라의 학교 문법에서는 명사, 대명사, 수사, 조사, 동사, 형용사, 관형사, 부사, 감탄사의 아홉 가지로 분류한다.

1) 품사

품사	의미	예
명사	사물의 이름을 나타내는 품사	사람, 인형, 책, 학교 등
대명사	사람이나 사물의 이름을 대신 나타내는 말들을 지칭하는 품사	저, 너, 우리, 거기, 무엇, 그것 등
수사	사물의 수량이나 순서를 나타내는 품사	하나, 둘, 셋, 넷 등
조사	체언이나 부사, 어미 따위에 붙어 그 말과 다른 말과의 문법적 관계를 표시하거나 그 말의 뜻을 도와주는 품사	은, 는, 이, 가 등
동사	사물의 동작이나 작용을 나타내는 품사	먹다, 자다, 입다, 달리다 등
형용사	사물의 성질이나 상태를 나타내는 품사	예쁘다, 작다, 많다, 크다 등
관형사	체언 앞에 놓여서, 그 체언의 내용을 자세히 꾸며 주는 품사	헌, 새, 옛, 무슨 등
부사	용언 또는 다른 말 앞에 놓여 그 뜻을 분명하게 하는 품사	매우, 가장, 과연, 너무 등
감탄사	말하는 이의 본능적인 놀람이나 느낌, 부름, 응답 따위를 나타내는 품사	어머, 응, 우아, 야 등

TIP

동사는 자동사, 타동사, 능격동사로 나눌 수 있습니다.

① 자동사 : 동사가 나타내는 동작 · 작용이 주어에만 미치는 동사

예 꽃이 피다.

② 타동사 : 동작의 대상인 목적어를 필요로 하는 동사

예 밥을 먹다.

③ 능격동사 : 동일한 형태로 자동사와 타동사로 쓰이는 동사

예 차가 멈췄다. 경찰이 차를 멈췄다.

부사는 문장 부사와 성분 부사로 나눌 수 있습니다.

① 문장 부사 : 문장 전체를 꾸며줍니다.

예 다행히 일정이 미뤄졌다.

② 성분 부사 : 문장의 한 성분을 꾸며줍니다.

예 나는 특히 사과를 좋아해.

2) 기능에 따른 분류

품사	분류	의미
명사 대명사 수사	체언	문장에서 주어 따위의 기능을 하는 명사, 대명사, 수사를 통틀어 이르는 말
조사	관계언	문장에 쓰인 단어들의 관계를 나타내는 기능을 하는 조사를 이르는 말
동사 형용사	용언	문장에서 서술어의 기능을 하는 동사, 형용사를 통틀어 이르는 말
관형사 부사	수식언	뒤에 오는 말을 수식하거나 한정하기 위하여 첨가하는 관형사와 부사를 통틀어 이르는 말. 활용은 하지 않는다.
감탄사	독립언	독립적으로 쓰이는 감탄사를 이르는 말

2. 문장 성분

한 문장을 구성하는 요소. 주어 · 서술어 · 목적어 · 보어 · 관형어 · 부사어 · 독립어 따위가 있다.

문장 성분	의미	예
주어	주요 문장 성분의 하나로, 술어가 나타내는 동작이나 상태의 주체가 되는 말. 우리말의 주어는 원칙적으로 체언에 주격 조사 '이/가'가 붙어서 성립된다.	<u>산이</u> 높이 솟아 있다.
서술어	한 문장에서 주어의 움직임, 상태, 성질 따위를 서술하는 말. 우리말의 서술어는 용언(동사 · 형용사), 체언에 서술격 조사 '이다'를 결합하여 표현한다.	아기가 <u>운다.</u>
목적어	문장에서 동사의 동작의 대상이 되는 말. 목적어는 체언에 목적격 조사 '을/를'이 결합하여 실현된다.	나는 <u>과일을</u> 잘 먹는다.
보어	주어와 서술어만으로는 뜻이 완전하지 못한 문장에서, 그 불완전한 곳을 보충하여 뜻을 완전하게 하는 말. 국어에서는 '되다', '아니다' 앞에 조사 '이', '가'를 취하여 나타나는 문장 성분을 말한다.	물이 <u>얼음이</u> 되었다.
관형어	체언 앞에서 체언의 뜻을 꾸며 주는 구실을 하는 문장 성분. 관형사, 체언, 체언에 관형격 조사 '의'가 붙은 말, 동사와 형용사의 관형사형, 동사와 형용사의 명사형에 관형격 조사 '의'가 붙은 말 따위가 있다.	춘향이가 <u>향단이의</u> 치마를 입었다.
부사어	용언의 내용을 한정하는 문장 성분. 부사와 부사의 구실을 하는 단어 · 어절 · 관용어, 그리고 체언에 부사격 조사가 붙은 말, 어미 '-게'로 활용한 형용사, 부사성 의존 명사구 따위가 있다.	<u>다행히</u> 소풍날 비가 오지 않았다.
독립어	문장의 다른 성분과 밀접한 관계없이 독립적으로 쓰는 말. 감탄사, 호격 조사가 붙은 명사, 제시어, 대답하는 말 따위가 있다.	<u>아,</u> 세월이 잘도 가는구나.

확인문제

다음 밑줄 친 부분의 문장 성분으로 옳지 <u>않은</u> 것은?

① 그는 그녀에게 <u>운전을</u> 가르쳤다. → 목적어
② 어머, 정말 오랜만이다. → 독립어
③ 그녀는 <u>빠르게</u> 학교로 달려갔다. → 관형어
④ 면접장에 들어서니 <u>몹시</u> 떨렸다. → 부사어
⑤ 나는 <u>학생이</u> 아니다. → 보어

정답 ③

---

2 사동 · 피동 표현

1. 주동 · 사동 · 능동 · 피동의 의미

1) **주동** : 주체가 스스로 동작이나 행동을 하는 동사의 성질
2) **사동** : 주체가 제3의 대상에게 동작이나 행동을 하게 하는 동사의 성질
3) **능동** : 주체가 자발적으로 움직이는 동사의 성질
4) **피동** : 주체가 다른 힘에 의하여 움직이는 동사의 성질

2. 사동 표현

1) **접미사 사동형** : 동사 또는 형용사의 어간 다음에 사동 접미사 '-이-, -히-, -리-, -기-, -우-, -구-, -추-' 등을 접미함으로써 이루어진다. 예를 들면 '보이다, 읽히다, 벗기다, 울리다, 돋우다, 맞추다' 따위가 있다.
   예 동생에게 책을 <u>읽혔다</u>.

2) **보조 동사 사동형** : 보조 동사 사동형은 용언의 어간에 '-게 하다'를 첨가시켜 이루어진다. 이 사동형은 여러 경우에 두루 쓰일 수 있다. 즉, 이 사동형은 접미사 사동형이 가능한 경우나 그렇지 못한 경우, 또는 '-하다' 접미사가 붙은 동사 등에 두루 쓰일 수 있다.
   예 나는 동생에게 책을 <u>읽게 하였다</u>.

3) **불필요한 사동 표현**
   예 경찰은 혐의가 없다고 판단하여 그를 수사 대상에서 <u>제외시켰다</u>.
   '제외시키다'의 동작 주체는 '경찰'이다. 즉, 주어(경찰)가 제3자를 시켜서 행위를 한 것이 아니라 주어 스스로 행한 것이므로 사동 표현을 쓸 수 없다.

올바른 표현은 다음과 같다.

예 경찰은 혐의가 없다고 판단하여 그를 수사 대상에서 <u>제외했다.</u>

3. 피동 표현

1) **접미사 피동형** : 능동사 어간에 접미사 '-이-, -히-, -리-, -기-'를 붙여 만든 피동문을 '어휘적 피동' 또는 '짧은 피동'이라고 한다. '짧은 피동'이라는 말은 '-이-, -히-, -리-, -기-'가 붙어 만들어진 피동사는 글자 수가 적어 그 길이가 짧기 때문에 생긴 이름이고, 어휘적 피동이라는 말은 능동사 어간에 접미사 '-이-, -히-, -리-, -기-'를 붙여 만든 피동사가 하나의 새로운 단어이기 때문에 생긴 이름이다.

예 아기가 엄마에게 <u>안기다.</u>

2) **보조 동사 피동형** : 보조 동사 '-어지다'를 붙여 만드는 피동문을 '통사적 피동' 또는 '긴 피동'이라고 한다. '긴 피동'이라는 말은 보조 동사 '-어지다'가 붙어 만들어진 것은 상대적으로 글자 수가 많아 그 길이가 길기 때문에 생긴 말이고, 통사적 피동이라는 말은 원래 있던 본동사 뒤에 보조 동사를 붙여 만들었기 때문에 생긴 이름이다.

예 아기가 엄마에게 <u>키워지다.</u>

3) **불필요한 피동 표현**

예 그가 범인이라는 것이 <u>믿겨지지</u> 않는다.

'믿겨지다'는 '믿다'에 피동 접미사 '기'와 보조 동사 '-어지다'가 중복된 표현이다.

올바른 표현은 다음과 같다.

예 그가 범인이라는 것이 <u>믿기지</u> 않는다.

확인문제

다음 중 올바르지 <u>않은</u> 문장을 고르세요.

① 손님, 여기에 차를 주차시키면 안 됩니다.
② 그가 떠났다는 것이 믿기지 않는다.
③ 나는 수상자 명단에서 그를 제외했다.
④ 엄마는 주말마다 동생을 공부시켰다.
⑤ 그녀는 할머니에게 키워졌다.

정답 ①

3 높임 표현

1. 주체 높임법

문장 안에서 주체가 되는 대상을 높이는 표현 방법. 주체란 문장의 주어에 해당하는 대상을 말한다. 주체 높임법이란 이러한 주체를 높여 표현하는 방법을 말한다. 서술의 주체, 즉 문장의 주어가 말하는 사람보다 나이가 많거나 사회적 지위가 높은 사람일 때 주체 높임법을 사용한다. 주격 조사 '께서'와 주체 높임 선어말 어미 '-(으)시-', 주어 명사에 '-님'을 붙인 말, 특수 어휘(계시다, 잡수시다, 주무시다, 편찮으시다 등)로 실현될 수 있다.

예 아버지께서 말씀을 <u>하신다</u>. / 할아버지께서 <u>편찮으시다</u>.

> • 압존법 : 문장의 주체가 화자보다는 높지만 청자보다는 낮아, 그 주체를 높이지 못하는 어법이다. '할아버지, 아버지가 아직 안 왔습니다.' 라는 문장에서, 문장의 주체인 '아버지'는 '화자'(이야기를 하는 사람)보다 높지만, 청자인 '할아버지'보다는 낮으므로 '아버지'를 높이지 않았다.

2. 객체 높임법

문장 안에서 객체가 되는 대상을 높이는 표현 방법. 객체란 동작의 행위가 미치는 대상, 즉 문장의 목적어나 부사어에 해당하는 대상을 말한다. 즉, 서술의 객체인 목적어나 부사어를 높여 표현하는 방식을 객체 높임법이라고 한다. 주로 특수 어휘(드리다, 여쭙다, 모시다 등)에 의하여 실현된다.

예 아버지를 <u>모시고</u> 갔다.

3. 상대 높임법

문장 안에서 상대방을 높이는 표현 방법. '상대'란 듣는 이를 말하는 것이며, 상대를 높여서 표현하는 방법을 상대 높임법이라고 한다.

예 아버지, 어서 들어오십시오.

	하십시오체	아주높임	이 책을 읽으십시오.
격식체	하오체	예사높임	이 책을 읽으시오.
	하게체	예사낮춤	이 책을 읽게.
	해라체	아주낮춤	이 책을 읽어라.
비격식체	해요체	두루높임	이 책을 읽어요.
	해체	두루낮춤	이 책을 읽어.

다음 중 잘못된 높임 표현을 사용한 것을 고르세요.

① 선생님은 예쁜 따님이 있으시다.
② 할아버지, 아버지 왔습니다.
③ 사장님 넥타이가 예쁘세요.
④ 나는 그 잔치에 아버지를 모시고 갔다.
⑤ 할아버지께서 많이 편찮으시다.

정답 ③

4 올바른 문장 구조

1. 중의적 표현

의미가 여러 개로 해석될 수 있는 표현. 국어에서 중의적 표현이 이루어지는 방법은 네 가지이다.

1) 단어의 중의성으로 인해 일어난 경우
　예 그는 밤을 좋아한다.
　해석1 밤 : 해가 져서 어두워진 때부터 다음날 해가 떠서 밝아지기 전까지의 동안[夜]
　해석2 밤 : 밤나무의 열매[栗]

2) 문장의 구조 차이 때문에 문법적으로 중의성이 발생한 경우
　예 철수는 영미보다 미영이를 좋아한다.
　해석1 영미가 미영이를 좋아하는 것보다 철수가 미영이를 더 좋아한다.
　해석2 철수는 영미를 좋아하는 것보다 미영이를 더 좋아한다.

3) 국어의 특이한 현상으로, 부정 표현으로 인해 중의성이 생기는 경우
　예 학생들이 다 오지 않았다.
　해석1 학생들이 아무도 오지 않았다.
　해석2 학생들 일부가 오지 않았다.(학생들이 다 온 것은 아니다.)

4) 상황에 따른 중의성
　예 그는 구두를 신고 있다.
　해석1 그는 구두를 신는 중이다.
　해석2 그는 처음부터 구두를 신고 있었다.

확인문제

다음 중 중의성이 없는 문장을 고르세요.

① 그녀는 배를 보고 있다.
② 아빠는 나보다 엄마를 좋아한다.
③ 그는 옷을 입고 있다.
④ 학생들이 다 오지 않았다.
⑤ 나는 그녀의 예쁜 가방이 마음에 들었다.

정답 ⑤

2. 중복 표현

의미가 중복되는 표현 사례

가까운 측근	'가까운' 과 '근(近 : 가까울 근)' 의 의미가 중복된다.
가장 최근	'가장' 과 '최(最 : 가장 최)' 의 의미가 중복된다.
개인적인 사견	'개인' 과 '사(私 : 사사 사)' 의 의미가 중복된다.
공기를 환기	'공기' 와 '기(氣 : 기운 기)' 의 의미가 중복된다.
과반수 이상	'이상' 과 '과(過 : 지날 과)' 의 의미가 중복된다.
기간 동안	'기간(어느 일정한 시기부터 다른 어느 일정한 시기까지의 사이)' 과, '동안(어느 한때에서 다른 한때까지 시간의 길이)' 의 의미가 중복된다.
남은 여생	'남은' 과 '여(餘 : 남을 여)' 의 의미가 중복된다.
돌이켜 회고	'돌이켜' 와 '회고(回顧 : 돌아올 회, 돌아볼 고)' 의 의미가 중복된다.
역전 앞	'전(前 : 앞 전)' 과 '앞' 의 의미가 중복된다.
지나친 과식	'지나친' 과 '과(過 : 지날 과)' 의 의미가 중복된다.
지나간 과거	'지나간' 과 '과거(過去 : 지날 과, 갈 거)' 의 의미가 중복된다.

다음 중 중복 표현이 없는 문장을 고르세요.

① 이 글을 간추려 요약하시오.
② 그녀는 남은 여생을 시골에서 보냈다.
③ 그는 지나친 과식으로 배탈이 났다.
④ 저녁에 역전 앞에서 친구와 만나기로 했다.
⑤ 그 안건에 대해 반 이상이 찬성했다.

정답 ⑤

3. 지나친 생략

1) 주어

① 목숨을 걸고 불길에 뛰어들어 구해냈다.
　→ 소방관은 목숨을 걸고 불길에 뛰어들어 사람(들)을 구해냈다.
② 비행기가 곧 이륙하니 안전띠를 매주시기 바랍니다.
　→ 비행기가 곧 이륙하니 승객 여러분께서는 안전띠를 매주시기 바랍니다.

2) 서술어

① 내일은 구름과 비가 올 것으로 예상됩니다.
　→ 내일은 구름이 끼고 비가 올 것으로 예상됩니다.
② 귤은 맛도 영양도 많다.
　→ 귤은 맛도 좋고 영양도 많다.

3) 목적어

① 나는 그에게 배우기도 하고, 가르치기도 하였다.
　→ 나는 그에게 배우기도 하고, 그를 가르치기도 하였다.
② 그는 깨진 접시를 상자에 담은 뒤, 조심스럽게 덮었다.
　→ 그는 깨진 접시를 상자에 담은 뒤, 조심스럽게 뚜껑을 덮었다.

4) 부사어

① 나는 오랫동안 간직해온 선물을 건넸다.
　→ 나는 오랫동안 간직해온 선물을 그에게 건넸다.
② 가산점은 결정적인 영향을 끼친다.
　→ 가산점은 당락에 결정적인 영향을 끼친다.

다음 중 올바른 문장을 고르세요.

① 이번 사건의 범인은 다름 아닌 그였으며, 이미 전과가 있는 사람이었다.
② 나의 취미는 그림과 책을 읽는 것이다.
③ 그 싸움에서 나는 그들에게 맞기도 하고, 때리기도 했다.
④ 열차가 들어오고 있으니, 승객 여러분께서는 한걸음 물러서 주시기 바랍니다.
⑤ 눌변인 그와 대화를 나눌 때마다 머리가 아프다고 했다.

정답 ④

4. 문장 성분의 호응

1) 주어–서술어
① 그의 가장 큰 단점은 다른 사람을 헐뜯는 것은 틀림없다.
→ 그의 가장 큰 단점은 다른 사람을 헐뜯는 <u>것이다.</u>
② 건강을 위해서는 인스턴트 음식을 피한다.
→ 건강을 위해서는 인스턴트 음식을 <u>피해야 한다.</u>

2) 부사어–서술어
① 뜰에 핀 꽃이 여간 탐스러웠다.
→ 뜰에 핀 꽃이 <u>여간 탐스럽지 않았다.</u>
② 비록 사소한 것이기 때문에 어른과 의논해야 한다.
→ <u>비록 사소한 것일지라도</u> 어른과 의논해야 한다.

3) 목적어–서술어
① 국산품과 수입품의 가격과 질이 비슷하다면 국산품이 이용하도록 하자.
→ 국산품과 수입품의 가격과 질이 비슷하다면 <u>국산품을</u> 이용하도록 하자.
② 그림을 멋있게 보이려면 푸른 소나무는 꼭 있어야 합니다.
→ <u>그림이</u> 멋있게 보이려면 푸른 소나무는 꼭 있어야 합니다.

4) 수식어–피수식어
① 아름다운 친구의 동생에게 인사를 했다.
→ <u>친구의 아름다운</u> 동생에게 인사를 했다.
② 나는 예쁜 그녀의 가방이 부러웠다.
→ 나는 그녀의 <u>예쁜</u> 가방이 부러웠다.

다음 중 올바른 문장을 고르세요.

① 내가 가장 싫어하는 것은 거짓말하는 것이 싫다.
② 여자 혼자서 아이를 키운다는 게 여간 어려운 일이 아니다.
③ 나는 비록 공부를 잘하지만, 운동도 잘한다.
④ 좋은 회사에 취직하는 방법은 끊임없이 노력해야 한다.
⑤ 그 순간 두려움을 느낀 것은 비단 나만이었다.

정답 ②

5. 지나친 명사화와 지나친 관형화

① 안전한 정밀한 기술을 이용한 수술을 받아 아내는 살 수 있었다.
→ 안전하고 정밀한 기술을 이용한 수술을 받아 아내는 살 수 있었다.

② 휴가철이 되면 익사 사고 방지 대책 마련에 신중을 기해야 한다.
→ 휴가철이 되면 익사 사고를 방지하기 위한 대책을 마련하는 데에 신중을 기해야 한다.

6. 번역투 문장

① 이 기계는 고장나서 수리를 필요로 한다.
→ 이 기계는 고장나서 수리해야 한다.

② 조사 결과가 말해 주고 있듯이 아직 남녀차별 문제는 해결되지 않았다.
→ 조사 결과에서 알 수 있듯이 아직 남녀차별 문제는 해결되지 않았다.

다음 중 자연스러운 문장을 고르세요.

① 그들은 일주일에 한 번씩 토론회를 가졌다.
② 그가 침대에 누워 있던 것은 게으름 부림이 아니었다.
③ 투표 결과가 말해 주고 있듯이 학생들은 그가 회장이 되기를 바랐다.
④ '사과'는 여러 가지 의미를 갖는다.
⑤ 그는 자동차를 수리할 도구가 필요했다.

정답 ⑤

연습문제

01 의미가 중복된 표현이 <u>없는</u> 것은?
① 방학 기간 동안 가족들과 함께 제주도 여행을 했다.
② 돌이켜 회고하니 나는 그동안 일만 하며 살았다.
③ 아무리 후회해도 지나간 과거는 돌아오지 않는다.
④ 그의 의견에 과반수 이상이 동의했다.
⑤ 추석 때 외가에서 먹은 음식들은 정말 맛있었다.

02 문장의 의미가 두 가지 이상으로 해석되지 <u>않는</u> 것은?
① 민수와 순이는 결혼했다.
② 그는 구두를 신는 중이다.
③ 파티에 친구들이 다 오지 않았다.
④ 민수는 아름다운 순이의 원피스를 쳐다보았다.
⑤ 엄마는 동생에게 옷을 입혔다.

03 문장 표현이 가장 자연스러운 것은?
① 아무리 노력하다 보니 성적이 오르지 않았다.
② 지금 밥을 다 차렸으니 얼른 나와서 먹으라고 해.
③ 그는 집에서 과자와 음료수를 마시며 주말을 보냈다.
④ 항상 염두에 두어야 할 것은 친구를 소중히 해야 할 것이다.
⑤ 건물 안에서 흡연을 하면 처벌을 받게 됩니다.

04 다음 중 높임 표현을 <u>잘못</u> 사용한 것은?
① 할아버지, 아버지가 왔습니다.
② 모르는 문제를 선생님께 여쭈었다.
③ 그 신발은 품절되셨습니다.
④ 당신은 마음이 무척 넓으시군요.
⑤ 할아버지께서는 아직 귀가 밝으시다.

정답 및 해설

1	2	3	4
⑤	②	⑤	③

○1 ① '기간(어느 일정한 시기부터 다른 어느 일정한 시기까지의 사이)'과, '동안(어느 한때에서 다른 한때까지 시간의 길이)'의 의미가 중복된다.
② '돌이켜'와 '회고(回顧 : 돌아올 회, 돌아볼 고)'의 의미가 중복된다.
③ '지나간'과 '과거(過去 : 지날 과, 갈 거)'의 의미가 중복된다.
④ '이상'과 '과(過 : 지날 과)'의 의미가 중복된다.

○2 ① 민수와 순이는 결혼했다.
민수와 순이는 각각 누군가와 결혼했다. / 민수가 순이와 결혼했다.
③ 파티에 친구들이 다 오지 않았다.
파티에 친구들이 아무도 오지 않았다. / 파티에 친구들이 다 온 것은 아니다.
④ 민수는 아름다운 순이의 원피스를 쳐다보았다.
민수는 아름다운 순이의, 원피스를 쳐다보았다.(아름다운 것이 순이)
민수는 순이의 아름다운 원피스를 쳐다보았다.(아름다운 것이 원피스)
⑤ 엄마는 동생에게 옷을 입혔다.
엄마는 동생에게 직접 옷을 입혔다. / 엄마는 동생 스스로 옷을 입게 했다.

○3 ① 아무리 노력해도 성적이 오르지 않았다. - 부사어 서술어 호응
② 지금 밥을 다 차렸으니 동생한테 얼른 나와서 먹으라고 해. - 부사어 생략
③ 그는 집에서 과자를 먹고 음료수를 마시며 주말을 보냈다. - 목적어와 서술어 호응
④ 항상 염두에 두어야 할 것은 친구를 소중히 해야 한다는 것이다. - 주어와 서술어 호응

○4 ③ '그 신발은 품절되었습니다.'가 올바른 문장이다.

02 한글 맞춤법

▶ 왜 '선률'이 아니라 '선율'일까요? 한글 맞춤법 중 하나인 '두음 법칙' 때문입니다. 아는 것 같으면서도 막상 설명하려면 어려운 것이 맞춤법이죠. 또 모르는 것 같으면서도 매일 글과 단어들을 접하면서 우리는 이미 많은 맞춤법을 알고 있는데요. 그만큼 맞춤법은 우리 생활과 밀접한 관련이 있습니다.

2장에서는 한글 맞춤법을 간단한 설명과 함께 학습합니다.

1 된소리

제5항 한 단어 안에서 뚜렷한 까닭 없이 나는 된소리는 다음 음절의 첫소리를 된소리로 적는다.

1. 두 모음 사이에서 나는 된소리

소쩍새	어깨	오빠	으뜸	아끼다
기쁘다	깨끗하다	어떠하다	해쓱하다	가끔
거꾸로	부썩	어찌	이따금	

2. 'ㄴ, ㄹ, ㅁ, ㅇ' 받침 뒤에서 나는 된소리

산뜻하다	잔뜩	살짝	훨씬	담뿍
움찔	몽땅	엉뚱하다		

다만, 'ㄱ, ㅂ' 받침 뒤에서 나는 된소리는, 같은 음절이나 비슷한 음절이 겹쳐 나는 경우가 아니면 된소리로 적지 아니한다.

국수	깍두기	딱지	색시	싹둑(~싹둑)
법석	갑자기	몹시		

확인문제

다음 단어 중 맞춤법에 맞지 않는 것은?

① 몽땅   ② 깍두기
③ 법썩   ④ 싹둑
⑤ 담뿍

정답 ③

---

2 두음 법칙

제10항 한자음 '녀, 뇨, 뉴, 니'가 단어 첫머리에 올 적에는, 두음 법칙에 따라 '여, 요, 유, 이'로 적는다. (ㄱ을 취하고, ㄴ을 버림)

ㄱ	ㄴ	ㄱ	ㄴ
여자(女子)	녀자	**유대(紐帶)**	뉴대
연세(年歲)	년세	**이토(泥土)**	니토
요소(尿素)	뇨소	**익명(匿名)**	닉명

다만, 다음과 같은 의존 명사에서는 '냐, 녀'음을 인정한다.
냥(兩)　　　　냥쭝(兩-)　　　년(年) (몇 년)

[붙임 1] 단어의 첫머리 이외의 경우에는 본음대로 적는다.
남녀(男女)　　　당뇨(糖尿)　　　결뉴(結紐)　　　은닉(隱匿)

[붙임 2] 접두사처럼 쓰이는 한자가 붙어서 된 말이나 합성어에서, 뒷말의 첫소리가 'ㄴ'소리로 나더라도 두음 법칙에 따라 적는다.
신여성(新女性)　　　　　　공염불(空念佛)　　　　　　남존여비(男尊女卑)

[붙임 3] 둘 이상의 단어로 이루어진 고유 명사를 붙여 쓰는 경우에도 [붙임 2]에 준하여 적는다.
한국여자대학　　　　　　대한요소비료회사

제11항 한자음 '랴, 려, 례, 료, 류, 리'가 단어의 첫머리에 올 적에는, 두음 법칙에 따라 '야, 여, 예, 요, 유, 이'로 적는다. (ㄱ을 취하고, ㄴ을 버림)

ㄱ	ㄴ	ㄱ	ㄴ
양심(良心)	량심	**용궁(龍宮)**	룡궁
역사(歷史)	력사	**유행(流行)**	류행
예의(禮儀)	례의	**이발(理髮)**	리발

다만, 다음과 같은 의존 명사는 본음대로 적는다.

리(里) : 몇 리냐?

리(理) : 그럴 리가 없다.

TIP

의존 명사란 무엇일까요?

명사 중에는 반드시 그 앞에 꾸며 주는 말, 즉 관형어가 있어야만 문장에 쓰일 수 있는 것들이 있습니다. 이를 의존 명사라고 하는데요. 의존 명사의 예로는 '것', '따름', '뿐', '데' 따위가 있습니다.

예 모두 구경만 할 **뿐** 누구 하나 거드는 이가 없었다.

[붙임 1] 단어의 첫머리 이외의 경우에는 본음대로 적는다.

개량(改良)	선량(善良)	수력(水力)	협력(協力)
사례(謝禮)	혼례(婚禮)	와룡(臥龍)	쌍룡(雙龍)
하류(下流)	급류(急流)	도리(道理)	진리(眞理)

다만, 모음이나 'ㄴ' 받침 뒤에 이어지는 '렬, 률'은 '열, 율'로 적는다. (ㄱ을 취하고, ㄴ을 버림)

ㄱ	ㄴ	ㄱ	ㄴ
나열(羅列)	나렬	**분열(分裂)**	분렬
치열(齒列)	치렬	**선열(先烈)**	선렬
비열(卑劣)	비렬	**진열(陳列)**	진렬
규율(規律)	규률	**선율(旋律)**	선률
비율(比率)	비률	**전율(戰慄)**	전률
실패율(失敗率)	실패률	**백분율(百分率)**	백분률

[붙임 2] 외자로 된 이름을 성에 붙여 쓸 경우에도 본음대로 적을 수 있다.

신립(申砬)   최린(崔麟)   채륜(蔡倫)   하륜(河崙)

[붙임 3] 준말에서 본음으로 소리 나는 것은 본음대로 적는다.

국련(국제 연합)　　　　　　　　한시련(한국 시각 장애인 연합회)

[붙임 4] 접두사처럼 쓰이는 한자가 붙어서 된 말이나 합성어에서, 뒷말의 첫소리가 'ㄴ' 또는 'ㄹ' 소리로 나더라도 두음 법칙에 따라 적는다.

역이용(逆利用)　　　　　　　　연이율(年利率)

열역학(熱力學)　　　　　　　　해외여행(海外旅行)

[붙임 5] 둘 이상의 단어로 이루어진 고유 명사를 붙여 쓰는 경우나 십진법에 따라 쓰는 수(數)도 [붙임 4]에 준하여 적는다.

서울여관　　　신흥이발관　　　육천육백육십육(六千六百六十六)

제12항 한자음 '라, 래, 로, 뢰, 루, 르'가 단어의 첫머리에 올 적에는, 두음 법칙에 따라 '나, 내, 노, 뇌, 누, 느'로 적는다. (ㄱ을 취하고, ㄴ을 버림)

ㄱ	ㄴ	ㄱ	ㄴ
낙원(樂園)	락원	**뇌성(雷聲)**	뢰성
내일(來日)	래일	**누각(樓閣)**	루각
노인(老人)	로인	**능묘(陵墓)**	릉묘

[붙임 1] 단어의 첫머리 이외의 경우에는 본음대로 적는다.

쾌락(快樂)　　　　　　　　극락(極樂)

거래(去來)　　　　　　　　왕래(往來)

부로(父老)　　　　　　　　연로(年老)

지뢰(地雷)　　　　　　　　낙뢰(落雷)

고루(高樓)　　　　　　　　광한루(廣寒樓)

동구릉(東九陵)　　　　　　가정란(家庭欄)

[붙임 2] 접두사처럼 쓰이는 한자가 붙어서 된 단어는 뒷말을 두음 법칙에 따라 적는다.

내내월(來來月)　　　　　　상노인(上老人)

중노동(重勞動)　　　　　　비논리적(非論理的)

확인문제

다음 단어 중 맞춤법에 맞지 <u>않는</u> 것은?

① 내내월   ② 가정란
③ 광한누   ④ 능묘
⑤ 열역학

정답 ③

❸ 어간과 어미

제16항 어간의 끝음절 모음이 'ㅏ, ㅗ'일 때에는 어미를 '-아'로 적고, 그 밖의 모음일 때에는 '-어'로 적는다.

1. '-아'로 적는 경우

나아	나아도	나아서
막아	막아도	막아서
얇아	얇아도	얇아서
돌아	돌아도	돌아서
보아	보아도	보아서

2. '-어'로 적는 경우

개어	개어도	개어서
겪어	겪어도	겪어서
되어	되어도	되어서
베어	베어도	베어서
쉬어	쉬어도	쉬어서
저어	저어도	저어서
주어	주어도	주어서
피어	피어도	피어서
희어	희어도	희어서

제18항 다음과 같은 용언들은 어미가 바뀔 경우, 그 어간이나 어미가 원칙에 벗어나면 벗어나는 대로 적는다.

1. 어간의 끝 'ㄹ'이 줄어질 적

갈다 :	가니	간	갑니다	가시다	가오
놀다 :	노니	논	놉니다	노시다	노오
불다 :	부니	분	붑니다	부시다	부오
둥글다 :	둥그니	둥근	둥급니다	둥그시다	둥그오
어질다 :	어지니	어진	어집니다	어지시다	어지오

[붙임] 다음과 같은 말에서도 'ㄹ'이 준 대로 적는다.

마지못하다   마지않다
(하)다마다   (하)자마자
(하)지 마라   (하)지 마(아)

2. 어간의 끝 'ㅅ'이 줄어질 적

긋다 :	그어	그으니	그었다
낫다 :	나아	나으니	나았다
잇다 :	이어	이으니	이었다
짓다 :	지어	지으니	지었다

3. 어간의 끝 'ㅎ'이 줄어질 적

그렇다 :	그러니	그럴	그러면	그러오
까맣다 :	까마니	까말	까마면	까마오
동그랗다 :	동그라니	동그랄	동그라면	동그라오
퍼렇다 :	퍼러니	퍼럴	퍼러면	퍼러오
하얗다 :	하야니	하얄	하야면	하야오

4. 어간의 끝 'ㅜ, ㅡ'가 줄어질 적

푸다 :	퍼	펐다
뜨다 :	떠	떴다
끄다 :	꺼	껐다
크다 :	커	컸다
담그다 :	담가	담갔다
고프다 :	고파	고팠다
따르다 :	따라	따랐다
바쁘다 :	바빠	바빴다

5. 어간의 끝 'ㄷ'이 'ㄹ'로 바뀔 적

걷다[步] :	걸어	걸으니	걸었다
묻다[問] :	물어	물으니	물었다
싣다[載] :	실어	실으니	실었다

6. 어간의 끝 'ㅂ'이 'ㅜ'로 바뀔 적

깁다 :	기워	기우니	기웠다
굽다[炙] :	구워	구우니	구웠다
가깝다 :	가까워	가까우니	가까웠다
괴롭다 :	괴로워	괴로우니	괴로웠다
맵다 :	매워	매우니	매웠다
무겁다 :	무거워	무거우니	무거웠다

다만, '돕-, 곱-'과 같은 단음절 어간에 어미 '-아'가 결합되어 '와'로 소리 나는 것은 '-와'로 적는다.

돕다[助] :	도와	도와서	도와도	도왔다
곱다[麗] :	고와	고와서	고와도	고왔다

7. '하다'의 활용에서 어미 '-아'가 '-여'로 바뀔 적

하다 :	하여	하여서	하여도	하여라	하였다

8. 어간의 끝음절 '르' 뒤에 오는 어미 '-어'가 '-러'로 바뀔 적

이르다[至] :	이르러	이르렀다
노르다 :	노르러	노르렀다
누르다 :	누르러	누르렀다
푸르다 :	푸르러	푸르렀다

9. 어간의 끝음절 '르'의 'ㅡ'가 줄고, 그 뒤에 오는 어미 '-아/-어'가 '-라/-러'로 바뀔 적

가르다 :	갈라	갈랐다
부르다 :	불러	불렀다
거르다 :	걸러	걸렀다
오르다 :	올라	올랐다
구르다 :	굴러	굴렀다
이르다 :	일러	일렀다
벼르다 :	별러	별렀다
지르다 :	질러	질렀다

어간과 어미는 무엇일까요?

용언은 어간과 어미로 이루어져 있습니다. '보다, 보고, 보니'에서 '보-'와 같이 모양이 바뀌지 않는 부분이 어간이고, '-다, -고, -니'와 같이 모양이 바뀌는 부분을 어미라고 합니다.

용언의 활용에 대해서 알아볼까요?

어간에 여러 어미가 번갈아 결합하는 현상을 '활용'이라고 합니다. '먹다'의 경우 '먹어, 먹어서, 먹고, 먹지' 등으로 활용이 됩니다. 그런데 용언 중에는 활용할 때에 어간이나 어미의 모습이 달라지는 경우가 있습니다. 예를 들면, '춥다'의 경우 '추워, 추워서, 춥고, 춥지' 등으로 활용이 됩니다. '춥' + '어'가 '춥어'가 아닌 '추워'로 나타나는 것을 볼 수 있죠. 이처럼 용언이 활용할 때에 어간이나 어미의 기본 형태가 달라지는 경우를 '불규칙 활용'이라고 합니다.

불규칙 활용의 종류

어간의 바뀜	① 'ㅅ' 불규칙 : 어간 끝의 'ㅅ'이 모음 앞에서 탈락 예 짓다 : 짓- + -어 → 지어, 짓- + -고 → 짓고
	② 'ㄷ' 불규칙 : 어간 끝의 'ㄷ' → 'ㄹ' 예 걷다 : 걷- + -어 → 걸어, 걷- + -고 → 걷고
	③ 'ㅂ' 불규칙 : 어간 끝의 'ㅂ' → '오/우' 예 덥다 : 덥- + -어 → 더워, 덥- + -고 → 덥고
	④ '르' 불규칙 : 어간 끝의 '르' → 'ㄹ, ㄹ' 예 흐르다 : 흐르- + -어 → 흘러, 흐르- + -고 → 흐르고
	⑤ '우' 불규칙 : 어간의 '우' 탈락 ('푸다' 하나뿐) 예 푸다 : 푸- + -어 → 퍼, 푸- + -고 → 푸고
어미의 바뀜	① '여' 불규칙 : '하' 뒤의 '-어' → '-여' ('하다'가 접사로 붙은 말은 모두 이에 속함) 예 하다 : 하- + -어 → 하여, 하- + -고 → 하고
	② '러' 불규칙 : '르' 뒤에서 '-어' → '-러' (형용사 '푸르다', '누르다') 예 푸르다 : 푸르- + -어 → 푸르러, 푸르- + -고 → 푸르고
	③ '너라' 불규칙 : '오' 뒤의 '-아라/어라' → '-너라' (명령형 어미 '-거라'가 '-너라'로 변한 것) 예 오다 : 오- + -어라 → 오너라, 오- + -고 → 오고
	④ '오' 불규칙 : 어미 '-아라/어라'가 어간 뒤에서 '-오'로 바뀜 예 달- + -아라 → 다오
어간과 어미의 바뀜	'ㅎ' 불규칙 : 'ㅎ'으로 끝나는 어간 + '-아/어' → 'ㅎ' 탈락한 후, '-아' → '-애' 예 빨갛다 : 빨갛- + -아 → 빨개, 빨갛- + -고 → 빨갛고

확인문제

밑줄 친 단어의 표기가 옳지 않은 것은?

① 그는 얼굴이 너무 <u>하얘서</u> 꼭 아픈 사람 같다.
② 계곡물에 <u>담궈</u> 놓은 빨래를 건졌다.
③ 어머니는 쌀통에서 쌀을 <u>펐다</u>.
④ 먼 산에 단풍이 <u>누르러</u> 보인다.
⑤ 그들은 언제나 예의가 <u>발랐다</u>.

정답 ②

---

④ 접미사

제21항 명사나 혹은 용언의 어간 뒤에 자음으로 시작된 접미사가 붙어서 된 말은 그 명사나 어간의 원형을 밝히어 적는다.

1. 명사 뒤에 자음으로 시작된 접미사가 붙어서 된 것

값지다	홑지다	넋두리	빛깔	옆댕이	잎사귀

2. 어간 뒤에 자음으로 시작된 접미사가 붙어서 된 것

낚시	늙정이	덮개	뜯게질	갉작갉작하다
갉작거리다	뜯적거리다	뜯적뜯적하다	굵다랗다	굵직하다
깊숙하다	넓적하다	높다랗다	늙수그레하다	얽죽얽죽하다

다만, 다음과 같은 말은 소리대로 적는다.

(1) 겹받침의 끝소리가 드러나지 아니하는 것

할짝거리다	널따랗다	널찍하다	말끔하다
말쑥하다	말짱하다	실쭉하다	실큼하다
얄따랗다	얄팍하다	짤따랗다	짤막하다	실컷

(2) 어원이 분명하지 아니하거나 본뜻에서 멀어진 것

넙치	올무	골막하다	납작하다

제25항 '-하다'가 붙는 어근에 '-히'나 '-이'가 붙어서 부사가 되거나, 부사에 '-이'가 붙어서 뜻을 더하는 경우에는 그 어근이나 부사의 원형을 밝히어 적는다.

1. '-하다'가 붙는 어근에 '-히'나 '-이'가 붙는 경우

급히   꾸준히   도저히   딱히   어렴풋이   깨끗이

[붙임] '-하다'가 붙지 않는 경우에는 소리대로 적는다.

갑자기   반드시(꼭)   슬며시

2. 부사에 '-이'가 붙어서 역시 부사가 되는 경우

곰곰이   더욱이   생긋이   오뚝이   일찍이   해죽이

제26항 '-하다'나 '-없다'가 붙어서 된 용언은 그 '-하다'나 '-없다'를 밝히어 적는다.

1. '-하다'가 붙어서 용언이 된 것

딱하다   숱하다   착하다   텁텁하다   푹하다

2. '-없다'가 붙어서 용언이 된 것

부질없다   상없다   시름없다   열없다   하염없다

TIP

접미사와 접두사는 무엇일까요?

① **접미사** : 파생어를 만드는 접사로, 어근이나 단어의 뒤에 붙어 새로운 단어가 되게 하는 말입니다. '선생님'의 '-님', '먹보'의 '-보', '지우개'의 '-개', '먹히다'의 '-히-' 따위가 있습니다.

② **접두사** : 파생어를 만드는 접사로, 어근이나 단어의 앞에 붙어 새로운 단어가 되게 하는 말입니다. '맨손'의 '맨-', '들볶다'의 '들-', '시퍼렇다'의 '시-' 따위가 있습니다.

확인문제

다음 단어 중 맞춤법에 맞지 <u>않은</u> 것을 고르세요.

① 꾸준히   ② 깨끗히
③ 닐따란   ④ 실큼하다
⑤ 빛깔

정답 ②

⑤ 합성어 및 접두사

제27항 둘 이상의 단어가 어울리거나 접두사가 붙어서 이루어진 말은 각각 그 원형을 밝히어 적는다.

국말이	꺾꽂이	꽃잎	끝장	물난리
밑천	부엌일	싫증	옷안	웃옷
젖몸살	첫아들	칼날	팥알	헛웃음
홀아비	홑몸	흙내		
값없다	겉늙다	굶주리다	낮잡다	맞먹다
받내다	벋놓다	빗나가다	빛나다	새파랗다
샛노랗다	시꺼멓다	싯누렇다	엇나가다	엎누르다
엿듣다	옻오르다	짓이기다	헛되다	

[붙임 1] 어원은 분명하나 소리만 특이하게 변한 것은 변한 대로 적는다.
할아버지   할아범

[붙임 2] 어원이 분명하지 아니한 것은 원형을 밝히어 적지 아니한다.

골병	골탕	끌탕	며칠	아재비
오라비	업신여기다	부리나케		

[붙임 3] '이[齒, 虱]'가 합성어나 이에 준하는 말에서 '니' 또는 '리'로 소리 날 때에는 '니'로 적는다.

간니	덧니	사랑니	송곳니	앞니
어금니	윗니	젖니	톱니	틀니
가랑니	머릿니			

제29항 끝소리가 'ㄹ'인 말과 딴 말이 어울릴 적에 'ㄹ' 소리가 'ㄷ' 소리로 나는 것은 'ㄷ'으로 적는다.

반짇고리(바느질~)	사흘날(사흘~)	삼짇날(삼질~)
섣달(설~)	숟가락(술~)	이튿날(이틀~)
잗주름(잘~)	푿소(풀~)	섣부르다(설~)
잗다듬다(잘~)	잗다랗다(잘~)	

다음 제시된 규정이 적용되지 않은 것은?

제29항 끝소리가 'ㄹ'인 말과 딴 말이 어울릴 적에 'ㄹ'소리가 'ㄷ'소리로 나는 것은 'ㄷ'으로 적는다.

① 받내다   ② 사흗날
③ 섣부르다   ④ 푿소
⑤ 반짇고리

정답 ①

6 사잇소리

제30항 사이시옷은 다음과 같은 경우에 받치어 적는다.

1. 순우리말로 된 합성어로서 앞말이 모음으로 끝난 경우

(1) 뒷말의 첫소리가 된소리로 나는 것

고랫재	귓밥	나룻배	나뭇가지	냇가
댓가지	뒷갈망	맷돌	머릿기름	모깃불
못자리	바닷가	뱃길	볏가리	부싯돌
선짓국	쇳조각	아랫집	우렁잇속	잇자국
잿더미	조갯살	찻집	쳇바퀴	킷값
핏대	햇볕	혓바늘		

(2) 뒷말의 첫소리 'ㄴ, ㅁ' 앞에서 'ㄴ' 소리가 덧나는 것

멧나물	아랫니	텃마당	아랫마을	뒷머리
잇몸	깻묵	냇물	빗물	

(3) 뒷말의 첫소리 모음 앞에서 'ㄴㄴ' 소리가 덧나는 것

도리깻열	뒷윷	두렛일	뒷일	뒷입맛
베갯잇	욧잇	깻잎	나뭇잎	댓잎

TIP

'내물'에서는 어떤 음운 변동이 일어날까요?

① 우리말에서 음절의 끝에는 'ㄱ, ㄴ, ㄷ, ㄹ, ㅁ, ㅂ, ㅇ'만 발음되므로 '냇'의 'ㅅ'은 [ㄷ]으로 바뀌어 발음됩니다. 이를 음절의 끝소리 규칙이라고 해요.

② 이렇게 바뀐 [낻물]의 '낻'에서 'ㄷ'은 다음에 오는 비음인 'ㅁ'의 영향을 받아 비음 'ㄴ'으로 바뀌어 [낸물]로 발음됩니다. 이를 비음화라고 합니다.

2. 순우리말과 한자어로 된 합성어로서 앞말이 모음으로 끝난 경우

(1) 뒷말의 첫소리가 된소리로 나는 것

귓병	머릿방	뱃병	봇둑	사잣밥
샛강	아랫방	자릿세	전셋집	찻잔
찻종	촛국	콧병	탯줄	텃세
핏기	햇수	횟가루	횟배	

(2) 뒷말의 첫소리 'ㄴ, ㅁ' 앞에서 'ㄴ' 소리가 덧나는 것

| 곗날 | 제삿날 | 훗날 | 툇마루 | 양칫물 |

(3) 뒷말의 첫소리 모음 앞에서 'ㄴㄴ' 소리가 덧나는 것

| 가욋일 | 사삿일 | 예삿일 | 훗일 |

3. 두 음절로 된 다음 한자어

| 곳간(庫間) | 셋방(貰房) | 숫자(數字) | 찻간(車間) |
| 툇간(退間) | 횟수(回數) | | |

전셋집? 전세방?

사이시옷은 어느 경우에 써야 할까요? 위의 두 단어로 사이시옷 표기에 대해 알아
봅시다.

사이시옷을 쓰기 위해서는 세 가지 조건이 충족되어야 합니다. ① 두 단어가 합쳐
져서 새로운 단어를 형성해야 하고, ② 두 단어 중 하나는 반드시 고유어(순우리
말)이어야 하며, ③ 뒤 단어의 첫소리가 된소리로 발음되거나 혹은 'ㄴ'이나 'ㄴㄴ'
소리가 덧나야 합니다.

① '전세'와 '집'이 결합해 새로운 단어 '전셋집'이 됨

$$專貰 + 집 = 전셋집[전세찝 / 전섿찝]$$

② '집'은 고유어

③ '집'이 된소리 [찝]으로 발음됨

① '전세'와 '방'이 결합해 새로운 단어 '전세방'이 됨

$$專貰 + 房 = 전세방[전세빵]$$

② 고유어가 없음   ③ '방'이 된소리 [빵]으로 발음됨

* ②의 조건을 충족시키지 못하므로 '전세방'에서는 사잇소리 현상이 일어나지
않아요.

그러면 '전세방'과 '셋방'은 왜 다를까요?

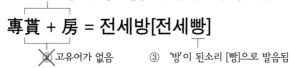

$$貰 + 房 = 셋방[세빵/섿빵]$$

'셋방'은 한자어와 한자어가 결합된 형태로 사이시옷을 표기할 수 없지만, 6개 단
어(숫자, 횟수, 찻간, 곳간, 툇간, 셋방)에 한해 관용을 존중하여 사이시옷을 표기
하고 있기 때문입니다.

제31항 두 말이 어울릴 적에 'ㅂ' 소리나 'ㅎ' 소리가 덧나는 것은 소리대로 적는다.

1. 'ㅂ' 소리가 덧나는 것

댑싸리(대ㅂ싸리)	멥쌀(메ㅂ쌀)	볍씨(벼ㅂ씨)
입때(이ㅂ때)	입쌀(이ㅂ쌀)	접때(저ㅂ때)
좁쌀(조ㅂ쌀)	햅쌀(해ㅂ쌀)	

2. 'ㅎ' 소리가 덧나는 것

머리카락(머리ㅎ가락)	살코기(살ㅎ고기)	수캐(수ㅎ개)
수컷(수ㅎ것)	수탉(수ㅎ닭)	안팎(안ㅎ밖)
암캐(암ㅎ개)	암컷(암ㅎ것)	암탉(암ㅎ닭)

확인문제

다음 중 사잇소리의 표기가 옳은 것은?

① 귀병   ② 뒷태
③ 나룻배   ④ 마굿간
⑤ 사자밥

정답   ③

---

7 준말

제34항 모음 'ㅏ, ㅓ'로 끝난 어간에 '-아/-어, -았-/-었-'이 어울릴 적에는 준대로 적는다.

(본말)	(준말)		(본말)	(준말)
가아	가		가았다	갔다
서어	서		서었다	섰다
켜어	켜		켜었다	켰다
펴어	펴		펴었다	폈다

[붙임 1] '� ㅐ, ㅔ' 뒤에 '-어, -었-'이 어울려 줄 적에는 준 대로 적는다.

(본말)	(준말)	(본말)	(준말)
개어	개	개었다	갰다
내어	내	내었다	냈다
베어	베	베었다	벴다
세어	세	세었다	셌다

[붙임 2] '하여'가 한 음절로 줄어서 '해'로 될 적에는 준 대로 적는다.

(본말)	(준말)	(본말)	(준말)
하여	해	하였다	했다
더하여	더해	더하였다	더했다
흔하여	흔해	흔하였다	흔했다

제35항 모음 'ㅗ, ㅜ'로 끝난 어간에 '-아/-어, -았-/-었-'이 어울려 'ㅘ/ㅝ, ㅘ ㅆ/ㅝㅆ'으로 될 적에는 준 대로 적는다.

(본말)	(준말)	(본말)	(준말)
꼬아	꽈	꼬았다	꽜다
보아	봐	보았다	봤다
쑤어	쒀	쑤었다	쒔다
주어	줘	주었다	줬다

[붙임 1] '놓아'가 '놔'로 줄 적에는 준 대로 적는다.

[붙임 2] 'ㅚ' 뒤에 '-어, -었-'이 어울려 'ㅙ, ㅙㅆ'으로 될 적에도 준 대로 적는다.

(본말)	(준말)	(본말)	(준말)
괴어	괘	괴었다	괬다
되어	돼	되었다	됐다
뵈어	봬	뵈었다	뵀다
쇠어	쇄	쇠었다	쇘다
쐬어	쐐	쐬었다	쐤다

제36항 'ㅣ' 뒤에 '-어'가 와서 'ㅕ'로 줄 적에는 준 대로 적는다.

(본말)	(준말)	(본말)	(준말)
견디어	견뎌	견디었다	견뎠다
막히어	막혀	막히었다	막혔다
버티어	버텨	버티었다	버텼다
치이어	치여	치이었다	치였다

제38항 'ㅏ, ㅗ, ㅜ, ㅡ' 뒤에 '-이어'가 어울려 줄어질 적에는 준 대로 적는다.

(본말)	(준말)	(본말)	(준말)
싸이어	쌔어/싸여	뜨이어	띄어
보이어	뵈어/보여	쓰이어	씌어/쓰여
쏘이어	쐬어/쏘여	트이어	틔어/트여
누이어	뉘어/누여		

> **TIP**
> '띄어쓰기, 띄어 쓰다, 띄어 놓다'는 관용상 '뜨여쓰기, 뜨여 쓰다, 뜨여 놓다'
> 같은 형태가 사용되지 않음에 주의해야 해요.

제39항 어미 '-지' 뒤에 '않-'이 어울려 '-잖-'이 될 적과 '-하지' 뒤에 '않-'이 어울려 '-찮-'이 될 적에는 준 대로 적는다.

(본말)	(준말)	(본말)	(준말)
그렇지 않은	그렇잖은	만만하지 않다	만만찮다
적지 않은	적잖은	변변하지 않다	변변찮다

제40항 어간의 끝음절 '하'의 'ㅏ'가 줄고 'ㅎ'이 다음 음절의 첫소리와 어울려 거센소리로 될 적에는 거센소리로 적는다.

(본말)	(준말)	(본말)	(준말)
간편하게	간편케	다정하다	다정타
연구하도록	연구토록	정결하다	정결타
가하다	가타	흔하다	흔타

[붙임 1] 'ㅎ'이 어간의 끝소리로 굳어진 것은 받침으로 적는다.

않다	않고	않지	않든지
그렇다	그렇고	그렇지	그렇든지
아무렇다	아무렇고	아무렇지	아무렇든지
어떻다	어떻고	어떻지	어떻든지
이렇다	이렇고	이렇지	이렇든지
저렇다	저렇고	저렇지	저렇든지

[붙임 2] 어간의 끝음절 '하'가 아주 줄 적에는 준 대로 적는다.

(본말)	(준말)	(본말)	(준말)
거북하지	거북지	넉넉하지 않다	넉넉지 않다
생각하건대	생각건대	못하지 않다	못지않다
생각하다 못해	생각다 못해	섭섭하지 않다	섭섭지 않다
깨끗하지 않다	깨끗지 않다	익숙하지 않다	익숙지 않다

[붙임 3] 다음과 같은 부사는 소리대로 적는다.

결단코	결코	기필코	무심코	아무튼
요컨대	정녕코	필연코	하마터면	하여튼
한사코				

확인문제

다음 중 본말에 대한 준말이 **틀린** 것을 고르세요.

① 트이어 → 틔어
② 쇠었다 → 쇘다
③ 쏘이어 → 쐬어
④ 만만하지 않다 → 만만찮다
⑤ 넉넉하지 않다 → 넉넉찮다

정답 ⑤

---

8 띄어쓰기

제1절 조사

제41항 조사는 그 앞말에 붙여 쓴다.

꽃이	꽃마저	꽃밖에	꽃에서부터	꽃으로만
꽃이나마	꽃이다	꽃입니다	꽃처럼	어디까지나
거기도	멀리는	웃고만		

제2절 의존 명사, 단위를 나타내는 명사 및 열거하는 말 등

제42항 의존 명사는 띄어 쓴다.

아는 것이 힘이다.	나도 할 수 있다.
먹을 만큼 먹어라.	아는 이를 만났다.
네가 뜻한 바를 알겠다.	그가 떠난 지가 오래다.

TIP

의존 명사? 조사? 헷갈리는 띄어쓰기를 정리해 봅시다.

의존 명사는 띄어 쓰고 조사는 붙여 씁니다. 의존 명사는 명사의 한 종류라서 자립성을 갖지만, 조사는 홀로 쓰일 수 없으므로 앞말에 붙여 써야 하기 때문이지요.

예 들은 대로 말해봐!

: 앞의 '들은'의 꾸밈을 받아야만 쓰일 수 있는 의존 명사이므로 띄어 씁니다.

예 너는 너대로 나는 나대로

: 대명사(너, 나) 다음에 쓰인 조사이므로 붙여 씁니다.

제43항 단위를 나타내는 명사는 띄어 쓴다.

한 개	차 한 대	금 서 돈	소 한 마리
옷 한 벌	열 살	조기 한 손	연필 한 자루
버선 한 죽	집 한 채	신 두 켤레	북어 한 쾌

다만, 순서를 나타내는 경우나 숫자와 어울리어 쓰이는 경우에는 붙여 쓸 수 있다.

두시 삼십분 오초	제일과	삼학년	육층
1446년 10월 9일	2대대	16동 502호	제1실습실
80원	10개	7미터	

제44항 수를 적을 적에는 '만(萬)' 단위로 띄어 쓴다.

십이억 삼천사백오십육만 칠천팔백구십팔   12억 3456만 7898

제45항 두 말을 이어 주거나 열거할 적에 쓰이는 다음의 말들은 띄어 쓴다.

국장 겸 과장	열 내지 스물	청군 대 백군
책상, 걸상 등이 있다	이사장 및 이사들	사과, 배, 귤 등등
사과, 배 등속	부산, 광주 등지	

제46항 단음절로 된 단어가 연이어 나타날 적에는 붙여 쓸 수 있다.

좀더 큰것   이말 저말   한잎 두잎

확인문제

다음 중 띄어쓰기가 올바르지 않은 것은?

① 아마 여기에서부터 두 시간은 걸어야 할 거야.
② 집을 떠나온지 어언 3년이 지났다.
③ 그 일은 하루 내지 이틀이면 끝난다.
④ 각자 맡은 바 책임을 다하라.
⑤ 방 안은 숨소리가 들릴 만큼 조용했다.

정답 ②

제3절 보조 용언

제47항 보조 용언은 띄어 씀을 원칙으로 하되, 경우에 따라 붙여 씀도 허용한다. (ㄱ을 원칙으로 하고, ㄴ을 허용함)

ㄱ	ㄴ
불이 꺼져 간다.	불이 꺼져간다.
내 힘으로 막아 낸다.	내 힘으로 막아낸다.
어머니를 도와 드린다.	어머니를 도와드린다.
그릇을 깨뜨려 버렸다.	그릇을 깨뜨려버렸다.
비가 올 듯하다.	비가 올듯하다.
그 일은 할 만하다.	그 일은 할만하다.
일이 될 법하다.	일이 될법하다.
비가 올 성싶다.	비가 올성싶다.
잘 아는 척한다.	잘 아는척한다.

TIP 보조 용언이란 무엇일까요?

용언 중에는 혼자서 쓰이지 못하고 반드시 다른 용언의 뒤에 붙어서 의미를 더하여 주는 것이 있습니다. 이를 보조 용언이라고 합니다.

　　떡이 먹고 <u>싶다</u>.　　　　감상을 적어 <u>두다</u>.

　　예쁘지 <u>않다</u>.　　　　　학교에 가 <u>보다</u>.

밑줄 친 부분에서 '싶다, 않다'는 보조 형용사이고, '두다, 보다'는 보조 동사입니다. 그리고 이 보조 용언의 앞에서 도움을 받는 용언을 '본 용언'이라고 합니다.

다만, 앞말에 조사가 붙거나 앞말이 합성 용언인 경우, 그리고 중간에 조사가 들어갈 적에는 그 뒤에 오는 보조 용언은 띄어 쓴다.

잘도 놀아만 나는구나!　　　　　책을 읽어도 보고…….

네가 덤벼들어 보아라.　　　　　이런 기회는 다시없을 듯하다.

그가 올 듯도 하다.　　　　　　잘난 체를 한다.

제4절 고유 명사 및 전문 용어

제48항 성과 이름, 성과 호 등은 붙여 쓰고, 이에 덧붙는 호칭어, 관직명 등은 띄어 쓴다.

김양수(金良洙)	서화담(徐花潭)	채영신 씨
최치원 선생	박동식 박사	충무공 이순신 장군

다만, 성과 이름, 성과 호를 분명히 구분할 필요가 있을 경우에는 띄어 쓸 수 있다.

남궁억/남궁 억	독고준/독고 준	황보지봉(皇甫芝峰)/황보 지봉

제49항 성명 이외의 고유 명사는 단어별로 띄어 씀을 원칙으로 하되, 단위별로 띄어 쓸 수 있다. (ㄱ을 원칙으로 하고, ㄴ을 허용함)

ㄱ	ㄴ
대한 중학교 한국 대학교 사범 대학	대한중학교 한국대학교 사범대학

제50항 전문 용어는 단어별로 띄어 씀을 원칙으로 하되, 붙여 쓸 수 있다. (ㄱ을 원칙으로 하고, ㄴ을 허용함)

ㄱ	ㄴ
만성 골수성 백혈병 중거리 탄도 유도탄	만성골수성백혈병 중거리탄도유도탄

확인문제

다음 중 띄어쓰기가 올바르지 않은 것은?

① 그는 모든 일을 잘 아는척한다.
② 그녀는 툭하면 잘난 체를 한다.
③ 그가 올듯도 하다.
④ 동생은 짐을 드신 할머니를 보면 꼭 도와 드린다.
⑤ 김민수 씨, 잠깐 가게 좀 봐 주세요.

정답 ③

9 그 밖의 것

제51항 부사의 끝음절이 분명히 '이'로만 나는 것은 '-이'로 적고, '히'로만 나거나 '이'나 '히'로 나는 것은 '-히'로 적는다.

1. '이'로만 나는 것

가붓이	깨끗이	나붓이	느긋이	둥긋이
따뜻이	반듯이	버젓이	산뜻이	의젓이
가까이	고이	날카로이	대수로이	번거로이
많이	적이	헛되이	겹겹이	번번이
일일이	집집이	틈틈이		

2. '히'로만 나는 것

극히	급히	딱히	속히	작히
족히	특히	엄격히	정확히	

3. '이, 히'로 나는 것

솔직히	가만히	간편히	나른히	무단히
각별히	소홀히	쓸쓸히	정결히	과감히
꼼꼼히	심히	열심히	급급히	답답히
섭섭히	공평히	능히	당당히	분명히
상당히	조용히	간소히	고요히	도저히

확인문제

다음 단어 중 맞춤법에 맞지 **않는** 것을 고르세요.

① 깨끗이
② 적이
③ 일일이
④ 번번이
⑤ 꼼꼼이

정답 ⑤

TIP

'이'와 '히'를 구분하는 간단한 방법!

'이'와 '히' 중 어느 하나를 고르는 문제는 자주 출제됩니다. 발음으로 '이'를 적어야 할 경우와 '히'를 적어야 할 경우를 구분하기 어렵다면 아래와 같이 '이'로 적는 경우를 알아 두세요!

'이'로 적는 경우

① 'ㅅ' 받침 다음(가붓이~의젓이)

② 'ㅂ' 불규칙 용언 다음(가까이~번거로이)

③ '하다'가 붙지 않는 어간 다음(많이~헛되이)

④ 첩어(한 단어를 반복적으로 결합한 복합어) 또는 준첩어 명사 다음(겹겹이~틈틈이)

연습문제

01 밑줄 친 부분의 맞춤법이 바르지 <u>않은</u> 것은?

① 그때 딸애가 대학을 안 가고 유학을 가겠다고 <u>부썩</u> 우겼다.

② 대학 성적을 <u>백분율</u>로 환산했다.

③ 기회가 오면 그를 혼내주겠다고 <u>별렀으면서도</u> 나는 결국 하지 못했다.

④ 빛도 들어오지 않는 지하 <u>전셋방</u>에서 삼 년을 살았다.

⑤ 친구와 오랜만에 만나 바람을 <u>쐤다.</u>

02 밑줄 친 말의 표기가 올바른 것은?

① 신문에서 대통령 선거를 <u>머리기사</u>로 다루었다.

② 타지에 나와서 생활하니 어머니께서 끓여주시던 <u>선지국</u> 맛이 그립다.

③ 땡감을 먹어 <u>뒤입맛</u>이 떨떠름하다.

④ 작은 <u>전세집</u>에서 세 가족이 행복하게 살았다.

⑤ 그는 <u>도리깨열</u>을 하려고 베어다 둔 물푸레나무를 있는 대로 끌어내었다.

03 다음 문장 중 띄어쓰기가 올바른 것은?

① 나무는 커녕 풀도 없는 황무지가 저렇게 옥답으로 변했다오.

② 그녀는 알겠다는듯 고개를 끄덕거렸다.

③ 강아지가 집을 나간지 사흘 만에 돌아왔다.

④ 나도 당신 만큼은 할 수 있다.

⑤ 여행을 할 때엔 반드시 신분증 같은 것을 가지고 다녀야 한다.

04 밑줄 친 단어의 표기가 옳지 <u>않은</u> 것은?

① 그는 내가 하는 일에 <u>일일이</u> 트집을 잡는다.

② 동생은 시험에 <u>번번이</u> 낙방하여 풀이 죽었다.

③ <u>틈틈이</u> 사들인 책이 어느새 삼천 권을 헤아리게 되었다.

④ 햇볕이 방 안을 <u>따뜻이</u> 비추었다.

⑤ 그녀는 수업 계획안을 <u>꼼꼼이</u> 작성하였다.

1	2	3	4
④	①	⑤	⑤

01 전세방 : 순 한자어로 된 합성어이나 2음절의 한자어가 아니기 때문에 '전세방'으로 표기해야 한다.

02 ① 머리기사 : 순우리말과 한자어로 된 합성어이나 뒷말의 첫소리가 된소리로 나지 않으므로 사이시옷을 쓰지 않는다.
② 선짓국 : 순우리말로 된 합성어로, 뒷말의 첫소리가 된소리로 나는 것은 사이시옷을 적는다.
③ 뒷입맛 : 순우리말로 된 합성어로, 뒷말의 첫소리 모음 앞에서 'ㄴㄴ' 소리가 덧나는 것은 사이시옷을 적는다.
④ 전셋집 : 순우리말과 한자어로 된 합성어로, 뒷말의 첫소리가 된소리로 나는 것은 사이시옷을 적는다.
⑤ 도리깻열 : 순우리말로 된 합성어로, 뒷말의 첫소리 모음 앞에서 'ㄴㄴ' 소리가 덧나는 것은 사이시옷을 적는다.

03 ① 커녕 : 보조사이므로 '조사는 그 앞말에 붙여 쓴다'는 규정에 따라 '나무는커녕'으로 써야 한다.
② 듯 : 의존 명사이므로 '의존 명사는 띄어 쓴다'는 규정에 따라 '알겠다는 듯'으로 써야 한다.
③ 지 : 어떤 일이 있었던 때로부터 지금까지의 동안을 나타내는 의존 명사이므로, '나간 지'로 써야 한다.
④ 만큼 : 앞말과 비슷한 정도나 한도임을 나타내는 격 조사로 쓰였으므로, '당신만큼'으로 써야 한다.

04 ⑤ '부사의 끝음절이 분명히 '이'로만 나는 것은 '-이'로 적고, '히'로만 나거나 '이'나 '히'로 나는 것은 '-히'로 적는다'는 규정에 따라 '꼼꼼히'로 써야 한다.

03 표준어 규정

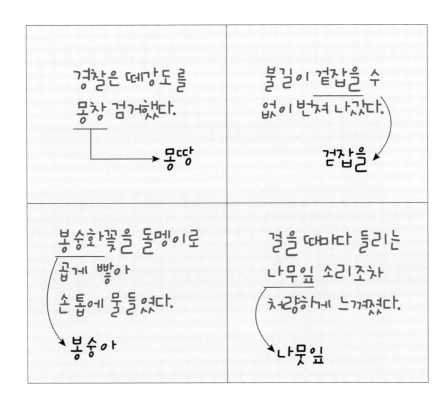

경찰은 떼강도를
몽창 검거했다.
→ 몽땅

불길이 겉잡을 수
없이 번져 나갔다.
→ 걷잡을

봉숭화꽃을 돌멩이로
곱게 빻아
손톱에 물들였다.
→ 봉숭아

걸을 때마다 들리는
나뭇잎 소리조차
처량하게 느껴졌다.
→ 나뭇잎

▶ 몽창, 겉잡을, 봉숭화, 나무잎. 이 단어들이 모두 비표준어라는 것 알고 있나
요? 이처럼 우리가 사용하는 어휘에는 비표준어와 방언이 많이 섞여 있습니다.
모든 표준어를 외우는 것은 불가능하지만, 일상생활에서 자주 쓰이는 표준어들
은 알아두는 것이 좋겠죠?

3장에서는 중요한 표준어와 표준어 규정을 학습합니다.

1 꼭 알아두어야 할 표준어

표준어	비표준어	비고
가물/가뭄		'가물' 과 '가뭄' 이 의미 차이 없이 둘 다 널리 쓰이고 있으므로 모두 표준어로 삼는다.
가탈/까탈		'까탈' 은 '가탈' 의 센말
갈무리		
거슴츠레하다/게슴츠레하다		
거저		아무런 노력이나 대가 없이
게검스럽다		음식을 욕심껏 먹어 대는 꼴이 보기에 매우 흉하다.
게걸스럽다		몹시 먹고 싶거나 하고 싶은 욕심에 사로잡힌 듯하다.
구덩이		
껄떡거리다		
꼼수		쩨쩨한 수단이나 방법
꾐		'꾐' 의 의미로 '꾀임' 을 쓰는 경우가 있으나 '꾐' 만 표준어로 삼는다.
낌새		
낼		'내일' 의 준말
–	단도리	'일의 뒤처리' 등의 의미로 자주 사용되지만 표준어가 아니다. → '준비, 채비, 단속, 잡도리, 당조짐' 으로 순화
대뜸		
되레		'도리어' 의 준말
된통		=되게
딴청		=딴전
마구리		길쭉한 토막, 상자, 구덩이 따위의 양쪽 머리 면 예 서까래 마구리
말짱		(부정의 뜻을 나타내는 서술어와 함께 쓰여) 속속들이 모두
머시		'무엇이' 가 줄어든 말

표준어	비표준어	비고
–	몽창	→ 몽땅. '모두' 의 방언(전남)
무지		보통보다 훨씬 정도에 지나치게
반절		
본때		
부각		다시마 조각, 깻잎, 고추 따위에 찹쌀 풀을 발라 말렸다가 기름에 튀긴 반찬
시방		=지금
시새움하다		자기보다 잘되거나 나은 사람을 공연히 미워하고 싫어하다. [준말 : 시샘하다]
아무렴		말할 나위 없이 그렇다는 뜻으로, 상대편의 말에 강한 긍정을 보일 때 하는 말 ≒ 암[02]
아서라		그렇게 하지 말라고 금지할 때 하는 말. 해라할 자리에 쓴다.
안짝		
알큰하다		
애고		'아이고' 의 준말
애끓다		
–	애저녁	'애초' 의 북한어. '초저녁' 의 북한어
애초		
어데		'어디에' 가 줄어든 말
어쩜		'어쩌면' 의 준말
어쭈		남의 잘난 체하는 말이나 행동을 매우 비웃는 뜻으로 하는 말. '어주' 보다 센 느낌을 준다.
얼씨구		
얼추		어지간한 정도로 대충
에누리		실제보다 더 보태거나 깎아서 말하는 일
연신		잇따라 자꾸
오만		(五萬) 매우 종류가 많은 여러 가지를 이르는 말 예 오만 설움을 겪다
우수리		물건 값을 제하고 거슬러 받는 잔돈

표준어	비표준어	비고
으레	으례	두말할 것 없이 당연히
이골		아주 길이 들어서 몸에 푹 밴 버릇
자그마치	자그만치	
작작		너무 지나치지 아니하게 적당히. 남이 하는 짓을 말릴 때에 쓰는 말이다. 예 거짓말 좀 작작 해라.
정녕		조금도 틀림없이 꼭
좀체		좀처럼
줄곧		
–	줄창	'줄곧'의 잘못
지레		어떤 일이 일어나기 전. 또는 어떤 기회나 때가 무르익기 전에 미리
쫄딱		더할 나위 없이 아주
천연덕스럽다		

확인문제

다음 중 표준어가 <u>아닌</u> 것은?

① 거슴츠레하다
② 줄창
③ 쿠린내
④ 해쓱하다
⑤ 후텁지근하다

정답 ②

2 표기를 혼동하기 쉬운 표준어

표준어	비표준어	비고
가깝다	가찹다	※ 가찹다 : '가깝다'의 방언
가지런히	가즈런히	
갈고리, 갈퀴	갈쿠리	
걷잡다	겉잡다	걷잡다 : 한 방향으로 치우쳐 흘러가는 형세 따위를 붙들어 잡다. 예 걷잡을 수 없는 사태 ※ '겉잡다'가 '겉으로 보고 대강 짐작하여 헤아리다.'의 뜻일 때는 표준어 예 예산을 대충 겉잡아서 말하다.
걸쭉하다	걸죽하다	
고깔	꼬깔	
곱빼기	곱배기	
괜스레	괜시리	
구덩이	구더기	※ 구더기 : '구덩이'의 방언
구슬리다	구슬르다	
구시렁거리다	궁시렁거리다, 궁시렁대다	
귓불	귓볼	
금세	금새	※ 금세 : '금시에'가 줄어든 말로 구어체에서 많이 사용된다.
깍지	깍찌	
깡충깡충	깡총깡총	
께름칙하다, 꺼림칙하다	께름직하다, 꺼림직하다	
널브러지다	널부러지다	
널빤지	널판지	
눈살	눈쌀	
느지막하다	느즈막하다	
닦달	닥달	
당최	당췌	
덤터기	덤태기	
뒤치다꺼리	뒤치닥거리	
들이켜고	들이키고	※ 들이키다 : 안쪽으로 가까이 옮기다.
등쌀	등살	
메슥거린다	메식거린다	

표준어	비표준어	비고
무릅쓰다	무릎쓰다	
뭉그적거리다	밍기적거리다	
베개	배개	
별의별, 별별	별에별	
볼썽사나운	볼쌍사나운	
붉으락푸르락	붉그락푸르락, 푸르락붉으락	
서투른	서툴른	
수두룩하다	수둑하다	
시답잖다	시덥잖다	
시뻘게지다	시뻘개지다	
아등바등	아둥바둥	
아무튼	아뭏든	
안다미씌우다	안다미시키다	제가 담당할 역할을 남에게 넘기다.
어리바리	어리버리	
어물쩍	어물적	
어이없다	어의없다	
어쨌든	어쨋든, 어쨌던	
어쭙잖다	어줍잖다	
오지랖	오지랍	
으스대다	으시대다	
으스스	으시시	
짓무르다	진무르다	
쪼들리다	쫄리다	※ 쫄리다 : '쪼들리다'의 북한어
찌뿌듯하다	찌뿌드하다	

확인문제

다음 중 표준어가 아닌 것은?

① 별에별
② 붉으락푸르락
③ 구시렁거리다
④ 어쭙잖다
⑤ 시답잖다

정답 ①

TIP

표준어와 표준어 규정

표준어란 한 나라에서 공용어로 쓰는 규범으로서의 언어입니다. 의사소통의 불편을 덜기 위하여 전 국민이 공통적으로 쓸 공용어의 자격을 부여받은 말로, 우리나라에서는 교양 있는 사람들이 두루 쓰는 현대 서울말로 정함을 원칙으로 합니다.

표준어는 아주 새로이 만드는 말이 아니라, 이미 그 나라에서 쓰이는 말 중 가장 큰 세력을 가지고 있고 또 사람들이 가장 좋은 말로 여기는 말을 바탕으로 하여 약간의 손질을 하여 정하는 것이 보통이죠. 수도(首都)와 같이 그 나라의 정치 · 경제 · 문화 · 교통의 중심지의 말이 흔히 표준어가 됩니다. 이러한 중심지의 말이라야 전국적으로 널리 퍼지기 쉽고, 또 국민들이 우러러보는 마음을 가지게 되는 것이 보통이기 때문입니다.

우리나라에서 표준어가 공식적으로 정해진 것은 조선어학회에서 1933년에 <한글맞춤법통일안>을, 1936년에 <사정한 조선어표준말모음>을 펴내면서부터였습니다. 이들을 근거로 ≪큰사전≫을 비롯한 국어사전들이 편찬, 간행되면서 우리나라 표준어가 비로소 정착하게 된 것이죠.

복수 표준어를 인정하는 경우와 그렇지 않은 경우?

표준어 규정은 표준어가 인위적으로 부자연스럽게 결정되는 산물이라는 관념을 불식시키기 위해 복수 표준어를 인정합니다. 예를 들어 예전에는 '출렁거리다'와 '출렁대다' 중에서 '출렁거리다'만을 표준어로 인정했지만, 현재는 '출렁대다'도 표준어로 인정합니다. 복수 표준어로 인정하려면 그 발음 차이를 이론적으로 설명할 수 있든가, 아니면 두 형태가 비슷하게 널리 쓰이든가 해야 합니다. 이처럼 복수 표준어는 국어를 풍부하게 하는 데 기여합니다.

그러나 복수 표준어로 인정하는 것이 국어를 풍부하게 하기보다는 혼란을 야기할 경우에는 어느 한 형태만을 표준어로 삼습니다. 예를 들어 '참감자'와 '고구마'를 함께 쓰는 것이 바람직하지 않다고 보아 두 낱말 중에서 '고구마'만을 표준어로 인정합니다. 이는 '비슷한 발음의 몇 형태가 쓰일 경우, 그 의미에 아무런 차이가 없고, 그 중 하나가 더 널리 쓰이면, 그 한 형태만을 표준어로 삼는다'고 밝힌 표준어 규정 제17항을 적용한 것입니다.

3 표준어 규정

제2장 발음 변화에 따른 표준어 규정
제1절 자음

제3항 다음 단어들은 거센소리를 가진 형태를 표준어로 삼는다. (ㄱ을 표준어로 삼고, ㄴ을 버림)

ㄱ	ㄴ	비고
끄나풀	끄나불	
나팔-꽃	나발-꽃	
녘	녁	동~, 들~, 새벽~, 동틀~
부엌	부억	
살-쾡이	삵-괭이	
칸	간	1. ~막이, 빈~, 방 한~ 2. '초가삼간, 윗간' 의 경우에는 '간' 임

제5항 어원에서 멀어진 형태로 굳어져서 널리 쓰이는 것은, 그것을 표준어로 삼는다. (ㄱ을 표준어로 삼고, ㄴ을 버림)

ㄱ	ㄴ	비고
강낭-콩	강남-콩	
고삿	고샅	겉~, 속~
사글-세	삭월-세	'월세' 는 표준어임
울력-성당	위력-성당	떼를 지어서 으르고 협박하는 일

제7항 수컷을 이르는 접두사는 '수-'로 통일한다. (ㄱ을 표준어로 삼고, ㄴ을 버림)

ㄱ	ㄴ	비고
수-꿩	수-퀑 / 숫-꿩	'장끼' 도 표준어임
수-나사	숫-나사	
수-놈	숫-놈	
수-사돈	숫-사돈	
수-소	숫-소	'황소' 도 표준어임
수-은행나무	숫-은행나무	

다만 1. 다음 단어에서는 접두사 다음에서 나는 거센소리를 인정한다. 접두사 '암-'이 결합되는 경우에도 이에 준한다. (ㄱ을 표준어로 삼고, ㄴ을 버림)

ㄱ	ㄴ	비고
수-캉아지	숫-강아지	
수-캐	숫-개	
수-컷	숫-것	
수-키와	숫-기와	
수-탉	숫-닭	

다만 2. 다음 단어의 접두사는 '숫 -'으로 한다. (ㄱ을 표준어로 삼고, ㄴ을 버림)

ㄱ	ㄴ	비고
숫-양	수-양	
숫-염소	수-염소	
숫-쥐	수-쥐	

확인문제

다음 중 표준어가 <u>아닌</u> 것은?

① 끄나풀
② 수키와
③ 수핑
④ 사글세
⑤ 수쥐

정답 ⑤

제2절 모음

제8항 양성 모음이 음성 모음으로 바뀌어 굳어진 다음 단어는 음성 모음 형태를 표준어로 삼는다. (ㄱ을 표준어로 삼고, ㄴ을 버림)

ㄱ	ㄴ	비고
깡충-깡충	깡총-깡총	큰말은 '껑충껑충'임
-둥이	-동이	←童-이. 귀-, 막-, 선-, 쌍-, 검-, 바람-, 흰-
발가-숭이	발가-송이	센말은 '빨가숭이', 큰말은 '벌거숭이, 뻘거숭이'임
보퉁이	보통이	
봉죽	봉족	←奉足. ~꾼, ~ 들다.
뻗정 -다리	뻗장-다리	
아서, 아서라	앗아, 앗아라	하지 말라고 금지하는 말
오뚝-이	오똑-이	부사도 '오뚝-이'임
주추	주초	←柱礎. 주춧-돌

제9항 'ㅣ' 역행 동화 현상에 의한 발음은 원칙적으로 표준 발음으로 인정하지 아니하되, 다만 다음 단어들은 그러한 동화가 적용된 형태를 표준어로 삼는다. (ㄱ을 표준어로 삼고, ㄴ을 버림)

ㄱ	ㄴ	비고
-내기	-나기	서울-, 시골-, 신출-, 풋-
냄비	남비	
동댕이-치다	동당이-치다	

[붙임 1] 다음 단어는 'ㅣ' 역행 동화가 일어나지 아니한 형태를 표준어로 삼는다. (ㄱ을 표준어로 삼고, ㄴ을 버림)

ㄱ	ㄴ	비고
아지랑이	아지랭이	

[붙임 2] 기술자에게는 '-장이', 그 외에는 '-쟁이'가 붙는 형태를 표준어로 삼는다.
(ㄱ을 표준어로 삼고, ㄴ을 버림)

ㄱ	ㄴ	비고
미장이	미쟁이	
유기장이	유기쟁이	
멋쟁이	멋장이	
소금쟁이	소금장이	

제10항 다음 단어는 모음이 단순화한 형태를 표준어로 삼는다. (ㄱ을 표준어로 삼고, ㄴ을 버림)

ㄱ	ㄴ	비고
괴팍-하다	괴팍-하다/괴팩-하다	
-구먼	-구면	
미루-나무	미류-나무	←美柳~
미륵	미력	← 彌勒. ~보살, ~불, 돌~
여느	여늬	
온-달	왼-달	만 한 달
으레	으례	
케케-묵다	케케-묵다	
허우대	허위대	
허우적-허우적	허위적-허위적	허우적-거리다.

확인문제

다음 중 표준어가 <u>아닌</u> 것은?

① 아서라
② 봉죽
③ 아지랭이
④ 유기장이
⑤ 케케묵다

정답 ③

제12항 '옷-' 및 '윗-'은 명사 '위'에 맞추어 '윗-'으로 통일한다. (ㄱ을 표준어로 삼고, ㄴ을 버림)

ㄱ	ㄴ	비고
윗-넓이	옷-넓이	
윗-눈썹	옷-눈썹	
윗-니	옷-니	
윗-덧줄	옷-덧줄	
윗-도리	옷-도리	

다만 1. 된소리나 거센소리 앞에서는 '위-'로 한다. (ㄱ을 표준어로 삼고, ㄴ을 버림)

ㄱ	ㄴ	비고
위-짝	옷-짝	
위-쪽	옷-쪽	
위-채	옷-채	
위-층	옷-층	

다만 2. '아래, 위'의 대립이 없는 단어는 '옷-'으로 발음되는 형태를 표준어로 삼는다. (ㄱ을 표준어로 삼고, ㄴ을 버림)

ㄱ	ㄴ	비고
옷-돈	윗-돈	
옷-어른	윗-어른	
옷-옷	윗-옷	

제13항 한자 '구(句)'가 붙어서 이루어진 단어는 '귀'로 읽는 것을 인정하지 아니하고, '구'로 통일한다. (ㄱ을 표준어로 삼고, ㄴ을 버림)

ㄱ	ㄴ	비고
구절(句節)	귀절	
구점(句點)	귀점	
경구(警句)	경귀	
대구(對句)	대귀	~법(對句法)
문구(文句)	문귀	
성구(成句)	성귀	~어(成句語)
시구(詩句)	시귀	
어구(語句)	어귀	
연구(聯句)	연귀	
인용구(引用句)	인용귀	

다만, 다음 단어는 '귀'로 발음되는 형태를 표준어로 삼는다. (ㄱ을 표준어로 삼고, ㄴ을 버림)

ㄱ	ㄴ	비고
귀-글 글-귀	구-글 글-구	

확인문제

다음 중 표준어가 <u>아닌</u> 것은?

① 윗도리
② 위짝
③ 웃옷
④ 귀글
⑤ 귀절

정답 ⑤

제3절 준말

제14항 준말이 널리 쓰이고 본말이 잘 쓰이지 않는 경우에는, 준말만을 표준어로 삼는다. (ㄱ을 표준어로 삼고, ㄴ을 버림)

ㄱ	ㄴ	비고
귀찮다	귀치 않다	
김	기음	~매다.
똬리	또아리	
무	무우	~강즙, ~말랭이, ~생채, 가랑~, 갓~, 왜~, 총각~
미다	무이다	1. 털이 빠져 살이 드러나다. 2. 찢어지다.
뱀	배암	
뱀-장어	배암-장어	
빔	비음	설~, 생일~
샘	새암	~바르다, ~바리
생-쥐	새앙-쥐	
솔개	소리개	
온-갖	온-가지	
장사-치	장사-아치	

제15항 준말이 쓰이고 있더라도, 본말이 널리 쓰이고 있으면 본말을 표준어로 삼는다. (ㄱ을 표준어로 삼고, ㄴ을 버림)

ㄱ	ㄴ	비고
경황-없다	경-없다	
궁상-떨다	궁-떨다	
귀이-개	귀-개	
낌새	낌	
낙인-찍다	낙-하다 / 낙-치다	
내왕-꾼	냉-꾼	
돗-자리	돗	
뒤웅-박	뒹-박	
뒷물-대야	뒷-대야	
마구-잡이	막-잡이	
맵자-하다	맵자다	모양이 제격에 어울리다.
모이	모	
벽-돌	벽	
부스럼	부럼	정월 보름에 쓰는 '부럼'은 표준어임.
살얼음-판	살-판	
수두룩-하다	수둑-하다	
암-죽	암	
어음	엄	
일구다	일다	
죽-살이	죽-살	
퇴박-맞다	퇴-맞다	
한통-치다	통-치다	

[붙임] 다음과 같이 명사에 조사가 붙은 경우에도 이 원칙을 적용한다. (ㄱ을 표준어로 삼고, ㄴ을 버림)

ㄱ	ㄴ	비고
아래-로	알-로	

제16항 준말과 본말이 다 같이 널리 쓰이면서 준말의 효용이 뚜렷이 인정되는 것은, 두 가지를 다 표준어로 삼는다. (ㄱ은 본말이며, ㄴ은 준말임)

ㄱ	ㄴ	비고
거짓-부리	거짓-불	작은말은 '가짓부리, 가짓불'임
노을	놀	저녁~
막대기	막대	
망태기	망태	
머무르다	머물다	모음 어미가 연결될 때에는 준말의 활
서두르다	서둘다	용형을 인정하지 않음
서투르다	서툴다	
석새-삼베	석새-베	
시-누이	시-뉘/시-누	
오-누이	오-뉘/오-누	
외우다	외다	외우며, 외워 : 외며, 외어
이기죽-거리다	이죽-거리다	
찌꺼기	찌끼	'찌꺽지'는 비표준어임

확인문제

다음 중 표준어가 <u>아닌</u> 것은?

① 따리
② 맵자하다
③ 장사아치
④ 내왕꾼
⑤ 서툴다

정답 ③

제4절 단수 표준어

제17항 비슷한 발음의 몇 형태가 쓰일 경우, 그 의미에 아무런 차이가 없고, 그중 하나가 더 널리 쓰이면, 그 한 형태만을 표준어로 삼는다. (ㄱ을 표준어로 삼고, ㄴ을 버림)

ㄱ	ㄴ	비고
구어–박다	구워–박다	사람이 한 군데에서만 지내다.
귀–고리	귀엣–고리	
꼭두–각시	꼭둑–각시	
내색	나색	감정이 나타나는 얼굴빛
내숭–스럽다	내흉–스럽다	
냠냠–거리다	얌냠–거리다	냠냠–하다.
너[四]	네	~돈, ~말, ~발, ~푼
넉[四]	너 / 네	~냥, ~되, ~섬, ~자
다다르다	다달다	
댑–싸리	대–싸리	
더부룩–하다	더뿌룩–하다 / 듬뿌룩–하다	
–던	–든	선택, 무관의 뜻을 나타내는 어미는 '–든' 임 가–든(지) 말–든(지), 보–든(가) 말–든(가)
–던가	–든가	
–던걸	–든걸	
–던고	–든고	
–던데	–든데	
–던지	–든지	
–(으)려고	–(으)ㄹ려고 / –(으)ㄹ라고	
–(으)려야	–(으)ㄹ려야 / –(으)ㄹ래야	
망가–뜨리다	망그–뜨리다	
멸치	며루치 / 메리치	
본새	뽄새	
봉숭아	봉숭화	'봉선화' 도 표준어임
상–판대기	쌍–판대기	
서[三]	세 / 석	~돈, ~말, ~발, ~푼

ㄱ	ㄴ	비고
석[三]	세	~냥, ~되, ~섬, ~자
-습니다	-읍니다	먹습니다, 갔습니다, 없습니다, 있습니다, 좋습니다. 모음 뒤에는 '-ㅂ니다' 임
씀벅-씀벅	썸벅-썸벅	
오금-팽이	오금-탱이	
옹골-차다	공골-차다	
우두커니	우두머니	작은말은 '오도카니' 임
짓-무르다	짓-물다	
쪽	짝	편(便). 이~, 그~, 저~ 다만, '아무-짝'은 '짝' 임
천장(天障)	천정	'천정부지(天井不知)'는 '천정' 임
흉-업다	흉-헙다	

제5절 복수 표준어

제18항 다음 단어는 ㄱ을 원칙으로 하고, ㄴ도 허용한다.

ㄱ	ㄴ	비고
네	예	
쇠-	소-	-가죽, -고기, -기름, -머리, -뼈
괴다	고이다	물이 ~, 밑을 ~
꾀다	꼬이다	어린애를 ~, 벌레가 ~
쐬다	쏘이다	바람을 ~
죄다	조이다	나사를 ~
쬐다	쪼이다	볕을 ~

제19항 어감의 차이를 나타내는 단어 또는 발음이 비슷한 단어들이 다 같이 널리 쓰이는 경우에는, 그 모두를 표준어로 삼는다. (ㄱ, ㄴ을 모두 표준어로 삼음)

ㄱ	ㄴ	비고
거슴츠레-하다	게슴츠레-하다	
고까	꼬까	~신, ~옷
고린-내	코린-내	
교기(驕氣)	갸기	교만한 태도
구린-내	쿠린-내	
꺼림-하다	께름-하다	
나부랭이	너부렁이	

확인문제

다음 중 복수 표준어가 <u>아닌</u> 것은?

① 봉숭아/봉숭화
② 쇠/소
③ 고린내/코린내
④ 교기/갸기
⑤ 고까/꼬까

정답 ①

제3장 어휘 선택의 변화에 따른 표준어 규정
제4절 단수 표준어

제25항 의미가 똑같은 형태가 몇 가지 있을 경우, 그중 어느 하나가 압도적으로 널리 쓰이면, 그 단어만을 표준어로 삼는다. (ㄱ을 표준어로 삼고, ㄴ을 버림)

ㄱ	ㄴ	비고
-게끔	-게시리	
길-잡이	길-앞잡이	'길라잡이'도 표준어임
까치-발	까치-다리	선반 따위를 받치는 물건
나룻-배	나루	'나루[津]'는 표준어임
다오	다구	이리 ~
등-나무	등-칡	

ㄱ	ㄴ	비고
며느리-발톱	뒷-발톱	
반-나절	나절-가웃	
부각	다시마-자반	
부스러기	부스럭지	
붉으락-푸르락	푸르락-붉으락	
빙충-이	빙충-맞이	작은말은 '뱅충이'
빠-뜨리다	빠-치다	'빠트리다' 도 표준어임
뻣뻣-하다	왜긋다	
뽐-내다	느물다	
새앙-손이	생강-손이	
샛-별	새벽-별	
손-수레	손-구루마	'구루마' 는 일본어임
쌍동-밤	쪽-밤	
아주	영판	
안쓰럽다	안-슬프다	
안절부절-못하다	안절부절-하다	
암-내	곁땀-내	
언뜻	펀뜻	
언제나	노다지	
-지만	-지만서도	← -지마는
청대-콩	푸른-콩	

제5절 복수 표준어

제26항 한 가지 의미를 나타내는 형태 몇 가지가 널리 쓰이며 표준어 규정에 맞으면, 그 모두를 표준어로 삼는다.

복수 표준어	비고
가뭄/가물	
가엾다/가엽다	가엾어/가여워, 가엾은/가여운
감감-무소식/감감-소식	
-거리다/-대다	가물-, 출렁-
거위-배/횟-배	
것/해	내~, 네~, 뉘~
게을러-빠지다/게을러-터지다	
고깃-간/푸줏-간	'고깃-관, 푸줏-관, 다림-방' 은 비표준어임

복수 표준어	비고
곰곰/곰곰-이	
관계-없다/상관-없다	
귀퉁-머리/귀퉁-배기	'귀퉁이'의 비어임
꼬까/때때/고까	~신, ~옷
넝쿨/덩굴	'덩쿨'은 비표준어임
녘/쪽	동~, 서~
눈-대중/눈-어림/눈-짐작	
다달-이/매-달	
-다마다/-고말고	
돼지-감자/뚱딴지	
되우/된통/되게	
뒷-갈망/뒷-감당	
들락-거리다/들랑-거리다	
딴-전/딴-청	
-뜨리다/-트리다	깨-, 떨어-, 쏟-
마-파람/앞-바람	
만큼/만치	
말-동무/말-벗	
멀찌감치/멀찌가니/멀찍이	
모쪼록/아무쪼록	
무심-결/무심-중	
물-봉숭아/물-봉선화	
물-부리/빨-부리	
민둥-산/벌거숭이-산	
밑-층/아래-층	
바른/오른[右]	~손, ~쪽, ~편
버들-강아지/버들-개지	
벌레/버러지	'벌거지, 벌러지'는 비표준어임
변덕-스럽다/변덕-맞다	
보-조개/볼-우물	
볼-따구니/볼-퉁이/볼-때기	'볼'의 비속어임
뾰두라지/뾰루지	
살-쾡이/삵	삵-피
생/새앙/생강	
생-뿔/새앙-뿔/생강-뿔	
서럽다/섧다	'설다'는 비표준어임
서방-질/화냥-질	
성글다/성기다	

복수 표준어	비고
-(으)세요/-(으)셔요	
-스레하다/-스름하다	거무-, 발그-
심술-꾸러기/심술-쟁이	
씁쓰레-하다/씁쓰름-하다	
아무튼/어떻든/어쨌든/하여튼/여하튼	
알은-척/알은-체	
애-갈이/애벌-갈이	
애꾸눈-이/외눈-박이	'외대-박이, 외눈-퉁이' 는 비표준어임
어금버금-하다/어금지금-하다	
어림-잡다/어림-치다	
어이-없다/어처구니-없다	
어저께/어제	
언덕-바지/언덕-배기	
여쭈다/여쭙다	
여태/입때	'여직' 은 비표준어임
여태-껏/이제-껏/입때-껏	'여직-껏' 은 비표준어임
역성-들다/역성-하다	'편역-들다' 는 비표준어임
우레/천둥	우렛-소리, 천둥-소리
우지/울-보	
의심-스럽다/의심-쩍다	
-이에요/-이어요	
이틀-거리/당-고금	학질의 일종임
일일-이/하나-하나	
입찬-말/입찬-소리	
자리-옷/잠-옷	
자물-쇠/자물-통	
좀-처럼/좀-체	'좀-체로, 좀-해선, 좀-해' 는 비표준어임
쪽/편	오른~, 왼~
차차/차츰	
책-씻이/책-거리	
척/체	모르는 ~, 잘난 ~
천연덕-스럽다/천연-스럽다	
철-따구니/철-딱서니/철-딱지	'철-때기' 는 비표준어임
추어-올리다/추어-주다	'추켜-올리다' 는 비표준어임
한턱-내다/한턱-하다	
해웃-값/해웃-돈	'해우-차' 는 비표준어임
흠-가다/흠-나다/흠-지다	

다음 중 복수 표준어가 <u>아닌</u> 것은?

① 가뭄/가물
② 서럽다/섧다
③ 부스러기/부스럭지
④ 천연덕스럽다/천연스럽다
⑤ 어이없다/어처구니없다

정답 ③

4 새로 추가된 표준어

〈2014년〉

국립국어원은 2011년에 이어 국민들이 실생활에서 많이 사용하고 있으나 그동안 표준어로 인정되지 않았던 '삐지다, 놀잇감, 속앓이, 딴지' 등 13항목의 어휘를 표준어로 인정하고 『표준국어대사전』에 반영했습니다.

1. 현재 표준어와 같은 뜻으로 널리 쓰이는 말을 복수 표준어로 인정한 경우(5개)

추가된 표준어	현재 표준어
구안와사	구안괘사
굽신	굽실
눈두덩이	눈두덩
삐지다	삐치다
초장초	작장초

2. 현재 표준어와는 뜻이나 어감이 달라 이를 별도의 표준어로 인정한 경우(8개)

추가된 표준어	현재 표준어	뜻 차이
개기다	개개다	개기다 : (속되게) 명령이나 지시를 따르지 않고 버티거나 반항하다. (※ 개개다 : 성가시게 달라붙어 손해를 끼치다.)
꼬시다	꾀다	꼬시다 : '꾀다'를 속되게 이르는 말 (※ 꾀다 : 그럴듯한 말이나 행동으로 남을 속이거나 부추겨서 자기 생각대로 끌다.)
놀잇감	장난감	놀잇감 : 놀이 또는 아동 교육 현장 따위에서 활용되는 물건이나 재료 (※ 장난감 : 아이들이 가지고 노는 여러 가지 물건)
딴지	딴죽	딴지 : (주로 '걸다, 놓다'와 함께 쓰여) 일이 순순히 진행되지 못하도록 훼방을 놓거나 어기대는 것 (※ 딴죽 : 이미 동의하거나 약속한 일에 대하여 딴전을 부림을 비유적으로 이르는 말)
사그라들다	사그라지다	사그라들다 : 삭아서 없어져 가다. (※ 사그라지다 : 삭아서 없어지다.)
섬찟*	섬뜩	섬찟 : 갑자기 소름이 끼치도록 무시무시하고 끔찍한 느낌이 드는 모양 (※ 섬뜩 : 갑자기 소름이 끼치도록 무섭고 끔찍한 느낌이 드는 모양)
속앓이	속병	속앓이 : 「1」 속이 아픈 병. 또는 속에 병이 생겨 아파하는 일. 「2」 겉으로 드러내지 못하고 속으로 걱정하거나 괴로워하는 일 (※ 속병 : 「1」 몸속의 병을 통틀어 이르는 말. 「2」 '위장병01'을 일상적으로 이르는 말. 「3」 화가 나거나 속이 상하여 생긴 마음의 심한 아픔)
허접하다	허접스럽다	허접하다 : 허름하고 잡스럽다. (※ 허접스럽다 : 허름하고 잡스러운 느낌이 있다.)

〈2015년〉

국립국어원은 국민들이 실생활에서 많이 사용하고 있으나 그동안 표준어로 인정되지 않았던 '잎새, 푸르르다, 이쁘다, -고프다' 등 11항목의 어휘와 활용형을 표준어 또는 표준형으로 인정하고 『표준국어대사전』에 반영했습니다.

1. 현재 표준어와 같은 뜻으로 널리 쓰이는 말을 복수 표준어로 인정한 경우(4개)

추가된 표준어	현재 표준어	뜻 차이
마실	마을	'이웃에 놀러 다니는 일'의 의미에 한하여 표준어로 인정함. '여러 집이 모여 사는 곳'의 의미로 쓰인 '마실'은 비표준어임 • '마실꾼, 마실방, 마실돌이, 밤마실'도 표준어로 인정함
이쁘다	예쁘다	• '이쁘장스럽다, 이쁘장스레, 이쁘장하다, 이쁘디이쁘다'도 표준어로 인정함
찰지다	차지다	사전에서 〈'차지다'의 원말〉로 풀이함
-고프다	-고 싶다	• 사전에서 〈'-고 싶다'가 줄어든 말〉로 풀이함

2. 현재 표준어와는 뜻이나 어감이 달라 이를 별도의 표준어로 인정한 경우(5개)

추가된 표준어	현재 표준어	뜻 차이
꼬리연	가오리연	• 꼬리연 : 긴 꼬리를 단 연 • 가오리연 : 가오리 모양으로 만들어 꼬리를 길게 단 연. 띄우면 오르면서 머리가 아래위로 흔들린다.
의론	의논	• 의론(議論) : 어떤 사안에 대하여 각자의 의견을 제기함. 또는 그런 의견 • 의논(議論) : 어떤 일에 대하여 서로 의견을 주고 받음 • '의론되다, 의론하다'도 표준어로 인정함
이크	이키	• 이크 : 당황하거나 놀랐을 때 내는 소리. '이키'보다 큰 느낌을 준다. • 이키 : 당황하거나 놀랐을 때 내는 소리. '이끼'보다 거센 느낌을 준다.

잎새	잎사귀	• 잎새 : 나무의 잎사귀. 주로 문학적 표현에 쓰인다. • 잎사귀 : 낱낱의 잎. 주로 넓적한 잎을 이른다.
푸르르다	푸르다	• 푸르르다 : '푸르다'를 강조할 때 이르는 말 • 푸르다 : 맑은 가을 하늘이나 깊은 바다, 풀의 빛깔과 같이 밝고 선명하다.

3. 비표준적인 것으로 다루어 왔던 활용형을 표준형으로 인정한 경우(2개)

추가된 표준형	현재 표준형	뜻 차이
말아 말아라 말아요	마 마라 마요	• '말다'에 명령형어미 '-아', '-아라', '-아요' 등이 결합할 때는 어간 끝의 'ㄹ'이 탈락하기도 하고 탈락하지 않기도 함
노랗네 동그랗네 조그맣네 …	노라네 동그라네 조그마네 …	• 'ㅎ' 불규칙용언이 어미 '-네'와 결합할 때는 어간 끝의 'ㅎ'이 탈락하기도 하고 탈락하지 않기도 함 • '그렇다, 노랗다, 동그랗다, 뿌옇다, 어떻다, 조그맣다, 커다랗다' 등 모든 'ㅎ' 불규칙용언의 활용형에 적용됨

〈2016년〉

국립국어원은 국민들이 실생활에서 많이 사용하고 있으나 그동안 표준어로 인정되지 않았던 '걸판지다, 겉울음, 까탈스럽다, 실뭉치, 엘랑, 주책이다' 등 6항목의 어휘를 표준어 또는 표준형으로 인정하고 『표준국어대사전』에 반영했습니다.

1. 현재 표준어와는 뜻이나 어감이 달라 이를 별도의 표준어로 인정한 경우(4개)

추가된 표준어	현재 표준어	뜻 차이
실뭉치	실몽당이	• 실뭉치 : 실을 한데 뭉치거나 감은 덩이 • 실몽당이 : 실을 풀기 좋게 공 모양으로 감은 뭉치
걸판지다	거방지다	• 걸판지다 : ① 매우 푸지다. ② 동작이나 모양이 크고 어수선하다. • 거방지다 : ① 몸집이 크다. ② 하는 짓이 점잖고 무게가 있다. ③ =걸판지다①
겉울음	건울음/ 강울음	• 겉울음 : ① 드러내 놓고 우는 울음. ② 마음에도 없이 겉으로만 우는 울음 • 건울음 : =강울음 • 강울음 : 눈물 없이 우는 울음
까탈스럽다	까다롭다	• 까탈스럽다 : ① 조건, 규정 따위가 복잡하고 엄격하여 적응하거나 적용하기에 어려운 데가 있다. ② 성미나 취향 따위가 원만하지 않고 별스러워 맞춰 주기에 어려운 데가 있다. • 까다롭다 : ① 조건 따위가 복잡하거나 엄격하여 다루기에 순탄하지 않다. ② 성미나 취향 따위가 원만하지 않고 별스럽게 까탈이 많다.

2. 비표준적인 것으로 다루어 왔던 활용형을 표준형으로 인정한 경우(2개)

추가된 표준형	현재 표준형	뜻 차이
엘랑	에는	• '엘랑' 외에도 'ㄹ랑'에 조사 또는 어미가 결합한 '에설랑, 설랑, -고설랑, -어설랑, -질랑'도 표준형으로 인정함
주책이다	주책없다	• '주책이다'는 '일정한 줏대가 없이 되는대로 하는 짓'을 뜻하는 '주책'에 서술격 조사 '이다'가 붙은 말로 봄

〈2018년〉

1. 뜻을 일부 수정하여 여러 표기로 같은 뜻을 나타내게 된 것(4개)

추가된 표준어	현재 표준어	비고
꺼림직이 꺼림직하다	꺼림칙이 꺼림칙하다	• 꺼림칙이', '꺼림칙하다'의 북한어로 설명하던 부분 삭제 • 뜻풀이 수정: 마음에 걸려서 언짢고 싫은 느낌이 있다.
께름직하다	께름칙하다	• '꺼림칙하다'의 북한어로 설명하던 부분 삭제 • 뜻풀이 수정: 마음에 걸려서 언짢고 싫은 느낌이 꽤 있다.
추켜세우다	치켜세우다	• '치켜세우다'의 '정도 이상으로 크게 칭찬하다' 뜻 추가
추켜올리다 치켜올리다	추어올리다	• 추어올리다'의 '실제보다 과장되게 칭찬하다' 뜻 추가

01 **밑줄 친 부분이 표준어 규정에 따라 바르게 쓰인 것은?**

① 그녀는 선비는 <u>으례</u> 가난하려니 하고 살아왔다.

② 구름 같은 머리 쪽엔 백옥 죽절이 <u>맵자게</u> 가로 꽂혔다.

③ <u>윗어른</u>의 말씀은 잘 새겨들어야 한다.

④ 돈도 제법 있는 사람이 너무 <u>궁상떨지</u> 마세요.

⑤ 그 일을 할 수 있는 사람은 이 분야에 <u>수둑하다</u>.

[2~3] 밑줄 친 말이 표준어가 아닌 것은?

02 ① 그의 말하는 <u>본새</u>가 화가 난 말투였다.

② 알기는 아는데 나도 <u>상판대기</u>는 아직 못 봤네.

③ 여름내 일해서 <u>오금팽이</u>가 느른한데 좀 놀아야지 안 되겠어.

④ 오늘은 하루 종일 방안에 앉아 <u>쪽밤</u>을 까서 먹었다.

⑤ 아버지는 몹시 화가 나신 듯 얼굴이 <u>붉으락푸르락</u> 달아올랐다.

03 ① <u>널빤지</u>로 엉성하게 만든 부엌문은 집을 한층 더 초라해 보이게 했다.

② 이것저것 너무 많이 먹었더니 배가 <u>더부룩하다</u>.

③ 오늘 저녁에는 밑쌀을 넉넉히 하고 <u>청대콩</u>을 두어라.

④ 술에 취하면 그는 <u>주책없게</u> 횡설수설하는 버릇이 있다.

⑤ 내일 있을 시험이 걱정되어 <u>안절부절</u>하고 있다.

04 **다음 중 복수 표준어가 아닌 것은?**

① 며느리-발톱/뒷-발톱

② 꼬까/고까

③ 벌레/버러지

④ 애꾸눈-이/외눈-박이

⑤ 돼지-감자/뚱딴지

정답 및 해설

1	2	3	4
④	④	⑤	①

01
① '제10항 다음 단어는 모음이 단순화한 형태를 표준어로 삼는다'는 규정에 따라 '으레'가 표준어이다.
② '제15항 준말이 쓰이고 있더라도, 본말이 널리 쓰이고 있으면 본말을 표준어로 삼는다'는 규정에 따라 '맵자하다'가 표준어이다.
③ '제12항의 다만 2. '아래, 위'의 대립이 없는 단어는 '웃-'으로 발음되는 형태를 표준어로 삼는다'는 규정에 따라 '웃어른'이 표준어이다.
⑤ '제15항 준말이 쓰이고 있더라도, 본말이 널리 쓰이고 있으면 본말을 표준어로 삼는다'는 규정에 따라 '수두룩하다'가 표준어이다.

02
④ '제25항 의미가 똑같은 형태가 몇 가지 있을 경우, 그 중 어느 하나가 압도적으로 널리 쓰이면, 그 단어만을 표준어로 삼는다.'는 규정에 따라 '쌍동밤'이 표준어이다.

03
⑤ '제25항 의미가 똑같은 형태가 몇 가지 있을 경우, 그 중 어느 하나가 압도적으로 널리 쓰이면, 그 단어만을 표준어로 삼는다.'는 규정에 따라 '안절부절못하다'가 표준어이다.

04
① '제25항 의미가 똑같은 형태가 몇 가지 있을 경우, 그 중 어느 하나가 압도적으로 널리 쓰이면, 그 단어만을 표준어로 삼는다.'는 규정에 따라 '며느리-발톱'만 표준어이다.

04 표준 발음법

▶ '늑막염'은 어떻게 발음할까요? [능마겸]일까요, [능망염]일까요? 둘 다 그럴 듯 해 보이지만 정답이 아닙니다. 이 단어는 [능망념]으로 읽어야 하죠. 이처럼 단어 하나를 발음하는 데도 규칙이 있습니다.

4장에서는 주요 표준 발음법에 대해 학습합니다.

제1절 총칙

제1항 표준 발음법은 표준어의 실제 발음을 따르되, 국어의 전통성과 합리성을 고려하여 정함을 원칙으로 한다.

제2절 자음과 모음

제5항 'ㅑ, ㅒ, ㅕ, ㅖ, ㅘ, ㅙ, ㅛ, ㅝ, ㅞ, ㅠ, ㅢ'는 이중 모음으로 발음한다.

다만 1. 용언의 활용형에 나타나는 '져, 쪄, 쳐'는 [저, 쩌, 처]로 발음한다.
가지어 → 가져[가저]　　　　　쪄어 → 쪄[쪄]　　　　　　　다치어 → 다쳐[다처]

다만 2. '예, 례' 이외의 'ㅖ'는 [ㅔ]로도 발음한다.

계집[계ː집/게ː집]	계시다[계ː시다/게ː시다]
시계[시계/시게](時計)	연계[연계/연게](連繫)
몌별[몌별/메별](袂別)	개폐[개폐/개페](開閉)
혜택[혜ː택/헤ː택](惠澤)	지혜[지혜/지헤](智慧)

다만 3. 자음을 첫소리로 가지고 있는 음절의 'ㅢ'는 [ㅣ]로 발음한다.

늴리리	닁큼	무늬	띄어쓰기	씌어
틔어	희어	희떱다	희망	유희

다만 4. 단어의 첫음절 이외의 '의'는 [ㅣ]로, 조사 '의'는 [ㅔ]로 발음함도 허용한다.

주의[주의/주이]	협의[혀븨/혀비]
우리의[우리의/우리에]	강의의[강ː의의/강ː이에]

확인문제

다음 중 단어의 발음이 잘못된 것은?

① 연계[연계]
② 주의[주의]
③ 무늬[무니]
④ 우리의[우리에]
⑤ 시계[시계]

정답　③

제3절 음의 길이

제6항 모음의 장단을 구별하여 발음하되, 단어의 첫음절에서만 긴소리가 나타나는 것을 원칙으로 한다.

(1) 눈보라[눈ː보라]   말씨[말ː씨]   밤나무[밤ː나무]

    많다[만ː타]   멀리[멀ː리]   벌리다[벌ː리다]

(2) 첫눈[천눈]   참말[참말]   쌍동밤[쌍동밤]

    수많이[수ː마니]   눈멀다[눈멀다]   떠벌리다[떠벌리다]

다만, 합성어의 경우에는 둘째 음절 이하에서도 분명한 긴소리를 인정한다.

반신반의[반ː신바ː늬/반ː신바ː니]   재삼재사[재ː삼재ː사]

[붙임] 용언의 단음절 어간에 어미 '-아/-어'가 결합되어 한 음절로 축약되는 경우에도 긴소리로 발음한다.

보아 → 봐[봐ː]   기어 → 겨[겨ː]   되어 → 돼[돼ː]

두어 → 둬[둬ː]   하여 → 해[해ː]

다만, '오아 → 와, 지어 → 져, 찌어 → 쪄, 치어 → 쳐' 등은 긴소리로 발음하지 않는다.

제7항 긴소리를 가진 음절이라도, 다음과 같은 경우에는 짧게 발음한다.

1. 단음절인 용언 어간에 모음으로 시작된 어미가 결합되는 경우

감다[감ː따] – 감으니[가므니]   밟다[밥ː따] – 밟으면[발브면]

신다[신ː따] – 신어[시너]   알다[알ː다] – 알아[아라]

다만, 다음과 같은 경우에는 예외적이다.

끌다[끌:다] – 끌어[끄:러]　　　　　　　떫다[떨:따] – 떫은[떨:븐]

벌다[벌:다] – 벌어[버:러]　　　　　　　썰다[썰:다] – 썰어[써:러]

없다[업:따] – 없으니[업:쓰니]

2. 용언 어간에 피동, 사동의 접미사가 결합되는 경우

감다[감:따] – 감기다[감기다]　　　　　　꼬다[꼬:다] – 꼬이다[꼬이다]

밟다[밥:따] – 밟히다[발피다]

다만, 다음과 같은 경우에는 예외적이다.

끌리다[끌:리다]　　　　　벌리다[벌:리다]　　　　　없애다[업:쌔다]

[붙임] 다음과 같은 복합어에서는 본디의 길이에 관계없이 짧게 발음한다.

밀–물　　　　　　　　　썰–물

쏜–살–같이　　　　　　　작은–아버지

확인문제

다음 중 단어의 발음이 <u>잘못된</u> 것은?

① 밤나무[밤:나무]

② 멀리[멀:리]

③ 수많이[수:마니]

④ 감으니[가:므니]

⑤ 밟다[밥:따]

정답　④

제4절 받침의 발음

제8항 받침소리로는 'ㄱ, ㄴ, ㄷ, ㄹ, ㅁ, ㅂ, ㅇ'의 7개 자음만 발음한다.

제9항 받침 'ㄲ, ㅋ', 'ㅅ, ㅆ, ㅈ, ㅊ, ㅌ', 'ㅍ'은 어말 또는 자음 앞에서 각각 대표음 [ㄱ, ㄷ, ㅂ]으로 발음한다.

닦다[닥따]	키읔[키윽]	키읔과[키윽꽈]	옷[옫]
웃다[욷ː따]	있다[읻따]	젖[젇]	빚다[빋따]
꽃[꼳]	쫓다[쫃따]	솥[솓]	뱉다[밷ː따]
앞[압]	덮다[덥따]		

제10항 겹받침 'ㄳ', 'ㄵ', 'ㄼ, ㄽ, ㄾ', 'ㅄ'은 어말 또는 자음 앞에서 각각 [ㄱ, ㄴ, ㄹ, ㅂ]으로 발음한다.

넋[넉]	넋과[넉꽈]	앉다[안따]	여덟[여덜]
넓다[널따]	외곬[외골]	핥다[할따]	값[갑]
없다[업ː따]			

다만, '밟–'은 자음 앞에서 [밥]으로 발음하고, '넓–'은 다음과 같은 경우에 [넙]으로 발음한다.

(1) 밟다[밥ː따]	밟소[밥ː쏘]	밟지[밥ː찌]
밟는[밥ː는 → 밤ː는]	밟게[밥ː께]	밟고[밥ː꼬]
(2) 넓–죽하다[넙쭈카다]	넓–둥글다[넙뚱글다]	

제11항 겹받침 'ㄺ, ㄻ, ㄿ'은 어말 또는 자음 앞에서 각각 [ㄱ, ㅁ, ㅂ]으로 발음한다.

닭[닥]	흙과[흑꽈]	맑다[막따]	늙지[늑찌]
삶[삼ː]	젊다[점ː따]	읊고[읍꼬]	읊다[읍따]

다만, 용언의 어간 말음 'ㄺ'은 'ㄱ' 앞에서 [ㄹ]로 발음한다.

맑게[말께] 묽고[물꼬] 얽거나[얼거나]

확인문제

다음 중 단어의 발음이 <u>잘못된</u> 것은?

① 좇다[쫃따]
② 외곬[외골]
③ 넓-죽하다[넙쭈카다]
④ 밟지[발ː찌]
⑤ 묽고[물꼬]

정답 ④

제7절 음의 첨가

제29항 합성어 및 파생어에서, 앞 단어나 접두사의 끝이 자음이고 뒤 단어나 접미사의 첫 음절이 '이, 야, 여, 요, 유'인 경우에는, 'ㄴ' 음을 첨가하여 [니, 냐, 녀, 뇨, 뉴]로 발음한다.

솜-이불[솜ː니불]	홑-이불[혼니불]	막-일[망닐]
삯-일[상닐]	맨-입[맨닙]	꽃-잎[꼰닙]
내복-약[내ː봉냑]	한-여름[한녀름]	남존-여비[남존녀비]
신-여성[신녀성]	색-연필[생년필]	직행-열차[지캥녈차]
늑막-염[능망념]	콩-엿[콩녇]	담-요[담ː뇨]
눈-요기[눈뇨기]	영업-용[영엄뇽]	식용-유[시굥뉴]
백분-율[백뿐뉼]	밤-윷[밤ː뉻]	

다만, 다음과 같은 말들은 'ㄴ' 음을 첨가하여 발음하되, 표기대로 발음할 수 있다.

이죽-이죽[이중니죽/이주기죽] 야금-야금[야금냐금/야그먀금]
검열[검ː녈/거ː멸] 욜랑-욜랑[욜랑뇰랑/욜랑욜랑]
금융[금늉/그뮹]

[붙임 1] ‘ㄹ’ 받침 뒤에 첨가되는 ‘ㄴ’ 음은 [ㄹ]로 발음한다.

들-일[들:릴]   솔-잎[솔립]   설-익다[설릭따]
물-약[물략]   불-여우[불려우]   서울-역[서울력]
물-엿[물렫]   휘발-유[휘발류]   유들-유들[유들류들]

[붙임 2] 두 단어를 이어서 한 마디로 발음하는 경우에도 이에 준한다.

한 일[한닐]   옷 입다[온닙따]   서른 여섯[서른녀섣]
3 연대[삼년대]   먹은 엿[머근녇]
할 일[할릴]   잘 입다[잘립따]   스물 여섯[스물려섣]
1 연대[일련대]   먹을 엿[머글렫]

다만, 다음과 같은 단어에서는 ‘ㄴ(ㄹ)’ 음을 첨가하여 발음하지 않는다.

6ㆍ25[유기오]   3ㆍ1절[사밀쩔]   송별-연[송:벼련]
등용-문[등용문]

제30항 사이시옷이 붙은 단어는 다음과 같이 발음한다.

1. ‘ㄱ, ㄷ, ㅂ, ㅅ, ㅈ’으로 시작하는 단어 앞에 사이시옷이 올 때에는 이들 자음만을 된소리로 발음하는 것을 원칙으로 하되, 사이시옷을 [ㄷ]으로 발음하는 것도 허용한다.

냇가[내:까 / 낻:까]   샛길[새:낄 / 샏:낄]   빨랫돌[빨래똘 / 빨랟똘]
콧등[코뜽 / 콛뜽]   깃발[기빨 / 긷빨]   대팻밥[대:패빱 / 대:팯빱]
햇살[해쌀 / 핻쌀]   뱃속[배쏙 / 밷쏙]   뱃전[배쩐 / 밷쩐]
고갯짓[고개찓 / 고갣찓]

2. 사이시옷 뒤에 ‘ㄴ, ㅁ’이 결합되는 경우에는 [ㄴ]으로 발음한다.

콧날[콛날 → 콘날]   아랫니[아랟니 → 아랜니]
툇마루[퇻:마루 → 퇸:마루]   뱃머리[밷머리 → 밴머리]

3. 사이시옷 뒤에 '이' 음이 결합되는 경우에는 [ㄴㄴ]으로 발음한다.

베갯잇[베갣닏 → 베갠닏]   깻잎[깯닙 → 깬닙]

나뭇잎[나묻닙 → 나문닙]   도리깻열[도리깯녈 → 도리깬녈]

뒷윷[뒫:뉻 → 된:뉻]

확인문제

다음 중 단어의 발음이 <u>잘못된</u> 것은?

① 샛길[샏:낄]

② 아랫니[아랟니]

③ 뒷윷[뒫:뉻]

④ 콧등[콛뜽]

⑤ 콧날[콘날]

정답 ②

[1~2] 다음 중 밑줄 친 단어의 발음이 잘못된 것은?

01
① 우리의[우리에] 임무는 적의 동태를 살피는 것이다.
② 넝큼[닝큼] 일어나지 못하겠느냐?
③ 이곳에는 인화 물질이 많이 있어 사람들의 각별한 주의[주의]가 필요하다.
④ 이 책상은 나무의 무늬[무니]를 그대로 살려서 만들었다.
⑤ 젊은이들에게 희망[희망]과 용기를 불어넣다.

02
① 밤나무[밤:나무]를 발로 힘껏 차자 밤이 툭툭 떨어졌다.
② 날이 저물자 비바람은 눈보라[눈:보라]로 바뀌었다.
③ 나는 옆 사람에게 내 발을 밟지[밥:찌] 말라고 말했다.
④ 할머니는 옆구리가 결리시면 늑막염[능망념] 같다 하신다.
⑤ 동생은 아끼던 색연필[생연필]을 잃어버렸다.

03 다음 중 표준 발음으로 올바르지 <u>않은</u> 것은?
① 영업용[영엄농]
② 넓다[넙따]
③ 송별연[송:벼련]
④ 눈요기[눈뇨기]
⑤ 웃다[욷:따]

04 밑줄 친 '고'의 소리의 길이가 긴 것은?
① 현재 이 비행기는 고도 5,000미터 상공을 비행하고 있습니다.
② 그에게 고별을 고하던 젊은 날의 자신이 눈부시게 떠올랐다.
③ 이번 경기는 선수들의 부상으로 고전을 면치 못했다.
④ 그 연극은 고부간의 갈등을 그렸다.
⑤ 그의 두 눈은 지면 한곳에 줄로 얽어매인 듯이 고정이 되고 말았다.

정답 및 해설

1	2	3	4
⑤	⑤	②	②

01 ⑤ '제5항 다만 3 자음을 첫소리로 가지고 있는 음절의 'ㅢ'는 [ㅣ]로 발음한다'는 규정에 따라 '희망[히망]'으로 발음한다.

02 ⑤ '제29항 합성어 및 파생어에서, 앞 단어나 접두사의 끝이 자음이고 뒤 단어나 접미사의 첫 음절이 '이, 야, 여, 요, 유'인 경우에는, 'ㄴ'음을 첨가하여 [니, 냐, 녀, 뇨, 뉴]로 발음한다'는 규정에 따라 '색 - 연필[생년필]'로 발음한다.

03 ② '제10항 겹받침 'ㄳ', 'ㄵ', 'ㄼ, ㄽ, ㄾ', 'ㅄ'은 어말 또는 자음 앞에서 각각 [ㄱ, ㄴ, ㄹ, ㅂ]으로 발음한다'는 규정에 따라 '넓다[널따]'로 발음한다.

04 ② 고별(告別) [고:별] 같이 있던 사람과 헤어지면서 작별을 알림
① 고도(高度) [고도] 평균 해수면 따위를 0으로 하여 측정한 대상 물체의 높이
③ 고전(苦戰) [고전] 전쟁이나 운동 경기 따위에서, 몹시 힘들고 어렵게 싸움
④ 고부(姑婦) [고부] 시어머니와 며느리를 아울러 이르는 말
⑤ 고정(固定) [고정] 한번 정한 대로 변경하지 아니함

05 외래어 표기법 · 로마자 표기법

▶ '종로'의 로마자 표기가 'Jongno'라는 사실 알고 있었나요? 외래어 · 로마자 표기는 일상생활에서 많이 쓰고 있지만 정확히 모르고 있는 경우가 많죠. 간단한 규정으로 확실히 익히고 제대로 쓸 수 있도록 해야 합니다.

5장에서는 외래어 · 로마자 표기법의 규정과 예시를 학습합니다.

1 외래어 표기법

제1장 표기의 기본 원칙

제1항 외래어는 국어의 현용 24 자모만으로 적는다.

제2항 외래어의 1 음운은 원칙적으로 1 기호로 적는다.

제3항 받침에는 'ㄱ, ㄴ, ㄹ, ㅁ, ㅂ, ㅅ, ㅇ'만을 쓴다.

제4항 파열음 표기에는 된소리를 쓰지 않는 것을 원칙으로 한다.

제5항 이미 굳어진 외래어는 관용을 존중하되, 그 범위와 용례는 따로 정한다.

제3장 표기 세칙

제1절 영어의 표기

제1항 무성 파열음([p], [t], [k])

1. 짧은 모음 다음의 어말 무성 파열음([p], [t], [k])은 받침으로 적는다.

gap[gæp] 갭   cat[kæt] 캣   book[buk] 북

2. 짧은 모음과 유음·비음([l], [r], [m], [n]) 이외의 자음 사이에 오는 무성 파열음([p], [t], [k])은 받침으로 적는다.

apt[æpt] 앱트   setback[setbæk] 셋백   act[ækt] 액트

3. 위 경우 이외의 어말과 자음 앞의 [p], [t], [k]는 '으'를 붙여 적는다.

stamp[stæmp] 스탬프   part[pɑːt] 파트
desk[desk] 데스크   make[meik] 메이크
apple[æpl] 애플   mattress[mætris] 매트리스

제2항 유성 파열음([b], [d], [g])

어말과 모든 자음 앞에 오는 유성 파열음은 '으'를 붙여 적는다.

land[lænd] 랜드   zigzag[zigzæg] 지그재그

signal[signəl] 시그널   lobster[lɔbstə] 로브스터

제3항 마찰음([s], [z], [f], [v], [θ], [ð], [ʃ], [ʒ])

1. 어말 또는 자음 앞의 [s], [z], [f], [v], [θ], [ð]는 '으'를 붙여 적는다.

mask[mɑːsk] 마스크   jazz[dʒæz] 재즈

graph[græf] 그래프   olive[ɔliv] 올리브

thrill[θril] 스릴   bathe[beið] 베이드

2. 어말의 [ʃ]는 '시'로 적고, 자음 앞의 [ʃ]는 '슈'로, 모음 앞의 [ʃ]는 뒤따르는 모음에 따라 '샤', '섀', '셔', '셰', '쇼', '슈', '시'로 적는다.

flash[flæʃ] 플래시   shrub[ʃrʌb] 슈러브

shark[ʃɑːk] 샤크   shank[ʃæŋk] 섕크

fashion[fæʃən] 패션   sheriff[ʃerif] 셰리프

shopping[ʃɔpiŋ] 쇼핑   shoe[ʃuː] 슈

shim[ʃim] 심

3. 어말 또는 자음 앞의 [ʒ]는 '지'로 적고, 모음 앞의 [ʒ]는 'ㅈ'으로 적는다.

mirage[mirɑːʒ] 미라지   vision[viʒən] 비전

제4항 파찰음([ts], [dz], [tʃ], [dʒ])

1. 어말 또는 자음 앞의 [ts], [dz]는 '츠', '즈'로 적고, [tʃ], [dʒ]는 '치', '지'로 적는다.

Keats[kiːts] 키츠   odds[ɔdz] 오즈

switch[switʃ] 스위치   bridge[bridʒ] 브리지

2. 모음 앞의 [t͡ʃ], [d͡ʒ]는 'ㅊ', 'ㅈ'으로 적는다.
chart[t͡ʃɑːt] 차트   virgin[vəːd͡ʒin] 버진

제5항 비음([m], [n], [ŋ])

1. 어말 또는 자음 앞의 비음은 모두 받침으로 적는다.
steam[stiːm] 스팀   corn[kɔːn] 콘   ring[riŋ] 링
2. 모음과 모음 사이의 [ŋ]은 앞 음절의 받침 'ㅇ'으로 적는다.
hanging[hæŋiŋ] 행잉   longing[lɔŋiŋ] 롱잉

제6항 유음([l])

1. 어말 또는 자음 앞의 [l]은 받침으로 적는다.
hotel[houtel] 호텔   pulp[pʌlp] 펄프
2. 어중의 [l]이 모음 앞에 오거나, 모음이 따르지 않는 비음([m], [n]) 앞에 올 때에는 'ㄹㄹ'로 적는다. 다만, 비음([m], [n]) 뒤의 [l]은 모음 앞에 오더라도 'ㄹ'로 적는다.
slide[slaid] 슬라이드   film[film] 필름
swoln[swouln] 스월른   Hamlet[hæmlit] 햄릿

한국어의 자음 체계를 살펴볼까요?

조음 방법 \ 조음 위치	양순음	치조음	경구개음	연구개음	후음
파열음	ㅂ	ㄷ		ㄱ	
	ㅃ	ㄸ		ㄲ	
	ㅍ	ㅌ		ㅋ	
파찰음			ㅈ		
			ㅉ		
			ㅊ		
마찰음		ㅅ			ㅎ
		ㅆ			
비음	ㅁ	ㄴ		ㅇ	
유음		ㄹ			

제7항 장모음

장모음의 장음은 따로 표기하지 않는다.

team[tiːm] 팀   route[ruːt] 루트

제8항 중모음([ai], [au], [ei], [ɔi], [ou], [auə])

ㄴ, '중모음(重母音)'은 '이중 모음(二重母音)'으로, '중모음(中母音)'과 혼동하지 않도록 한다.

중모음은 각 단모음의 음가를 살려서 적되, [ou]는 '오'로, [auə]는 '아워'로 적는다.

boat[bout] 보트   tower[tauə] 타워

제9항 반모음([w], [j])

1. [w]는 뒤따르는 모음에 따라 [wə], [wɔ], [wou]는 '워', [wɑ]는 '와', [wæ]는 '왜', [we]는 '웨', [wi]는 '위', [wu]는 '우'로 적는다.

woe[wou] 워   wander[wɑndə] 완더

wag[wæg] 왜그   west[west] 웨스트

witch[witʃ] 위치   wool[wul] 울

2. 자음 뒤에 [w]가 올 때에는 두 음절로 갈라 적되, [gw], [hw], [kw]는 한 음절로 붙여 적는다.

penguin[peŋgwin] 펭귄   whistle[hwisl] 휘슬

quarter[kwɔːtə] 쿼터

3. 반모음 [j]는 뒤따르는 모음과 합쳐 '야', '얘', '여', '예', '요', '유', '이'로 적는다. 다만, [d], [l], [n] 다음에 [jə]가 올 때에는 각각 '디어', '리어', '니어'로 적는다.

yard[jɑːd] 야드   yank[jæŋk] 얭크

yearn[jəːn] 연   yellow[jelou] 옐로

yawn[jɔːn] 욘   you[juː] 유

year[jiə] 이어   union[juːnjən] 유니언

Indian[indjən] 인디언   battalion[bətæljən] 버탤리언

제10항 복합어

    └, '복합어'는 학교 문법 용어에 따르면 '합성어'가 된다. 이하 같다.

1. 따로 설 수 있는 말의 합성으로 이루어진 복합어는 그것을 구성하고 있는 말이 단독으로 쓰일 때의 표기대로 적는다.

cuplike[kʌplaik] 컵라이크   bookend[bukend] 북엔드

headlight[hedlait] 헤드라이트   bookmaker[bukmeikə] 북메이커

2. 원어에서 띄어 쓴 말은 띄어 쓴 대로 한글 표기를 하되, 붙여 쓸 수도 있다.
Los Alamos [lɔs ælǝmous] 로스 앨러모스 / 로스앨러모스
top class[tɔpklæs] 톱 클래스 / 톱클래스

확인문제

다음 중 외래어 표기가 옳지 <u>않은</u> 것은?

① zigzag[zigzæg] – 지그재그
② flash[flæʃ] – 플래쉬
③ helm[helm] – 헬름
④ whistle[hwisl] – 휘슬
⑤ boat[bout] – 보트

정답 ②

• 올바른 외래어 표기

* '→' 표시가 있는 말은 될 수 있으면 '→' 표시 뒤의 우리말로 바꾸어 써야 할 말이다.

* 알파벳 뒤에 '도'는 '도이치어', '라'는 '라틴어', '스'는 '스페인어', '이'는 '이탈리아어', '포'는 '포르투갈어', '프'는 '프랑스어' 다. 알파벳 뒤에 아무 표시가 없으면 영어이다.

가드레일(guard rail)

가스(gas)

가십(gossip)

가톨릭(catholic)

개런티(guarantee)

갤러리(gallery) → 화랑

갤런(gallon)

게릴라(gruerrilla, 스)

그라운드(ground) → 경기장, 운동장

그룹(group) → 집단

그리스(grease) → 윤활유

글라스(glass) → 유리잔, 유리컵

글러브(glove)

글로브(globe)

글리세린(glycerine)

기어(gear)

기타(guitar)

깁스(gips, 도)

껌(gum)

나일론(nylon)

나프타(naphtha)

난센스(nonsense)

내레이션(narration) → 해설, 이야기

냅킨(napkin)

네트워크(network)

노트(note)

노하우(know-how) → 비결, 기술

논픽션(nonfiction)

뉘앙스(nuance, 프)

다이내믹(dynamic) → 역동적

다이너마이트(dynamite)

다이아몬드(diamond)

다이얼(dial)

다큐멘터리(documentary)

대시(dash) → 질주, 달리기

데뷔(début, 프)

데이터(data) → 자료

도넛(doughnut)

도어맨(doorman) → (현관) 안내인

드라마(drama)

드라이 클리닝(dry cleaning)

디스켓(diskette)

디지털(digital)

딜레마(dilemma)

라이터(lighter)

라켓(racket)

러닝 셔츠(running shirts)

러시 아워(rush hour)

레스토랑(restaurant, 프) → 식당

레이더(radar)

레즈비언(lesbian) → 여성 동성애자

레코드(record)

레크리에이션(recreation)
레퍼토리(repertory)
렌터카(rent-a-car)
로봇(robot)
로비스트(lobbyist)
로션(lotion)
로열티(royalty)
로켓(rocket)
로터리(rotary)
록(← rock' n' roll)
리더십(leadership) → 지도력
리모컨(remote control)
리어카(rear car) → 손수레
링거(ringer)
마가린(margarine)
마니아(mania) → 애호가
마사지(massage)
마스카라(mascara)
마스코트(mascot)
마스크(mask)
마스터하다(master하다)
마케팅(marketing)
매니큐어(manicure)
매머드(mammoth)
매스커뮤니케이션(mass communication)
머플러(muffler)
메가폰(megaphone)
메리야스(medias, 스 / meias, 포) → 속옷
메시지(message)
메이크업(makeup)
몽타주(montage, 프)

미스터리(mystery)
밀크셰이크(milk shake)
밀크캐러멜(milk caramel)
바리케이드(barricade)
바비큐(barbecue)
바텐더(bartender)
바통(bâton, 프) / 배턴(baton)
박테리아(bacteria) → 세균(細菌)
발레(ballet, 프)
배드민턴(badminton)
배지(badge)
배터리(battery)
배트(bat) → 방망이
버저(buzzer)
버클(buckle)
버킷(bucket)
베테랑(vétéran, 프)
벨벳(velvet)
보이콧(boycott)
부츠(boots)
뷔페(buffet, 프)
브래지어(brassière, 프)
브로치(brooch)
블라우스(blouse)
블록(block)
블루스(blues)
비닐(vinyl)
비스킷(biscuit)
비즈니스(business) → 사업(事業)
산타클로스(Santa Claus)
색소폰(saxophone)
샹송(chanson, 프)
서커스(circus)

서클(circle) → 동아리, 모임
서핑(surfing)
선글라스(sunglass)
세트 스코어(set score)
셀룰로오스(cellulose)
셔벗(sherbet) 흔히 '샤베트' 라고 하는 것
셔츠(shirts)
소시지(sausage)
소켓(socket)
쇼윈도(show window)
수프(soup)
슈퍼(← super market)
스노타이어(snow tire)
스위치(switch)
스카우트(scout)
스케줄(schedule) → 일정
스타디움(stadium, 라)
스태미나(stamina) → 원기, 힘, 정력
스태프(staff) → 간부, 참모진, 제작진
스탠더드(standard) → 표준
스테인리스(stainless)
스텝(step) → 걸음걸이
스토브(stove) → 난로
스튜디오(studio, 이)
스튜어디스(stewardess) → 여승무원
스트라이크(strike)
스트로(straw) → 빨대
스파게티(spaghetti, 이)
스펀지(sponge)
스프링클러(sprinkler) → 물뿌리개
슬래브(slab)
슬롯머신(slot machine)
시럽(syrup)

시리즈(series)
시멘트(cement)
시스템(system)
실루엣(silhouette)
심벌(symbol) → 상징, 기호
심포지엄(symposium)
아마추어(amateur)
아방가르드(avant-garde, 프)
아이러니(irony) → 반어, 풍자
악센트(accent)
알루미늄(aluminium)
알칼리(alkali)
알코올(alcohol)
알파벳(alphabet)
앙케트(enquête, 프)
애프터서비스(after + service)
앰뷸런스(ambulance) → 구급차
에메랄드(emerald)
에스컬레이터(escalator)
에스코트(escort) → 호위
에어컨(← air conditioner)
오르간(organ) → 풍금(風琴)
요구르트(yogurt)
워크숍(workshop)
이슈(issue) → 쟁점
인스턴트(instant) → 즉각, 즉석
자이언트(giant)
장르(genre, 프)
재킷(jacket)
잭나이프(jackknife) → 주머니칼
잼(jam)
점퍼(jumper)
제스처(gesture)

젤라틴(gelatin)

젤리(jelly)

주스(juice)

지터버그(jitterbug) – 사교춤의 일종, 지르박

지프(jeep)

진저 에일(ginger ale) – 청량음료의 일종

찬스(chance) → 기회

챔피언(champion)

초콜릿(chocolate)

카디건(cardigan)

카레(curry)

카바레(cabaret, 프)

카세트 테이프(cassette tape)

카스텔라(castella, 포)

카운슬러(counselor)

카운슬링(counseling)

카페테리아(cafeteria, 스)

카펫(carpet) → 양탄자

캐러멜(caramel)

캐럴(carol)

캐리커처(caricature)

캐비닛(cabinet)

캐시미어(cashmere)

캐주얼(casual)

캠프파이어(campfire)

캡슐(capsule)

커닝(cunning)

커리큘럼(curriculum) → 교육 과정

커트(cut)

커튼(curtain)

커피 숍(coffee shop) → 찻집

컨디션(condition)

컨베이어(conveyor)

컨설턴트(consultant)

컨테이너(container)

컨트롤(control) → 통제

컬러(color) → 색, 색깔

컴퍼스(compass)

컴포넌트(component)

케이크(cake)

케첩(ketchup)

코르덴(← corded velveteen)

코르셋(corset)

코미디(comedy)

코펠(kocher, 도)

콘서트(concert) → 음악회

콘크리트(concrete)

콜레라(cholera)

콤팩트(compact)

콩쿠르(concours, 프) → 경연회(競演會)

콩트(conte, 프)

쿠데타(coup d'Etat, 프)

쿠션(cushion)

크래커(cracker)

크레디트 카드(credit card) → 신용카드

크레용(crayon, 프)

크레파스(crapas)

크리스천(christian) → 기독교도

크리스틸(crystal) → 수정

클라이맥스(climax) → 절정

클랙슨(klaxon) → 경적

타깃(target) → 목표, 과녁, 표적

타월(towel) → 수건

탤런트(talent)

테크놀로지(technology) → 기술

텔레비전(television)
토너먼트(tournament)
토마토(tomato)
톱뉴스(top news) → 머리기사
트럼펫(trumpet)
트롬본(trombone)
티켓(ticket) → (입장)권, 표
팀워크(teamwork)
파운데이션(foundation)
파일럿(pilot) → 조종사
패스트 푸드(fast food)
팸플릿(pamphlet)
페스티벌(festival) → 잔치, 축제
펜치(pincers)
포스터컬러(poster color)
포클레인(poclain, 프) → 삽차
프라이드 치킨(fried chicken)
프라이팬(frypan)
프런티어(frontier)
프로듀서(producer)
프로펠러(propeller)

프러포즈하다(propose하다) → 청혼하다
프리랜서(free-lancer)
프리미엄(premium) → 웃돈, 수수료,
할증금
플라스틱(plastic)
플랑크톤(plankton)
플래시(flash)
플래카드(placard)
플랫폼(platform) → 승강장
피날레(finale, 이)
피라미드(pyramid)
피켓(picket)
하이라이트(highlight)
해트 트릭(hat trick)
헤드라이트(headlight)
헬멧(helmet)
호치키스(hotchkiss)
훌라후프(hula-hoop)
히프(hip) → 엉덩이

다음 중 외래어 표기가 옳지 <u>않은</u> 것은?

① 네트워크(network)
② 플래카드(placard)
③ 컨테이너(container)
④ 초콜릿(chocolate)
⑤ 카운셀링(counseling)

정답 ⑤

2 로마자 표기법

제1장 표기의 기본 원칙

제1항 국어의 로마자 표기는 국어의 표준 발음법에 따라 적는 것을 원칙으로 한다.

제2항 로마자 이외의 부호는 되도록 사용하지 않는다.

제2장 표기 일람

제1항 모음은 다음 각 호와 같이 적는다.

① 단모음

ㅏ	ㅓ	ㅗ	ㅜ	ㅡ	ㅣ	ㅐ	ㅔ	ㅚ	ㅟ
a	eo	o	u	eu	i	ae	e	oe	wi

② 이중모음

ㅑ	ㅕ	ㅛ	ㅠ	ㅒ	ㅖ	ㅘ	ㅙ	ㅝ	ㅞ	ㅢ
ya	yeo	yo	yu	yae	ye	wa	wae	wo	we	ui

[붙임 1] 'ㅢ'는 'ㅣ'로 소리 나더라도 'ui'로 적는다.

광희문 → Gwanghuimun

[붙임 2] 장모음의 표기는 따로 하지 않는다.

제2항 자음은 다음 각 호와 같이 적는다.

① 파열음

ㄱ	ㄲ	ㅋ	ㄷ	ㄸ	ㅌ	ㅂ	ㅃ	ㅍ
g, k	kk	k	d, t	tt	t	b, p	pp	p

② 파찰음

ㅈ	ㅉ	ㅊ
j	jj	ch

③ 마찰음

ㅅ	ㅆ	ㅎ
s	ss	h

④ 비음

ㄴ	ㅁ	ㅇ
n	m	ng

⑤ 유음

ㄹ
r, l

[붙임 1] 'ㄱ, ㄷ, ㅂ'은 모음 앞에서는 'g, d, b'로, 자음 앞이나 어말에서는 'k, t, p'로 적는다. ([ ] 안의 발음에 따라 표기함)

구미 → Gumi

백암 → Baegam

합덕 → Hapdeok

월곶[월곧] → Wolgot

한밭[한받] → hanbat

영동 → Yeongdong

옥천 → Okcheon

호법 → Hobeop

벚꽃[벋꼳] → beotkkot

[붙임 2] 'ㄹ'은 모음 앞에서는 'r'로, 자음 앞이나 어말에서는 'l'로 적는다. 단, 'ㄹㄹ'은 'll'로 적는다.

구리 → Guri

칠곡 → Chilgok

울릉 → Ulleung

설악 → Seorak

임실 → Imsil

대관령[대괄령] → Daegwallyeong

제3장 표기상의 유의점

제1항 음운 변화가 일어날 때에는 변화의 결과에 따라 다음 각 호와 같이 적는다.

1. 자음 사이에서 동화 작용이 일어나는 경우

백마[뱅마] → Baengma   신문로[신문노] → Sinmunno

종로[종노] → Jongno   왕십리[왕심니] → Wangsimni

별내[별래] → Byeollae   신라[실라] → Silla

2. 'ㄴ, ㄹ'이 덧나는 경우

알약[알략] → allyak   학여울[항녀울] → Hangnyeoul

3. 구개음화가 되는 경우

해돋이[해도지] → haedoji   같이[가치] → gachi

4. 'ㄱ, ㄷ, ㅂ, ㅈ'이 'ㅎ'과 합하여 거센소리로 소리 나는 경우

좋고[조코] → joko   놓다[노타] → nota

잡혀[자펴] → japyeo   낳지[나치] → nachi

다만, 체언에서 'ㄱ, ㄷ, ㅂ' 뒤에 'ㅎ'이 따를 때에는 'ㅎ'을 밝혀 적는다.

묵호 → Mukho   집현전 → Jiphyeonjeon

[붙임] 된소리되기는 표기에 반영하지 않는다.

압구정 → Apgujeong   낙동강 → Nakdonggang

합정 → Hapjeong   팔당 → Paldang

샛별 → saetbyeol   울산 → Ulsan

제2항 발음상 혼동의 우려가 있을 때에는 음절 사이에 붙임표(-)를 쓸 수 있다.

중앙 → Jung-ang   해운대 → Hae-undae

반구대 → Ban-gudae   세운 → Se-un

제3항 고유 명사는 첫 글자를 대문자로 적는다.

부산 → Busan   세종 → Sejong

제4항 인명은 성과 이름의 순서로 띄어 쓴다. 이름은 붙여 쓰는 것을 원칙으로 하되 음절 사이에 붙임표(-)를 쓰는 것을 허용한다. [( ) 안의 표기를 허용함]

민용하 → Min Yongha(Min Yong-ha)

송나리 → Song Nari(Song Na-ri)

(1) 이름에서 일어나는 음운변화는 표기에 반영하지 않는다.

한복남 → Han Boknam(Han Bok-nam)

홍빛나 → Hong Bitna(Hong Bit-na)

(2) 성의 표기는 따로 정한다.

제5항 '도, 시, 군, 구, 읍, 면, 리, 동'의 행정 구역 단위와 '가'는 각각 'do, si, gun, gu, eup, myeon, ri, dong, ga'로 적고, 그 앞에는 붙임표(-)를 넣는다. 붙임표(-) 앞뒤에서 일어나는 음운 변화는 표기에 반영하지 않는다.

도봉구 → Dobong-gu   신창읍 → Sinchang-eup

삼죽면 → Samjuk-myeon   인왕리 → Inwang-ri

당산동 → Dangsan-dong   봉천 1동 → Bongcheon 1(il)-dong

종로 2가 → Jongno 2(i)-ga   퇴계로 3가 → Toegyero 3(sam)-ga

충청북도 → Chungcheongbuk-do

의정부시 → Uijeongbu-si

[붙임] '시, 군, 읍'의 행정 구역 단위는 생략할 수 있다.

청주시 → Cheongju   함평군 → Hampyeong

순창읍 → Sunchang

제6항 자연 지물명, 문화재명, 인공 축조물명은 붙임표(-) 없이 붙여 쓴다.

남산 → Namsan

경복궁 → Gyeongbokgung

불국사 → Bulguksa

촉석루 → Chokseongnu

속리산 → Songnisan

종묘 → Jongmyo

금강 → Geumgang

안압지 → Anapji

독립문 → Dongnimmun

다보탑 → Dabotap

독도 → Dokdo

오죽헌 → Ojukheon

제7항 인명, 회사명, 단체명 등은 그동안 써 온 표기를 쓸 수 있다.

제8항 학술 연구 논문 등 특수 분야에서 한글 복원을 전제로 표기할 경우에는 한글 표기를 대상으로 적는다. 이때 글자 대응은 제2장을 따르되 'ㄱ, ㄷ, ㅂ, ㄹ'은 'g, d, b, l'로만 적는다. 음가 없는 'ㅇ'은 붙임표(-)로 표기하되 어두에서는 생략하는 것을 원칙으로 한다. 기타 분절의 필요가 있을 때에도 붙임표(-)를 쓴다.

집 → jib

값 → gabs

독립 → doglib

굳이 → gud-i

조랑말 → jolangmal

짚 → jip

붓꽃 → buskkoch

문리 → munli

좋다 → johda

없었습니다 → eobs-eoss-suebnida

밖 → bakk

먹는 → meogneun

물엿 → mul-yeos

가곡 → gagog

확인문제

다음 중 로마자 표기가 옳지 <u>않은</u> 것은?

① 신라 → Silla

② 좋고 → jokho

③ 안압지 → Anapji

④ 속리산 → Songnisan

⑤ 한복남 → Han Boknam

정답 ②

---

*2014년 5월에 확정된 한식명 로마자 표기 중 중요한 단어입니다.

한정식 Han-jeongsik
김밥 Gimbap
김치볶음밥 Kimchi-bokkeum-bap
불고기덮밥 Bulgogi-deopbap
콩나물국밥 Kong-namul-gukbap
오곡밥 Ogok-bap
누룽지 Nurungji
전복죽 Jeonbok-juk
호박죽 Hobak-juk
막국수 Mak-guksu
쌈밥 Ssambap
만두 Mandu
비빔밥 Bibimbap
물냉면 Mul-naengmyeon
바지락칼국수 Bajirak-kal-guksu
비빔냉면 Bibim-naengmyeon
삼계탕 Samgye-tang
육개장 Yukgaejang
추어탕 Chueo-tang
콩나물국 Kong-namul-guk
된장찌개 Doenjang-jjigae
버섯전골 Beoseot-jeongol
순대 Sundae
족발 Jokbal
아귀찜 Agwi-jjim
갈치조림 Galchi-jorim

떡볶이 Tteok-bokki
오징어볶음 Ojingeo-bokkeum
고등어구이 Godeungeo-gui
너비아니 Neobiani
삼겹살 Samgyeopsal
감자전 Gamja-jeon
해물파전 Haemul-pajeon
광어회 Gwangeo-hoe
모둠회 Modum-hoe
육회 Yukhoe
깍두기 Kkakdugi
배추김치 Baechu-kimchi
열무김치 Yeolmu-kimchi
간장게장 Ganjang-gejang
양념게장 Yangnyeom-gejang
골뱅이무침 Golbaengi-muchim
잡채 Japchae
경단 Gyeongdan
꿀떡 Kkultteok
백설기 Baek-seolgi
송편 Songpyeon
녹차 Nokcha
식혜 Sikhye
수정과 Sujeonggwa
유자차 Yuja-cha
인삼차 Insam-cha

[1~2] 다음 중 외래어 표기가 옳지 않은 것은?

01

① 가십(gossip)

② 도넛(doughnut)

③ 가톨릭(catholic)

④ 레퍼토리(repertory)

⑤ 미스테리(mystery)

02

① 바비큐(barbecue)

② 보이콧(boycott)

③ 초콜릿(chocolate)

④ 카레(curry)

⑤ 탈렌트(talent)

[3~4] 다음 중 로마자 표기가 옳지 않은 것은?

03

① 오죽헌 → Ojukheon

② 안압지 → Anapji

③ 충청북도 → Chungcheongbuk-do

④ 낙동강 → Nakddonggang

⑤ 합정 → Hapjeong

04

① 백마[뱅마] → Baengma

② 신라[실라] → Sinra

③ 샛별 → saetbyeol

④ 묵호 → Mukho

⑤ 없었습니다 → eobs-eoss-suebnida

정답 및 해설

1	2	3	4
⑤	⑤	④	②

O1 ⑤ 미스터리(mystery)가 맞는 표기이다.

O2 ⑤ 탤런트(talent)가 맞는 표기이다.

O3 ④ '제3장 제1항 다만의 붙임 된소리되기는 표기에 반영하지 않는다' 는 규정에 따라 낙동강 → Nakdonggang으로 써야 한다.

O4 ② 신라[실라] → Silla가 맞는 표기이다.

부록

| 필수 어휘 · 어법 용어

1 국어의 음운

음운이란, 말의 뜻을 구별하여 주는 소리의 가장 작은 단위이다. '님'과 '남'이 다른 뜻의 말이 되게 하는 'ㅣ'와 'ㅏ', '물'과 '불'이 다른 뜻의 말이 되게 하는 'ㅁ'과 'ㅂ' 따위를 이른다.

1. **자음(19개)** : 목, 입, 혀 따위의 발음 기관에 의해 구강 통로가 좁아지거나 완전히 막히는 등의 장애를 받으며 나는 소리(ㅂ, ㅃ, ㅍ, ㅁ, ㄷ, ㄸ, ㅌ, ㅅ, ㅆ, ㄴ, ㄹ, ㅈ, ㅉ, ㅊ, ㄱ, ㄲ, ㅋ, ㅇ, ㅎ)

2. **모음(21개)** : 성대의 진동을 받은 소리가 목, 입, 코를 거쳐 나오면서, 장애를 받지 않고 나는 소리

   1) 단모음(10개) : 소리를 내는 도중에 입술 모양이나 혀의 위치가 고정되어 처음과 나중이 달라지지 않는 모음(ㅏ, ㅐ, ㅓ, ㅔ, ㅗ, ㅚ, ㅜ, ㅟ, ㅡ, ㅣ)

   2) 이중모음(11개) : 소리를 내는 도중에 입술 모양이나 혀의 위치가 처음과 나중이 달라지는 모음(ㅑ, ㅕ, ㅛ, ㅠ, ㅒ, ㅖ, ㅘ, ㅙ, ㅝ, ㅞ, ㅢ)

2 단어의 형성

단어란, 분리하여 자립적으로 쓸 수 있는 말. 또는 그 말의 뒤에 붙어서 문법적 기능을 나타내는 말이다.

1. **형태소** : 뜻을 가진 가장 작은 말의 단위. "철수는 밥을 먹었다."라는 문장에서 '철수', '는', '밥', '을', '먹-', '-었-', '-다'가 형태소이다.

자립성 유무에 따라	자립형태소	다른 말에 의존하지 아니하고 혼자 설 수 있는 형태소 예 '철수', '밥'
	의존형태소	다른 말에 의존하여 쓰이는 형태소. 어간, 어미, 접사, 조사 등이 있다. 예 '는', '을', '먹-', '-었-', '-다'
의미의 허실에 따라	실질형태소	구체적인 대상이나 동작, 상태를 표시하는 형태소 예 '철수', '밥', '먹-'
	형식형태소	실질형태소에 붙어 주로 말과 말 사이의 관계를 표시하는 형태소. 조사, 어미 등이 있다. 예 '는', '을', '-었-', '-다'

	철수	는	밥	을	먹	었	다
자립	○		○				
의존		○		○	○	○	○
실질	○		○		○		
형식		○		○		○	○

2. 단어의 형성

1) 단일어 : 하나의 어근으로 된 말 예 '하늘', '땅', '밥'

2) 복합어 : 하나의 어근에 접사가 붙거나 두 개 이상의 어근이 결합된 말. 합성
어와 파생어로 나뉜다.

① 합성어(어근+어근) : 둘 이상의 어근이 결합하여 하나의 단어가 된 말
예 '집안', '돌다리'

통사적 합성법	일반적 단어 배열과 같은 유형의 합성(명사+명사, 관형어+명사, 주어+서술어 등)을 말한다. 예 '돌다리'(명사+명사)나 '작은형'(관형어+명사)
비통사적 합성법	일반적 단어 배열에 어긋나는 합성(용인의 어근+명사)을 말한다. 예 늦은 더위를 뜻하는 '늦더위('늦다'의 어근+명사)'

② 파생어(어근+접사/접사+어근) : 어근에 접사가 결합하여 하나의 단어가 된
말 예 명사 '부채'에 접미사 '-질'이 붙은 '부채질', 동사 어간 '덮-'에 접
미사 '-개'가 붙은 '덮개', 명사 '버선' 앞에 접두사 '덧-'이 붙은 '덧버선'

> ▶ 어근 : 단어를 분석할 때, 실질적 의미를 나타내는 중심이 되는 부분
> 예 '덮개'의 '덮-', '어른스럽다'의 '어른'
> ▶ 접사 : 단독으로 쓰이지 아니하고 항상 다른 어근이나 단어에 붙어
> 새로운 단어를 구성하는 부분. 접두사(接頭辭)와 접미사(接尾辭)가
> 있다.

접두사	파생어를 만드는 접사로, 어근이나 단어의 앞에 붙어 새로운 단어가 되게 하는 말 예 '맨손'의 '맨-', '들볶다'의 '들-' 등
접미사	파생어를 만드는 접사로, 어근이나 단어의 뒤에 붙어 새로운 단어가 되게 하는 말 예 '선생님'의 '-님', '먹보'의 '-보' 등

3 품사

품사란, 단어를 기능, 형태, 의미에 따라 나눈 갈래이다. 현재 우리나라의 학교 문법에서는 명사, 대명사, 수사, 조사, 동사, 형용사, 관형사, 부사, 감탄사의 아홉 가지로 분류한다.

구분		자립어					의존어
분류기준	기능	체언	용언	수식언	독립언	관계언	
	형태	불변어	가변어	불변어	불변어	불변어	
	의미	명사 / 대명사 / 수사	동사 / 형용사	관형사 / 부사	감탄사	조사	

1. **체언** : 문장에서 주어, 목적어, 보어 따위의 기능을 하는 말. 명사, 대명사, 수사가 있다.

1) 명사 : 사물의 이름을 나타내는 품사. 특정한 사람이나 물건에 쓰이는 이름이냐 일반적인 사물에 두루 쓰이는 이름이냐에 따라 고유명사와 보통명사로, 자립성에 따라 자립명사와 의존명사로 나뉜다.

① 고유명사와 보통명사

고유명사	낱낱의 특정한 사물이나 사람을 다른 것들과 구별하여 부르기 위하여 고유의 기호를 붙인 이름. 인명, 지역명, 상호명 등이 있다. 예 '홍길동', '한라산', '서울'
보통명사	같은 종류의 모든 사물에 두루 쓰이는 명사 예 '사람', '나라', '도시', '강', '지하철', '해', '달' 등

② 자립명사와 의존명사

자립명사	다른 말의 도움을 받지 아니하고 단독으로 쓰일 수 있는 명사 예 '사과', '의자', '창문'
의존명사	그 앞에 꾸며 주는 말이 있어야만 문장에 쓰일 수 있는 명사 예 "먹을 것을 줘."의 '것', "의지할 데 없는 사람"의 '데' 등으로 쓰인다. 그밖에 '따름, 뿐' 등이 있다.

2) 대명사 : 사람이나 사물의 이름을 대신 나타내는 말. <u>인칭대명사</u>와 <u>지시대명</u>
<u>사</u>로 나뉜다.

① 인칭대명사 : 사람을 가리키는 대명사 예 '나', '저', '너', '그분', '우리',
'너희', '자네', '누구'

② 지시대명사 : 어떤 사물이나 장소 따위를 이르는 대명사 예 '거기', '무
엇', '그것', '이것', '저기'

3) 수사 : 사물의 수량이나 순서를 나타내는 품사. <u>양수사</u>와 <u>서수사</u>가 있다.

① 양수사 : 수량을 셀 때 쓰는 수사 예 '하나', '둘', '셋', '이', '삼', '오'

② 서수사 : 순서를 나타내는 수사 예 '첫째', '둘째', '셋째', '제일', '제이',
'제삼'

2. **관계언** : 문장에 쓰인 단어들의 관계를 나타내는 기능을 하는 말. <u>조사</u>가 있다.

4) 조사 : 체언이나 부사, 어미 따위에 붙어 그 말과 다른 말과의 문법적 관계를
표시하거나 그 말의 뜻을 도와주는 품사. 크게 <u>접속조사</u>, <u>보조사</u>, <u>격조사</u>로 나
눈다.

① 접속조사 : 두 단어를 같은 자격으로 이어 주는 조사 예 '와', '과', '하고',
'(이)나', '(이)랑' 등. '개나리<u>와</u> 진달래', '사람<u>과</u> 동물', '너<u>하고</u> 나', '밥
<u>이나</u> 빵', '강아지<u>랑</u> 고양이' 등으로 쓰인다.

② 보조사 : 다른 말에 붙어서 어떤 특별한 의미를 더해 주는 조사 예 '은',
'는', '도', '만', '까지', '마저', '조차', '부터'. '만화책<u>만</u> 보지 말고 동
화책<u>도</u> 읽어라.' 등으로 쓰인다.

③ 격조사 : 체언 뒤에 붙어 그 체언이 갖는 일정한 자격을 나타내는 조사

주격조사	문장 안에서, 체언이 서술어의 주어임을 표시하는 격조사	예 동생<u>이</u> 방에서 언니의 책을 읽고 있다.
목적격 조사	문장 안에서, 체언이 서술어의 목적어임을 표시하는 격조사	예 동생이 방에서 언니의 책<u>을</u> 읽고 있다.
관형격 조사	문장 안에서, 앞에 오는 체언이 뒤에 오는 체언의 관형어임을 보이는 조사	예 동생이 방에서 언니<u>의</u> 책을 읽고 있다.
부사격 조사	문장 안에서, 체언이 부사어임을 보이는 조사	예 동생이 방<u>에서</u> 언니의 책을 읽고 있다.
보격조사	문장 안에서, 체언이 보어임을 표시하는 격조사	예 물이 얼음<u>이</u> 된다. 그는 보통 인물<u>이</u> 아니다.

호격조사	문장 안에서, 체언이 부름의 자리에 놓이게 하여 독립어가 되게 하는 조사	예 철수<u>야</u>, 오늘이 한글날이니?
서술격 조사	문장 안에서, 체언이나 체언 구실을 하는 말 뒤에 붙어 서술어 자격을 가지게 하는 격조사	예 철수야, 오늘이 한글날<u>이니</u>?

3. 용언 : 문장에서 서술어의 기능을 하는 말. <u>동사</u>, <u>형용사</u>가 있다.

  5) 동사 : 사물의 동작이나 작용을 나타내는 품사. <u>자동사</u>와 <u>타동사</u>가 있다.

    ① 자동사 : 동사가 나타내는 동작이나 작용이 주어에만 미치는 동사 예 '꽃이 피다'의 '피다', '해가 솟다'의 '솟다'

    ② 타동사 : 목적어를 필요로 하는 동사 예 '밥을 먹다'의 '먹다', '노래를 부르다'의 '부르다'

  6) 형용사 : 사물의 성질이나 상태를 나타내는 품사. 활용할 수 있어 동사와 함께 용언에 속한다. <u>성상형용사</u>와 <u>지시형용사</u>가 있다.

    ① 성상형용사 : 사물의 성질이나 상태를 나타내는 형용사 예 '고프다', '달다', '예쁘다', '붉다'

    ② 지시형용사 : 사물의 성질, 시간, 수량 따위가 어떠하다는 지시성을 나타내는 형용사 예 '어떠하다', '그러하다', '저러하다'

> ▶ 어간과 어미 : 활용어가 활용할 때에 변하지 않는 부분을 어간, 용언 및 서술격 조사가 활용하여 변하는 부분을 어미라고 한다. '보다', '보니', '보고'에서의 '보-'는 어간, '-다', '-니', '-고'는 어미이다.
>
> • 어미의 종류 : 단어의 끝에 오는, 단어를 끝맺는 어말어미와 그 자체만으로는 단어를 끝맺을 수 없고, 반드시 어말어미를 필요로 하는 선어말어미로 나뉜다.

어미	**선어말 어미**		주체높임 선어말어미('-시-')
			시제 선어말어미('-ㄴ-, -는-, -었/았-, -더-, -겠-')
			공손 선어말어미('-옵-')
	어말어미	**종결어미**	평서형어미('-다')
			감탄형어미('-구나')
			의문형어미('-니')
			명령형어미('-어라')
			청유형어미('-자')
		연결어미	대등적 연결어미('-고, -며')
			종속적 연결어미('-므로, -다면, -(으)ㄹ 지라도)
			보조적 연결어미('-아, -게, -지, -고')
		전성어미	명사형 어미('-ㅁ, -기')
			관형사형 어미('-ㄴ, -ㄹ, -는')
			부사형 어미('-니, -어서, -게, -도록')

▶ 용언의 활용 : '보고, 보면, 보니, 본'과 같이 어간에 여러 어미가 붙어 문장의 성격을 바꾸는 것을 '활용'이라고 한다. 여러 가지 활용형 중에서 어간에 어미 '-다'가 결합한 것을 '기본형'이라고 한다. '보다, 보고, 보면, 보니'의 기본형은 '보다'가 된다.

규칙활용	용언이 활용할 때 어간과 어미의 형태가 규칙적인 것 예 잡다 - 잡고, 잡아, 잡으면, 잡으니 　　갚다 - 갚고, 갚아, 갚으면, 갚으니
불규칙활용	용언이 활용할 때 어간 또는 어미의 모습이 달라지는 것 예 '돕다'의 경우, 일반적인 단어들과 활용 모습이 다르다. 　　돕다 - 돕고, <u>도와</u>, <u>도우면</u>, <u>도우니</u>

• 불규칙활용의 갈래

어간이 바뀌는 것	'묻고, 묻지, 물어, 물어서' (問)
어미가 바뀌는 것	'푸르고, 푸르지, 푸르러, 푸르러서'
어간과 어미가 모두 바뀌는 것	'파랗고, 파랗지, 파래, 파래서'

▶ 보조용언 : 용언 중에서, 다른 용언과 연결되어 그것의 의미를 더해주는 용언

> 예 이 옷을 한번 입어 <u>보아라</u>.
> 그 시의 감상을 적어 <u>두었다</u>.
> 나도 인형을 가지고 <u>싶다</u>.
> 그녀는 예쁘지 <u>아니하다</u>.

'보다, 두다'는 '보조동사', '싶다, 아니하다'는 '보조형용사'이다.

▶ 본용언 : '입다, 적다, 가지다, 예쁘다' 처럼 보조용언들이 뜻을 더하여 주는 앞의 용언들을 '본용언'이라고 한다.

4. 수식언 : 다른 말을 수식하는 말. 관형사, 부사가 있다.

7) 관형사 : 체언 앞에 놓여서, 그 체언의 내용을 자세히 꾸며 주는 품사. 조사도 붙지 않고 어미 활용도 하지 않는다. 지시관형사, 성상관형사, 수관형사가 있다.

① 지시관형사 : 특정한 대상을 지시하여 가리키는 관형사 예 '이', '저', '그', '다른' 등. "<u>이</u> 꽃을 보아라.", "<u>그</u> 사람은 내 동생이다." 등으로 쓰인다.

② 성상관형사 : 사람이나 사물의 모양, 상태, 성질을 나타내는 관형사 예 '새', '헌', '순(純)' 등. "<u>새</u> 학기를 맞이하다.", "<u>순</u> 살코기" 등으로 쓰인다.

③ 수관형사 : 사물의 수나 양을 나타내는 관형사 예 '한', '두', '세' 등. '<u>두</u> 사람', '<u>세</u> 근' 등으로 쓰인다.

8) 부사 : 용언 또는 다른 말 앞에 놓여 그 뜻을 분명하게 하는 품사. 활용하지 못하며 성분부사와 문장부사로 나뉜다.

① 성분부사 : 문장의 한 성분을 꾸며 주는 부사

성상부사	사람이나 사물의 모양, 상태, 성질을 한정하여 꾸미는 부사 예 '잘', '매우', '바로' 성상부사 중, 사물의 소리와 모양을 흉내내는 부사를 '의성부사', '의태부사'라고 한다. 예 '으앙으앙', '뒤뚱뒤뚱'
지시부사	장소나 시간을 가리켜 한정하거나 앞의 이야기에 나온 사실을 가리키는 부사 예 '이리', '그리', '내일', '오늘'
부정부사	용언의 앞에 놓여 그 내용을 부정하는 부사 예 '아니', '안', '못'

② 문장부사 : 문장 전체를 꾸미는 부사

양태부사	화자의 태도를 나타내는 부사 예 '과연', '설마', '제발', '정말', '결코', '모름지기', '응당', '어찌' 등. "과연 이 일은 앞으로 어떻게 될 것인가?" 등으로 쓰인다.
접속부사	앞의 체언이나 문장의 뜻을 뒤의 체언이나 문장에 이어 주면서 뒤의 말을 꾸며 주는 부사 예 '그러나', '그런데', '그리고', '하지만'

5. **독립언** : 독립적으로 쓰이는 말. 감탄사가 있다.

9) 감탄사 : 품사의 하나. 말하는 이의 본능적인 놀람이나 느낌, 부름, 응답 따위를 나타내는 말의 부류이다. 예 "어머, 날씨가 좋네."에서 '어머', "아, 네가 철수구나."의 '아', "네, 그립시다."의 '네' 등

4 문장

문장이란, 생각이나 감정을 말과 글로 표현할 때 완결된 내용을 나타내는 최소의 단위이다.

1. **문장성분** : 한 문장을 구성하는 요소. 주어, 서술어, 목적어, 보어, 관형어, 부사어, 독립어가 있다.

주성분	서술어	주어의 상태, 성질 따위를 서술하는 말	예 아기가 운다.
	주어	술어가 나타내는 동작이나 상태의 주체가 되는 말	예 산이 높이 솟아 있다.
	목적어	문장에서 동사의 동작의 대상이 되는 말	예 나는 과일을 잘 먹는다.
	보어	문장의 불완전한 곳을 보충하는 말	예 물이 얼음이 되었다.
부속 성분	관형어	체언을 꾸며 주는 말	예 춘향이가 향단이의 치마를 입었다.
	부사어	용언의 내용을 한정하는 말	예 다행히 소풍날 비가 오지 않았다.
독립 성분	독립어	독립적으로 쓰이는 말	예 아, 세월이 잘도 가는구나.

1) 서술어 : 한 문장에서 주어의 움직임, 상태, 성질 따위를 서술하는 말 예 "철수
가 밥을 먹는다."에서 '먹는다', "영희는 예쁘다."에서 '예쁘다'

① 서술어의 종류

무엇이 어찌한다	예 새가 날아간다.
무엇이 어떠하다	예 꽃이 예쁘다.
무엇이 무엇이다	예 그는 학생이다.

② 서술어의 자릿수 : 서술어에 따라서 필요한 문장 성분들의 개수가 다른데,
이를 '서술어의 자릿수' 라고 한다.

한 자리 서술어	"꽃이 예쁘다."의 경우, 서술어 '예쁘다' 는 주어 하나 만 필요로 한다. (필요한 성분이 1개)
두 자리 서술어	"나는 영화를 보았다.", "시간은 금과 같다.", "그녀 는 의사가 되었다."에서 '보다', '같다', '되다' 의 경 우, 각각 주어+목적어, 주어+부사어, 주어+보어를 필요로 한다. (필요한 성분이 2개)
세 자리 서술어	"형이 나에게 선물을 주었다."의 '주다' 는 주어와 목 적어, 부사어를 필요로 한다. (필요한 성분이 3개)

2) 주어 : 술어가 나타내는 동작이나 상태의 주체가 되는 말. 체언에 주격조사
'이/가' 가 붙어서 성립된다. 예 "철수가 밥을 먹는다."에서 '철수가', "영희는
예쁘다."에서 '영희는'

무엇이 어찌한다	예 새가 날아간다.
무엇이 어떠하다	예 꽃이 예쁘다.
무엇이 무엇이다	예 그는 학생이다.

3) 목적어 : 문장에서 동사의 동작의 대상이 되는 말. 체언에 목적격조사 '을/를'
이 결합하여 실현된다. 예 '철수가 책을 읽는다.' 에서 '책을'

'을/를' 과 결합할 때	예 나는 사과를 싫어해.
'을/를' 을 생략할 때	예 나는 사과 싫어해.
보조사와 결합할 때	예 나는 사과도 싫어해.

4) 보어 : 주어와 서술어만으로는 뜻이 완전하지 못한 문장에서, 그 불완전한 곳을 보충하여 뜻을 완전하게 하는 수식어. 국어에서는 '되다', '아니다' 앞에 조사 '이', '가'를 취하여 나타나는 문장 성분을 말한다.

'되다' 앞에서 쓰인 경우	예 그는 의사가 되었다.
'아니다' 앞에서 쓰인 경우	예 그는 학생이 아니다.

5) 관형어 : 체언 앞에서 체언의 뜻을 꾸며 주는 구실을 하는 문장 성분. 관형사가 그대로 관형어로 쓰이거나, 체언에 관형격조사 '의'가 붙은 말 따위가 있다. 관형격조사 없이 '체언+체언'의 구성으로 나타나기도 한다.
  - 관형어가 체언을 수식하는 방법

관형사	"그녀는 새 구두를 신었다."의 경우, 관형사 '새'가 그대로 관형어가 되었다.
체언+관형격조사 '의'	"그녀는 철수의 그림을 감상했다."의 경우, 체언인 '철수'에 '의'가 결합하여 관형어로 쓰였다.
체언+체언	"그녀는 도시 거리를 좋아한다."의 경우, '의'가 없이, '체언+체언'의 구성으로 나타났다.

6) 부사어 : 용언을 수식하는 기능을 하는 문장 성분. 부사가 그대로 부사어로 쓰이거나, '명사'에 '으로, 에, 에서' 등이 붙어 부사어로 쓰이거나, '주어+서술어'에 '-아서, -니까, -다가' 등이 붙어서 쓰일 수 있다.
  ① 부사어가 용언을 수식하는 방법

부사	"철수가 밥을 잘 먹는다."의 경우, 부사 '잘'이 그대로 부사어로 쓰였다.
명사 + 조사 (으로, 에, 에서 등)	"철수가 밥을 숟가락으로 먹는다."의 경우, 명사 '숟가락'에 조사 '으로'가 붙어서 부사어로 쓰였다.
'주어+서술어' + 어말어미 (-아서, -니까, -다가 등)	"철수가 밥을 숟가락으로 떠서 먹는다."의 경우, '숟가락으로 뜨다'에 '-아서'가 붙어서 부사어로 쓰였다.

② 필수부사어와 수의부사어 : 부사어는 반드시 필요한 문장 성분이 아니지만 (수의부사어), 문장 구성에 꼭 필요한 부사어도 있다.(필수부사어)

필수부사어	예 무궁화는 개나리와 다르다. 나는 너에게 과자를 주었다. ※ 두 자리, 세 자리 서술어와 쓰였을 때
수의부사어	예 아기가 참 귀엽다. 그는 매우 빠르게 뛴다.

③ 성분부사어와 문장부사어 : 문장의 어떤 성분을 수식하는 부사어를 '성분부 사어'라고 하고, 문장 전체를 수식하는 부사어를 '문장부사어'라고 한다.

성분부사어	예 영희가 매우 예쁘다. 그는 참 많이 먹는다.
문장부사어	예 과연 내 아들은 똑똑하구나. 모름지기 학생은 공부를 해야 한다. 만일 비가 내린다면 축구를 할 수 없어.

> ▶ 관형어와 부사어의 차이
> 관형어는 체언을 수식한다. 부사어는 용언, 관형어, 다른 부사어를 수식하며 문장이나 단어를 이어주는 역할을 한다.

7) 독립어 : 문장의 다른 성분과 밀접한 관계없이 독립적으로 쓰는 말. 감탄사, 호격조사가 붙은 명사, 제시어, 대답하는 말, 문장 접속 부사 등이 이에 속한다.
 - 독립어가 쓰이는 예

감탄사	예 아, 달이 밝다.
체언+호격조사	예 철수야 학교 가자.
제시어	예 청춘, 이것은 듣기만 해도 가슴이 뛰는 말이다.
대답하는 말	예 예, 알겠습니다.
문장 접속 부사	예 날씨가 흐리다. 그러나 소풍은 취소되지 않았다.

▶ 품사와 문장 성분

품사는, 단어를 여러 기준에 따라 나눈 갈래로 주로 '-사'로 끝난다. 문장 성분은, 문장 속 요소들을 문장에서의 역할에 따라 나눈 갈래로, 주로 '-어'로 끝난다.

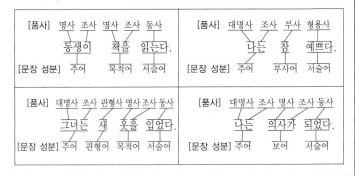

2. 문장의 짜임

1) 문장의 짜임새

① 홑문장 : 주어와 서술어가 각각 하나씩 있는 문장. 관형어나 부사어가 아무리 많이 있더라도 주어와 서술어가 하나라면 그 문장은 홑문장이다.

홑문장	예 철수는 무척 똑똑하다. 우리 학교에 드디어 급식소가 생겼어.

② 겹문장 : 주어와 서술어가 두 번 이상 나타나는 문장. 한 문장의 성분 속에 두 개 이상의 절이 종속적인 관계로 겹쳐진 문장이다. 한 개의 홑문장이 다른 문장 속에 한 성분으로 들어가 있는 '안은문장'과 홑문장이 서로 이어져 있는 '이어진 문장'이 있다.

겹문장	예 그가 잘생겼다는 것은 오래전에 증명되었다. 이 사람은 동생이고, 저 사람은 형이야.

2) 안은문장과 안긴문장 : 주어와 서술어가 두 번 이상 있으며, 문장 안에 홑문장을 가진 문장을 '안은문장'이라고 한다. '안은문장' 속에서 하나의 성분처럼 쓰이는 홑문장을 '안긴문장'이라고 한다. 이 때, 안긴문장은 '절'의 형태를 하는데, 크게 다섯 가지로 나뉜다. 명사절, 관형절, 부사절, 서술절, 인용절이 있다.

※ 절 : 문장보다 작은 언어 형식의 한 가지. 주어와 서술어를 다 갖추었지
만 독립성이 없고 다른 큰 문장의 성분으로 쓰인다.

① 명사절을 안은문장

※ 명사절 : 명사 구실을 하는 절. 어미 '-(으)ㅁ, -기'가 붙는다. 문장에서
주어, 목적어, 부사어 등의 기능을 한다.

명사절을 안은문장	예 그 산은 오르기가 어렵다.
	나는 그가 정직했음을 알았다.

② 관형절을 안은문장

※ 관형절 : 관형사형 어미와 결합하여 관형어의 구실을 하는 절. '-(으)ㄴ',
'-는', '-(으)ㄹ', '-던'이 붙는다. 관형절은 시간을 표현할 때 사용된다.

관형절을 안은문장	예 이 빵은 내가 먹은 빵이다. (과거)
	이 빵은 내가 먹는 빵이다. (현재)
	이 빵은 내가 먹을 빵이다. (미래)
	이 빵은 내가 먹던 빵이다. (회상)

③ 부사절을 안은문장

※ 부사절 : 부사어의 구실을 하는 절로, 서술어를 수식한다. '-이', '-게',
'-도록', '-(아)서' 등이 붙어 부사절이 될 수 있다.

부사절을 안은문장	예 내가 그 사람의 도움 없이 그 일을 할 수 있을까?
	그 영화는 손에 땀을 쥐도록 흥미진진했다.
	그 박물관은 유물들이 정갈하게 전시되어있다.
	옷이 비가 와서 젖었다.

④ 서술절을 안은문장

※ 서술절 : 문장에서 서술어 구실을 하는 절

서술절을 안은문장	예 수연이가 얼굴이 예쁘다.
	내 동생이 머리가 좋다.
	철수가 마음이 넓다.

※ 서술절을 안은문장의 경우, 주어가 두 개인 것처럼 보일 수 있다. 이
때, 맨 앞의 주어를 뺀 나머지 부분이 서술절이다. "철수가 마음이 넓
다."의 경우, '마음이'의 서술어는 '넓다'이고, '철수가'의 서술어는
'마음이 넓다'이다.

⑤ 인용절을 안은문장

※ 인용절 : 남의 말이나 글에서 직접 또는 간접으로 따온 절. 문장에 인용 격조사 '라고, 고'가 붙는다. 다른 사람이 한 말을 그대로 옮기는 인용 절을 '직접 인용절'이라고 하며, 다른 사람의 말을 고쳐서 옮기는 인용 절을 '간접 인용절'이라고 한다. 직접 인용절에는 '라고'가, 간접 인용 절에는 '고'가 붙는다.

직접 인용절을 안은문장	예 그녀는 떨리는 목소리로 "누구세요?"라고 말했다.
간접 인용절을 안은문장	예 그는 자신은 범인이 아니라고 주장했다. 어머니는 날씨가 참 좋다고 말씀하셨다.

3) 이어진 문장 : 홑문장들이 둘 이상 이어져서 겹문장이 되는 것을 말한다. 문장 의 연결 방법에 따라 대등하게 이어진 문장과 종속적으로 이어진 문장으로 나 뉜다.

① 대등하게 이어진 문장

대등하게 이어진 문장은 앞절이 뒷절과 나열 · 대조 · 선택 등의 의미 관계 를 가진다. "어제는 하늘도 맑았고 바람도 잠잠했었다."처럼 두 문장의 의 미적 관계가 대등한 것이 대등하게 이어진 문장이다.

대등하게 이어진 문장	예 오늘은 기분도 좋고, 발걸음도 가볍다.(나열) 나는 겨울을 좋아하지만, 동생은 여름을 좋아한 다.(대조)

② 종속적으로 이어진 문장

종속적으로 이어진 문장은 앞절이 뒷절과 이유 · 조건 · 의도 · 결과 · 전환 등의 의미 관계를 가진다. "눈이 와서 길이 미끄럽다."와 같은 것이 종속적 으로 이어진 문장이다.

※ 종속적 연결 어미 : 종속적으로 이어진 문장의 앞절과 뒷절을 연결하는 어미이다. 두 절이 가진 의미관계에 따라 다양하게 사용된다.

종속적으로 이어진 문장	예 눈이 와서 길이 미끄럽다.(이유)	-(아)서
	예 비가 오면 우산이 잘 팔린다.(조건)	-(으)면
	예 김밥을 싸려고 아침에 일찍 일어났 다.(의도)	-(으)려 고
	예 길을 건너는데, 자동차가 빠르게 달려 왔다.(배경)	-는데

3. 문법 요소

1) 종결 표현

평서문	화자가 사건의 내용을 객관적으로 진술하는 문장. 평서형어미로 문장을 끝맺는다.	예 하얀 눈이 왔<u>다</u>.
의문문	화자가 청자에게 질문을 하여 그 해답을 요구하는 문장. 의문형어미로 문장을 끝맺는다.	예 너 집에서 무얼 하고 있<u>니</u>?
명령문	화자가 청자에게 무엇을 시키거나 행동을 요구하는 문장. 명령형어미로 끝맺는다.	예 눈을 크게 <u>떠라</u>.
청유문	화자가 청자에게 같이 행동할 것을 요청하는 문장. 청유형어미로 문장을 끝맺는다.	예 '귀중한 문화재 빠짐없이 등록하<u>자</u>.'
감탄문	화자가 청자를 별로 의식하지 않거나 거의 독백 상태에서 자기의 느낌을 표현하는 문장. 감탄형어미로 문장을 끝맺는다.	예 날씨가 좋<u>구나</u>!

2) 높임 표현

① 상대 높임법

일정한 종결어미를 선택함으로써 상대편을 높여 표현한다. 즉, 화자가 듣는 이를 높이거나 낮추어 말하는 방법이다.

격식체	**하십시오체**	이 그림을 <u>보십시오</u>.
	하오체	이 그림을 <u>보시오</u>.
	하게체	이 그림을 <u>보게</u>.
	해라체	이 그림을 <u>보아라</u>.
비격식체	**해요체**	이 그림을 <u>봐요</u>.
	해체	이 그림을 <u>봐</u>.

② 주체 높임법

서술의 주체가 화자보다 나이가 많거나 사회적 지위가 높을 때 서술의 주체를 높이는 표현이다. 용언의 어간에 높임의 선어말어미 '-시-'를 붙여 문장의 주체를 높여 표현한다.

예 '아버지께서 음악을 <u>들으십니다</u>.', '어머니는 다정한 <u>분이십니다</u>.'

③ 객체 높임법

화자가 문장의 목적어나 부사어가 지시하는 대상(객체)에 대하여 높임의
태도를 나타내는 문법 기능이다. 객체 높임법은 특정한 동사에 의해 이루
어지는 경우가 많다.

예 '선생님을 보다. → 선생님을 뵙다.', '할머니께 선물을 주다. → 할머
니께 선물을 드리다.'

3) 시제

① 과거 시제

일어난 일이 말하는 시점보다 앞서 있는 시제이다. 과거 시제는 '-았-/-
었-'을 사용해 나타낼 수 있다.

예 '나는 어제 동생에게 용돈을 주었다.', '동생은 어제 받아쓰기에서 100
점을 받았다.'

② 현재 시제

일어난 일의 시점과 말하는 시점이 일치하는 시제이다. 주로 '-는-/-ㄴ-'
으로 나타낸다.

예 '아기가 귀엽게 웃는다.', '귀엽게 웃는 아기', '아이들이 지금 놀이터
에서 그네를 탄다.', '그네를 타는 아이들'

③ 미래 시제

말하는 시점에 일이 아직 일어나지 않은 시제이다. 주로 '-겠-', '-(으)ㄹ
것이-' 등으로 나타낸다.

예 '숙제는 저녁에 하겠습니다.', '그 대학에 반드시 갈 것입니다.'

④ 동작상

동작상은 어떤 동작이 진행되고 있는지, 완전히 끝난 것인지를 나타낸다. 동
작의 진행을 나타내는 진행상, 동작의 완료를 나타내는 완료상 등이 있다.

진행상	예 나는 밥을 먹고 있다. 그녀는 의자에 앉고 있다.
완료상	예 나는 밥을 먹어 버렸다. 그녀는 의자에 앉아 있다.

4) 능동 표현/피동 표현

능동 표현	주어가 제 힘으로 동작을 하는 것을 나타내는 표현 예 어부가 물고기를 잡았다.
피동 표현	주어가 남에 의해 동작을 하게 되는 것을 나타내는 표현 예 물고기가 어부에게 잡혔다.

– 피동 표현의 형성

능동사의 어간 + 피동접미사 (-이-, -히-, -리-, -기-)	예 저 멀리 목적지가 <u>보이다.</u> 강아지에게 <u>물리다.</u>
'-되다', '-어지다', '-게 되다'	예 나는 친구들에 의해 반장으로 <u>지목되었다.</u> 그 사건의 범인이 <u>밝혀졌다.</u>

5) 주동 표현/사동 표현

주동 표현	주어가 직접 동작을 하는 것을 나타내는 표현 예 아이가 옷을 <u>입다.</u>
사동 표현	주어가 남에게 동작을 하도록 시키는 것을 나타내는 표현 예 엄마가 아이에게 옷을 <u>입히다.</u>

– 사동 표현의 형성

주동사의 어간 + 사동접미사 (-이-, -히-, -리-, -기-, -우-, -구-, -추-)	예 아이가 손에 흙을 <u>묻히다.</u> 학생이 선생님에게 물건을 <u>맡기다.</u>
'-시키다', '-게 하다'	예 엄마가 아이에게 밥을 <u>먹게 하였다.</u> 부모님이 아이를 <u>성장시켰다.</u>

6) 부정 표현 : 문장이나 문장의 어떤 성분을 부정하여 말하는 문장 구성의 한 방법으로, 국어에서 부정 표현은 부정 부사 '안, 못', 부정 용언 '아니하다, 못하다' 를 이용하여 나타낼 수 있다.

① '안' 부정문, '못' 부정문

'안' 부정문	단순한 부정이나 문장의 주체인 주어의 의지에 의한 부정을 나타냄
'못' 부정문	문장의 주체인 주어의 능력 부족이나 바깥의 원인에 의한 불가능함을 나타냄

② 짧은 부정문 : '안, 못' 을 사용하여 만든 부정문

'안' 부정문	예 나는 밥을 먹기 싫어서 밥을 <u>안</u> 먹었다.
'못' 부정문	예 나는 배가 아파서 밥을 <u>못</u> 먹었다.

③ 긴 부정문 : '아니하다, 못하다'를 사용하여 만든 부정문

'안' 부정문	예 나는 밥을 먹기 싫어서 밥을 먹지 않았다.
'못' 부정문	예 나는 배가 아파서 밥을 먹지 못했다.

④ 부정 표현으로 인한 중의성

　※ 중의성 : 한 단어나 문장이 두 가지 이상의 뜻으로 해석될 수 있는 현상
　이나 특성

민지가 학교에 안 갔다.	민지(는/도/만) 학교에 안 갔다.
	민지가 학교에(는/도/만) 안 갔다.
	민지가 학교에 가지(는/도/만) 않았다.

→ '민지', '학교', '가다' 중 하나에 강세를 주거나, '는', '도', '만' 등을
넣어서 중의성을 없앨 수 있으며, 문맥을 통해서 중의성이 사라질 수도
있다.

〈십자말풀이〉

		1				9	
2							10
				11			
3			8				
		6					
4	5		7				
				12	13		

* 정답 326p

가로

2. 문장 안에서, 체언이 서술어의 주어임을 표시하는 격조사

3. 문장에 쓰인 단어들의 관계를 나타내는 기능을 하는 말. 조사가 있다.

4. 활용어가 활용할 때에 변하지 않는 부분

6. 주어가 남에게 동작을 하도록 시키는 것을 나타내는 표현

7. '그녀가 옷을 입다.'에서 '입다'의 ◇◇는 '동사'이고, 문장 성분은 '서술어'이다. → ◇◇
   에 들어갈 말은?

11. 주어와 서술어가 두 번 이상 있으며, 문장 안에 홑문장을 가진 문장

12. 소리를 내는 도중에 입술 모양이나 혀의 위치가 처음과 나중이 달라지는 모음

세로

1. 용언 중에서, 다른 용언과 연결되어 그것의 의미를 더해주는 용언

3. '나는 언니의 치마를 입었다.'에서 '언니의'의 문장 성분

5. 다른 사람의 말을 고쳐서 옮기는 인용

8. '밥을 먹다.'의 '먹다'는 목적어를 필요로 하는 ◇◇◇이다.(동사의 한 종류)

9. 화자가 사건의 내용을 객관적으로 진술하는 문장. 평서형 어미로 문장을 끝맺음

10. 한 문장을 구성하는 요소

13. 한 단어나 문장이 두 가지 이상의 뜻으로 해석될 수 있는 현상이나 특성

정답

[가로] 2. 주격조사, 3. 관계언, 4. 어간, 6. 사동표현, 7. 품사, 11. 안은문장, 12. 이중모음

[세로] 1. 보조용언, 3. 관형어, 5. 간접인용, 8. 타동사, 9. 평서문, 10. 문장성분, 13 중의성

〈쉬어가기〉

남 : 그 얘기 들었어요? 옆 부서의 민지 씨가 회사를 그만둔데요.

여 : 네, 들었어요. 아예 틀린 직종으로 옮긴다고 하더라고요.

남 : 새로운 일에 적응하려면 힘들겠어요. 그럼, 민지 씨 출근일이 몇 일이나 남았죠?

여 : 글쎄요. 맡고 있던 일들을 모두 인수인계시키려면 어느 정도 시간이 걸리지 않을까요?

▶ 대화를 읽으면서, 이상한 부분을 찾으셨나요? 찾지 못하셨다면, 다시 한 번 대화를 천천히 읽어보세요. 위 대화에는 네 가지의 오류가 있습니다. 아래는 오류가 수정된 올바른 대화입니다. 스스로 정답을 찾아본 뒤에 정답을 확인하세요!

남 : 그 얘기 들었어요? 옆 부서의 민지 씨가 회사를 <u>그만둔대요</u>.

여 : 네, 들었어요. 아예 <u>다른</u> 직종으로 옮긴다고 하더라고요.

남 : 새로운 일에 적응하려면 힘들겠어요. 그럼, 민지 씨 출근일이 <u>며칠</u>이나 남았죠?

여 : 글쎄요. 맡고 있던 일들을 모두 <u>인수인계하려면</u> 어느 정도 시간이 걸리지 않을까요?

- –대/–데 : '–대' 는 직접 경험한 사실이 아니라 남이 말한 내용을 간접적으로 전달할 때 쓰이고, '–데' 는 화자가 직접 경험한 사실을 나중에 보고하듯이 말할 때 쓰이는 말입니다. 대화에서는, 남자가 들은 사실을 전달하는 것이므로 '대요' 라고 말해야 합니다.

- 다르다/틀리다 : '다르다' 는 형용사로, '비교가 되는 두 대상이 서로 같지 않다' 라는 뜻이고, '틀리다' 는 동사로, '셈이나 사실 따위가 그르게 되거나 어긋나다' 라는 뜻입니다. 대화에서는 민지 씨가 옮기는 회사와, 지금의 회사가 직종이 서로 같지 않다는 뜻이므로 '다른' 으로 말해야 합니다.

- 몇일/며칠 : '며칠' 만 표준어입니다.

- 인수인계하다 : 인수인계를 하는 주체가 민지 씨이므로, 사동표현을 쓸 필요가 없습니다.

부록

개정 문장 부호

개정 문장 부호 주요 내용

1988년 「한글 맞춤법」 규정의 부록으로 실린 〈문장 부호〉가 26년 만에 새 옷을 입었습니다. 문화체육관광부(장관 김종덕, 이하 문체부)는 2014년 10월 27일 〈문장 부호〉 용법을 보완하는 것을 주요 내용으로 하는 「한글 맞춤법」 일부개정안을 고시했습니다. 개정된 용법은 2015년 1월 1일부터 시행되었습니다.

개정 〈문장 부호〉 주요 내용

주요 변경 사항	이전 규정	설명
가로쓰기로 통합	세로쓰기용 부호 별도 규정	그동안 세로쓰기용 부호로 규정된 '고리점(。)'과 '모점(、)'은 개정안에서 제외, '낫표(「」, 『』)'는 가로쓰기용 부호로 용법을 수정하여 유지
문장 부호 명칭 정리	'.'는 '온점', ','는 '반점'	부호 '.'와 ','를 각각 '마침표'와 '쉼표'라 하고 기존의 '온점'과 '반점'이라는 용어도 쓸 수 있도록 함.
	'〈 〉, 《 》' 명칭 및 용법 불분명	부호 '〈 〉, 《 》'를 각각 '홑화살괄호, 겹화살괄호'로 명명하고 각각의 용법 규정
부호 선택의 폭 확대	줄임표는 '……'만	컴퓨터 입력을 고려하여 아래에 여섯 점(......)을 찍거나 세 점(…, ...)만 찍는 것도 가능하도록 함.
	가운뎃점, 낫표, 화살괄호 사용 불편	– 가운뎃점 대신 마침표(.)나 쉼표(,)도 쓸 수 있는 경우 확대 – 낫표(「」, 『』)나 화살괄호(〈 〉, 《 》) 대신 따옴표('', "")도 쓸 수 있도록 함.
조항 수 증가 (66개→94개)	조항 수 66개	소괄호 관련 조항은 3개에서 6개로, 줄임표 관련 조항은 2개에서 7개로 늘어나는 등 전체적으로 이전 규정에 비해 28개가 늘어남. ※ (조항 수): [붙임], [다만] 조항을 포함함.

※ 아래는 부호별 주요 개정 내용을 간략하게 추린 것입니다. 개정된 문장 부호 규정 전문은 국립국어원 홈페이지에서 확인해 주세요.

1. 마침표(.)

① 용언의 명사형이나 명사로 끝나는 문장, 직접 인용한 문장의 끝에는 마침표를 쓰는 것을 원칙으로 하되, 쓰지 않는 것을 허용함.

> 예 목적을 이루기 위하여 몸과 마음을 다하여 애를 씀. (○) / 씀 (○)
>
> 신입 사원 모집을 위한 기업 설명회 개최. (○) / 개최 (○)
>
> 그는 "지금 바로 떠나자. (○) / 떠나자 (○)"라고 말하며 서둘러 짐을 챙겼다.

② 아라비아 숫자만으로 연월일을 표시할 때 마침표를 모두 씀. '일(日)'을 나타내는 마침표를 반드시 써야 함.

> 예 2014년 10월 27일 – 2014. 10. 27. (○) / 2014. 10. 27 (×)

③ 특정한 의미가 있는 날을 표시할 때 월과 일을 나타내는 아라비아 숫자 사이에는 마침표를 쓰거나 가운뎃점을 쓸 수 있음.

> 예 3.1 운동 (○) / 3 · 1 운동 (○)

④ '마침표'가 기본 용어이고, '온점'으로 부를 수도 있음.

2. 물음표(?)

모르거나 불확실한 내용임을 나타낼 때 물음표를 씀.

> 예 모르는 경우: 최치원(857~?)은 통일 신라 말기에 이름을 떨쳤던 학자이자 문장가이다.
>
> 불확실한 경우: 조선 시대의 시인 강백(1690?~1777?)의 자는 자청이고, 호는 우곡이다.

3. 쉼표(,)

① 문장 중간에 끼어든 어구의 앞뒤에는 쉼표를 쓰거나 줄표를 쓸 수 있음.

> 예 나는, 솔직히 말하면, 그 말이 별로 탐탁지 않아.
>
> 나는 — 솔직히 말하면 — 그 말이 별로 탐탁지 않아.

② 특별한 효과를 위해 끊어 읽는 곳을 나타내거나 짧게 더듬는 말을 표시할 때 쉼표를 씀.

> 예 이 전투는 바로 우리가, 우리만이, 승리로 이끌 수 있다.
>
> 선생님, 부, 부정행위라니요? 그런 건 새, 생각조차 하지 않았습니다.

③ 열거할 어구들을 생략할 때 사용하는 줄임표 앞에는 쉼표를 쓰지 않음.

　　예 광역시: 광주, 대구, 대전…… (○) / 광주, 대구, 대전, …… (×)

④ '쉼표'가 기본 용어이고, '반점'으로 부를 수도 있음.

4. 가운뎃점(·)

짝을 이루는 어구들 사이, 또는 공통 성분을 줄여서 하나의 어구로 묶을 때는 가운뎃점을 쓰거나 쉼표를 쓸 수 있음.

　　예 하천 수질의 조사 · 분석 (○) / 하천 수질의 조사, 분석 (○)

　　상 · 중 · 하위권 (○) / 상, 중, 하위권 (○)

5. 중괄호({ })와 대괄호([ ])

① 열거된 항목 중 어느 하나가 자유롭게 선택될 수 있음을 보일 때는 중괄호를 씀.

　　예 아이들이 모두 학교{에, 로, 까지} 갔어요.

② 원문에 대한 이해를 돕기 위해 설명이나 논평 등을 덧붙일 때는 대괄호를 씀.

　　예 그런 일은 결코 있을 수 없다.[원문에는 '업다' 임.]

6. 낫표(「 」, 『 』)와 화살괄호(〈 〉, 《 》)

① 소제목, 그림이나 노래와 같은 예술 작품의 제목, 상호, 법률, 규정 등을 나타낼 때는 홑낫표나 홑화살괄호를 쓰는 것이 원칙이며 작은따옴표를 대신 쓸 수 있음.

　　예 「한강」은 (○) / 〈한강〉은 (○) / '한강'은 (○) 사진집 《아름다운 땅》에 실린 작품이다.

② 책의 제목이나 신문 이름 등을 나타낼 때는 겹낫표나 겹화살괄호를 쓰는 것이 원칙이며 큰따옴표를 대신 쓸 수 있음.

　　예 『훈민정음』은 (○) / 《훈민정음》은 (○) / "훈민정음"은 (○) 1997년에 유네스코 세계 기록 유산으로 지정되었다.

7. 줄표(—)

제목 다음에 표시하는 부제의 앞뒤에는 줄표를 쓰되, 뒤에 오는 줄표는 생략할 수 있음.

　　예 '환경 보호 — 숲 가꾸기 —'라는 (○) / '환경 보호 — 숲 가꾸기'라는 (○) 제목으로 글짓기를 했다.

8. 붙임표(–)와 물결표(~)

① 차례대로 이어지는 내용을 하나로 묶어 열거할 때 각 어구 사이, 또는 두 개 이상의 어구가 밀접한 관련이 있음을 나타내고자 할 때는 붙임표를 씀.

　예 멀리뛰기는 도움닫기–도약–공중 자세–착지의 순서로 이루어진다.

　　원–달러 환율

② 기간이나 거리 또는 범위를 나타낼 때는 물결표 또는 붙임표를 씀.

　예 9월 15일~9월 25일 (○) / 9월 15일–9월 25일 (○)

9. 줄임표(⋯⋯)

① 할 말을 줄였을 때, 말이 없음을 나타낼 때, 문장이나 글의 일부를 생략할 때, 머뭇거림을 보일 때에는 줄임표를 씀.

　예 "어디 나하고 한번⋯⋯." 하고 민수가 나섰다.

　　"우리는 모두⋯⋯ 그러니까⋯⋯ 예외 없이 눈물만⋯⋯ 흘렸다."

② 줄임표는 점을 가운데에 찍는 대신 아래쪽에 찍을 수도 있으며, 여섯 점을 찍는 대신 세 점을 찍을 수도 있음.

　예 "어디 나하고 한번⋯." 하고 민수가 나섰다.

　　"어디 나하고 한번......" 하고 민수가 나섰다.

　　"어디 나하고 한번...." 하고 민수가 나섰다.

좋은 책을 만드는 길
독자님과 함께하겠습니다.

도서나 동영상에 궁금한 점, 아쉬운 점, 만족스러운 점이
있으시다면 어떤 의견이라도 말씀해 주세요.
시대고시기획은 독자님의 의견을 모아 더 좋은 책으로 보답하겠습니다.

www.sidaegosi.com

ToKL 국어능력인증시험 어휘·어법 한번에 잡아라!

개정8판1쇄 발행	2020년 02월 05일 (인쇄 2019년 12월 12일)
초 판 발 행	2011년 07월 15일 (인쇄 2011년 05월 25일)
발 행 인	박영일
책 임 편 집	이해욱
편 저	국어능력인증시험연구회
편 집 진 행	이영주
표지디자인	김도연
편집디자인	안시영, 곽은슬
발 행 처	(주)시대고시기획
출 판 등 록	제 10-1521호
주 소	서울시 마포구 큰우물로 75 [도화동 538 성지 B/D] 9F
전 화	1600-3600
팩 스	02-701-8823
홈 페 이 지	www.sidaegosi.com
I S B N	979-11-254-6599-7 (13710)
정 가	14,000원

ToKL
국어능력인증시험 도서

ToKL 국어능력인증시험 초단기완성

- 영역별 핵심이론+핵심예제+기출 유형 모의고사
- 빈출 어휘, 어법 소책자로 효율적 시험 대비
- 최신 어문 규정 반영
- 2주 만에 끝내는 무료 강의 제공

ToKL 국어능력인증시험 한 권으로 끝내기

- 기초부터 준비하는 수험생을 위한 완벽 대비서
- 영역별 핵심이론+유사문제+예상 문제+확장문제
- 최신 어문 규정 반영
- 4주 만에 끝내는 무료 강의 제공

ToKL 국어능력인증시험 모의고사

- 모의고사 5회분+정답 및 해설+듣기 대본
- 어휘, 어법 핵심이론으로 빈출 유형 정리
- 한눈에 보는 문제와 해설
- 듣기 영역 MP3 파일 무료 제공

KBS
한국어능력시험 도서

KBS 한국어능력시험
한 권으로 끝내기

- 前 KBS한국어능력시험 전문 강사 집필
- 출제 비중을 고려한 분권 구성
- 중요 이론 + 기출 변형 문제
- 30분 만에 정리하는 어휘·어법 소책자
- 최신 어문규정 개정사항 반영

KBS 한국어 ToKL
어휘, 어법, 국어문화

- 언론사 준비생, 취업 준비생을 위한 국어 이론 스터디 교재
- KBS 한국어능력시험 전문 강사가 제시하는 합격 노하우
- 어휘, 어법, 국어문화 기출문제 분석을 통한 고득점 확보 전략
- 최신 어문규정 개정사항 반영

KBS 유형으로 2주 만에
초단기완성

- 기출 빅데이터로 빈출유형 완벽 분석
- 2주 초단기 완성을 위한 상황별 스터디 플랜
- 한눈에 보기와 최신 기출 모아보기로 기출 경향 파악
- 유형별 만점 포인트와 예시문제로 확인하는 3STEP 학습법
- 빈출유형에 따른 핵심이론+단계별 확인/심화문제+모의고사

KBS 한국어능력시험 도서 시리즈

※ 도서의 이미지, 제목, 구성 등의 세부사항은 변경될 수 있습니다.

시대에듀

시대북 통합서비스 앱 안내

연간 1,500여 종의 수험서와 실용서를 출간하는 시대고시기획, 시대교육, 시대인에서
출간 도서 구매 고객에 대하여 도서와 관련한 "실시간 푸시 알림" 앱 서비스를 개시합니다.

이제 시험정보와 함께 도서와 관련한 다양한 서비스를
스마트폰에서 실시간으로 받을 수 있습니다.

② 사용방법 안내

1. 메인 및 설정화면

메뉴

- 로그아웃 ──────── 로그인/로그아웃
- 푸시 신청 내역관리 ──────── 푸시 알림 신청내역을 확인하거나 취소할 수 있습니다.
- 질문/답변 ──────── 1:1 질문과 답변(답변 시 푸시 알림)

2. 도서별 세부 서비스 신청화면

메인의 "도서명으로 찾기" 또는 "ISBN으로 찾기"로 도서를 검색, 선택하면
원하는 서비스를 신청할 수 있습니다.

| 제공 서비스 |

- 최신 이슈&상식 : 최신 이슈와 상식(주 1회)
- 뉴스로 배우는 필수 한자성어 : 시사 뉴스로 배우기 쉬운 한자성어(주 1회)
- 정오표 : 수험서 관련 정오 자료 업로드 시
- MP3 파일 : 어학 및 강의 관련 MP3 파일 업로드 시
- 시험일정 : 수험서 관련 시험 일정이 공고되고 게시될 때
- 기출문제 : 수험서 관련 기출문제가 게시될 때
- 도서업데이트 : 도서 부가 자료가 파일로 제공되어 게시될 때
- 개정법령 : 수험서 관련 법령이 개정되어 게시될 때
- 동영상강의 : 도서와 관련한 동영상강의 제공, 변경 정보가 발생한 경우

* 향후 서비스 자동 알림 신청 : 추가된 서비스에 대한 알림을 자동으로
발송해 드립니다.

* 질문과 답변 서비스 : 도서와 동영상강의 등에 대한 1:1 고객상담

② 앱 설치방법 ▶ Google play ⬇ Available on the App Store

← 시대에듀로 검색 🎤

🎧 [고객센터]

1:1문의 http://www.sdedu.co.kr/cs

대표전화 1600-3600

본 앱 및 제공 서비스는 사전 예고 없이 수정, 변경되거나 제외될 수 있고, 푸시 알림 발송의 경우 기기변경이나 앱 권한 설정,
네트워크 및 서비스 상황에 따라 지연, 누락될 수 있으므로 참고하여 주시기 바랍니다.